陆小凤传奇 5

幽灵山庄

古 龙 著

文汇出版社

目 录

001 / 第一章　第十三个人

010 / 第二章　逃亡

037 / 第三章　死亡之约

053 / 第四章　一个死人的世界

068 / 第五章　将军吃肉

086 / 第六章　元老会的组织

107 / 第七章　同是天涯沦落人

122 / 第八章　又见山庄

140 / 第九章　畸人、畸情

156 / 第十章　午夜悲歌

189 / 第十一章　天雷行动

212 / 第十二章　鬼屋

235 / 第十三章　最后指示

256 / 第十四章　香火道人

273 / 第十五章　梁上君子

280 / 第十六章　人皮面具

291 / 第十七章　功亏一篑

310 / 第十八章　油锅

第一章

第十三个人

01

光泽柔润的古铜镇纸下,压着十二张白纸卡,形式高雅的八仙桌,坐着七个人。

七个名动天下,誉满江湖的人。

古松居士、木道人、苦瓜和尚、唐二先生、潇湘剑客、司空摘星、花满楼。

这七个人的身份都很奇特,来历更不同,其中有僧道,有隐士,有独行侠盗,有大内高手,有浪迹天涯的名门弟子,也有游戏风尘的武林前辈。

他们相聚在这里,只因为他们有一点相同之处。

他们都是陆小凤的朋友。

现在他们还有一点相同之处——七个人的表情都很严肃,心情都很沉重。

尤其是木道人。

每个人都看着他,等着他开口。

他们都是他找来的,这并不是件容易事,他当然有极重要的理由。

桌上有酒，却没有人举杯，有菜，也没有人动过。

有风吹过，满楼花香，在这风光明媚的季节里，本该是人们心情最欢畅的时候。

他们本都是最洒脱豪放的人，为什么偏偏会有这许多心事？

花满楼是瞎子，瞎子本不该燃灯的，但点着桌上那盏六角铜灯的人，却偏偏就是他。

世上本就有很多事都是这样子的，不该发生的，却偏偏发生了。

木道人叹了口气，终于开口："每个人都有做错事的时候，只要知错能改，就是好的。"他虽然尽力在控制自己，声音还是显得很激动，"但有些事却是万万错不得的，你只要做错了一次，就只有一条路可走！"

"死路？"司空摘星问。

木道人点点头，拿起了桌上的古铜镇纸，十二张卡上，有十二个人的名字。

十二个了不起的名字！

"他们本都不该死的，无论谁要杀他们，都很不容易，只可惜他们都犯了个致命的错误。"

他从这叠纸卡中抽出了四张："尤其是这四个人，他们的名字，你们想必也听说过。"

四张纸卡，四个名字。

高涛：凤尾帮内三堂香主。

罪名：通敌叛国。

捕杀者：西门吹雪。

结果：逃亡十三日，死于沼泽中。

顾云飞：巴山剑客衣钵传人。
罪名：杀友人子，淫友人妻。
捕杀者：西门吹雪。
结果：逃亡十五日，死于闹市中。

柳青青：淮南大侠女，点苍剑客谢坚妻。
罪名：通奸，杀夫。
捕杀者：西门吹雪。
结果：逃亡十九日，死于荒漠中。

"独臂神龙"海奇阔。
罪名：残杀无辜。
捕杀者：西门吹雪。
结果：逃亡十九日，海上覆舟死。

这四个人的名字，大家当然全都听说过，但大家最熟悉的，却还是西门吹雪。

只要是练过武的人，有谁不知道西门吹雪？又有谁敢说他的剑法不是天下第一？

潇湘剑客忽然道："我见过西门吹雪。"

经过了紫禁之巅那一战之后，连这位大内第一高手，都不能不承认他的剑法实在无人能及："但我却看不出他是个好管闲事的人。"

花满楼道："他管的并不是闲事。"

司空摘星立刻接道："他自己虽然很少交朋友，却最恨出卖朋友的人。"

潇湘剑客闭上了嘴，唐二先生却开了口。

蜀中唐门的毒药暗器名震天下，唐二先生的不喜欢说话也同样很有名，现在却忽然问道："你认为他们犯的致命错误是出卖朋友？"

司空摘星道："难道不是？"

唐二先生摇摇头，没有再说一个字，因为他知道他的意思一定已有人明白。

果然有人明白："他们犯的罪虽不同，致命的错误却是相同的。"

"哪一点相同？"

"西门吹雪！"木道人缓缓道，"西门吹雪若要杀人时，没有人能逃得了的。"

就算逃，也逃不过十九天。

"这十二个人都是死在西门吹雪剑下的。"木道人的表情更沉重，"现在又有个人犯了和他们同样致命的错误，而且错得更严重。"

"哦？"

"他不但出卖了朋友，而且出卖的就是西门吹雪。"

"这个人是谁？"

"陆小凤！"

02

一阵沉默，沉默得令人窒息。

首先打破沉默的是潇湘剑客："我知道陆小凤不但是西门吹雪的朋友，还是他的恩人。"

木道人道："只可惜恩已报过了，仇却还没报！"

潇湘剑客道："什么仇？"

木道人道："夺妻。"

潇湘剑客耸然动容，道："有证据？"

木道人道："有。"

潇湘剑客道："什么证据？"

木道人道："他亲眼看见他们在床上的。"

潇湘剑客忽然拿起面前的酒杯，一饮而尽，司空摘星喝得比他更快。

唯一还保持镇静的是花满楼，酒杯是满的，他却只浅浅啜了一口："陆小凤绝不是这种人，这件事其中一定还别有内情。"

司空摘星立刻同意他的话，道："也许他喝醉了，也许他中了迷药，也许他们在床上根本就没有做什么事。"

这些理由都不太好，连他自己都不太满意，所以他又喝了一杯。

下结论的人通常都是最少开口的人。

"我不认得陆小凤，可是我知道他对唐家有恩。"唐二先生下了结论，"不管这件事是否别有内情，我们都要找他们当面问清楚。"

木道人却在摇头。

司空摘星道："你不想去找？"

木道人道："不是不想找，是找不到。"

这件事一发生，陆小凤就已逃亡，谁也不知道他逃到哪里去了。

木道人展开那十二张纸卡，道："所以我请你们来看这些……"

司空摘星打断了他的话，道："陆小凤既不是高涛，也不是独臂神龙，这些混账王八蛋的事，跟我们有什么关系？"

木道人道："有一点关系。"

司空摘星道："哪一点？"

木道人道："他们逃亡的路线。"

要想找陆小凤，就一定要先判断出他是从哪条路上逃的。

木道人又道："这些人不但武功很高，而且都是经验丰富、狡猾机警的老江湖，他们准备逃亡的时候，一定都经过很周密的计划，他们选择的路线，一定都相当不错。"

司空摘星冷冷道："只可惜他们还是逃不了。"

木道人道："虽然逃不了，却还是可以作为我们的参考。"

这十二个人选择的逃亡路线，大致可以分为四条——

买舟入海。

出关入沙漠。

混迹于闹市。

流窜于穷山恶水中。

木道人道："你们都是陆小凤的老朋友，都很了解他的脾气，你们想他会选择哪条路？"

没有人能回答。

谁也不敢认为自己的判断绝对正确。

花满楼缓缓道："我只能确定一点。"

木道人道："你说。"

花满楼道："他绝不会到海上去，也不会入沙漠。"

没有人问他怎么确定这一点的，因为每个人都知道他有种奇异的本能和触觉。

司空摘星喝干了第八杯酒，道："我也能确定一点。"

大家都在听着。

司空摘星道："陆小凤绝不会死。"

他的判断有人怀疑了："为什么？"

司空摘星道："我知道陆小凤的武功，也见过西门吹雪的剑法。"

他当然也不能否认西门吹雪的剑法之快速准确："可是自从他娶妻生子后，他的剑法就变得软弱了，因为他的心已软弱。"

因为他已不再是剑之神，已渐渐有了人性。

木道人道:"我本来也认为如此的,现在才知道我们都错了。"

司空摘星道:"我们没有错!"

木道人摇摇头,道:"在紫禁之巅那一次决战前,他的剑确实已渐软弱,因为他对妻子的爱,已超越了他对剑的狂热。"

潇湘剑客显然已了解这句话中的深意:"可是他战胜了白云城主后,就不同了。"

无论谁击败了白云城主这种绝世高手后,都难免会觉得意气风发,想更上层楼。

紫禁之巅那一战,无疑又激发了他对剑的狂热,又超越了他对妻子的爱。

——也许就因为他冷落了妻子,引起了陆小凤的同情,才会发生这件事。

每个人心里都想到了这一点,却没有人愿意说出口。

木道人道:"前些时候我见过陆小凤,他自己告诉我,西门吹雪的剑法,已达到'无剑'的境界。"

什么叫"无剑"的境界?

——他的掌中虽无剑,可是他的剑仍在,到处都在。

——他的人已与剑融为一体,他的人就是剑,只要他的人在,天地万物,都是他的剑。

——这种境界几乎已到达剑术中的巅峰,几乎已没有人能超越。

木道人叹息着,又道:"我见到陆小凤时,他已醉了,他还告诉我,假如这世上还有一个人能杀他,这个人就是西门吹雪!"

又是一阵沉默,大家心里都有了结论——

只要西门吹雪追上陆小凤,陆小凤就必将死在他的剑下。

现在的问题是——

陆小凤究竟逃到哪里去了？能逃多久？

既然他不会到海上去，也不会入沙漠，那么他不是浪迹在闹市中，就是流窜在穷山恶水间。

这范围虽已缩小，可是又有谁知道世上的闹市有多少？山水有多少？

唐二先生忽然站起来。

司空摘星引杯在手，大声问："你想走？"

唐二先生冷冷道："我不是来喝酒的。"

司空摘星道："这件事难道你已不想管？"

唐二先生道："不是不想管，是管不了。"

古松居士忽然也长长叹息了一声，喃喃道："的确管不了。"

苦瓜大师立刻点头，道："的确的确的确……"

他说到第三次"的确"时，他们三个人就都已走了出去。

潇湘剑客走得也并不比他们慢。

司空摘星看了看杯中的酒，忽然重重地放下酒杯，大声道："我也不是来喝酒的，哪个龟孙王八蛋才是来喝酒的。"他居然也大步走了出去。

屋子里忽然只剩下两个人，还能保持镇静的却只有花满楼一个。

"啵"的一声响，木道人手里的酒杯已粉碎。

花满楼却笑了笑，道："你知不知道他们到哪里去了？"

木道人冷冷道："鬼知道。"

花满楼道："我知道。"他还在微笑，"我不是鬼，但是我知道。"

木道人忍不住问："你说他们到哪里去了？"

花满楼道："现在我们若赶到西门山庄去，就一定可以找到他们，连一个都不会少。"

木道人不懂。

花满楼又道:"他们到那里去,只因为他们都想知道一件事——"

——假如我是陆小凤,要从这里开始逃亡,我会走哪条路?

花满楼道:"等他们想通了时,他们就一定会朝那条路上追下去。"

木道人道:"他们为什么不说?"

花满楼道:"因为他们生怕自己判断错误,影响了别人。"

木道人道:"你有把握确定?"

花满楼点点头,微笑道:"我有把握,因为我知道他们都是陆小凤的朋友。"

他的脸上在发光,他的微笑也在发着光,他热爱生命,对人性中善良的一面,他永远都充满了信心。

木道人终于长长叹息,道:"一个人能有陆小凤这么多朋友,实在真不错,只可惜他自己这一次却错了。"

他拍拍花满楼的肩,道:"我们走,假如这世上还有一个人能找到陆小凤,那个人一定就是你。"

花满楼道:"不是我。"

木道人道:"不是你是谁?"

花满楼道:"是他自己。"

一个人若已迷失了自己,那么除了他自己外,还有谁能找得到他呢?

第二章

逃亡

01

就算陆小凤已迷失了自己,至少还没有迷失方向。

他确信这条路是往正西方走的,走过前面的山坳,就可以找到清泉食物。

现在夜已深,山中雾正浓,他还是相信自己的判断绝对正确。可是这一次他又错了。

前面既没有山坳,更没有泉水,只有一片莽莽密密的原始丛林。

饥饿本是人类最大的痛苦之一,可是和干渴比起来,饥饿就变成了一种比较容易忍受的事。

他的嘴唇已干裂,衣履已破碎,胸膛上的伤口已开始红肿。

他在这连泉水都找不到的穷山恶谷间,逃亡已有整整三天。

现在就算他的朋友看见他,都未必能认得出他就是陆小凤。

那个风流潇洒,总是让女孩子着迷的陆小凤。

丛林中一片黑暗,黑暗中充满了各式各样的危险,每一种危险都足以致命,若是在丛林中迷失了方向,饥渴就足以致命。

他是不是能走得出这片丛林,他自己也完全没有把握。他对自己的判断已失去信心。

可是他只有往前走,既没有别的路让他选择,更不能退。

后退只有更危险、更可怕。

因为西门吹雪就在他后面盯着他。

虽然他看不见,却能感觉到——感觉到那种杀人的剑气。

他随时随地,都会忽然无缘无故的背脊发冷,这时他就知道西门吹雪已离他很近了。

逃亡本身就是种痛苦。

饥渴,疲倦,恐惧,忧虑……就像无数根鞭子,在不停地抽打着他。

这已足够使他身心崩溃,何况他还受了伤。

剑伤!

每当伤口发疼时,他就会想到那快得令人不可思议的一剑。

掌中本已"无剑"的西门吹雪,毕竟又拔出了他的剑。

——我用那柄剑击败了叶孤城,普天之下,还有谁配让我再用那柄剑?

——陆小凤,只有陆小凤!

——为了你,我再用这柄剑,现在我的剑已拔出,不染上你的血,绝不入鞘。

没有人能形容那一剑的锋芒和速度,没有人能想象,也没有人能闪避。

如果天地间真的有仙佛鬼神,也必定会因这一剑而失色动容。

剑光一闪,鲜血溅出!

没有人能招架闪避这一剑,连陆小凤也不能,可是他并没有死。

能不死已是奇迹!

天上地下,能在那一剑的锋芒下逃生的,恐怕也只有陆小凤。

黑暗，无边无际的黑暗。黑暗中究竟潜伏着多少危险？

陆小凤连想都没有去想，若是多想想，他很可能就已崩溃，甚至会发疯。

他一走入了这片黑暗的丛林，就等于野兽已落入陷阱，已完全身不由主。

还是没有水，没有食物。他折下一根树枝，摸索着一步步往前走，就像是个瞎子。

这根树枝，就是他的明杖。

一个活生生的人，竟要倚赖一根没有生命的木头——想到这一点，陆小凤就笑了。

一种充满了屈辱、悲哀、痛苦，和讥诮的惨笑。

直到现在，他才真正明了瞎子的痛苦，也真正了解了花满楼的伟大。

一个瞎子还能活得那么平静，那么快乐，他的心里要有多少爱？

前面有树，一棵又高又大的树。

陆小凤在这棵树下停下来，喘息着，现在也许已是唯一可以让他喘息的机会。

——西门吹雪在追入这片丛林之前，也必定会考虑片刻的。

——可是他一定会追进来。

天上地下，几乎已没有任何事能阻止他，他已决心要陆小凤死在他的剑下。

黑暗中几乎完全没有声音，可是这种绝对的静寂，也正是种最可怕的声音。

陆小凤的呼吸仿佛也已停顿，突然闪电般出手，用两根手指一夹。

他什么都没有看见，但是他已出手。他的出手很少落空。

若是到了真正危险的时候，人类也会变得像野兽一样，也有了像野兽般的本能和第六感。

他夹住的是条蛇。他夹住蛇尾，一掷一甩，然后就一口咬在蛇的七寸上。

又腥又苦的蛇血，从他的咽喉，流入他的胃。他忽然觉得自己好像真的已变成野兽。

但是他并没有停止，蛇血流下时，他立刻就感觉到一种生命的跃动。

只要能给他生命，只要能让他活下去，无论什么事他都接受。

他不想死，不能死。如果他现在就死了，他也要化成冤魂厉鬼，重回人间，来洗清他的屈辱。

黑暗已渐渐淡了，变成了一种奇异的死灰色。

这漫漫的长夜他总算已挨了过去，现在总算已到了黎明时候。

可是就算天亮了又如何？纵然黑暗已远去，死亡还是紧逼着他。

地上有落叶，他抓起一把，擦净了手上的腥血，就在这时，他忽然听见了声音。

人的声音。

声音也不知从什么地方传过来的，仿佛有人在呻吟喘息。

此时此地，怎么会有人？若不是已被逼得无路可走，又有谁会走入这片丛林？走上这条死路？

难道是西门吹雪？

陆小凤突然觉得全身都已冰冷僵硬，停止了呼吸，静静地听着。

微弱的呻吟喘息声，断断续续地传过来，声音中充满了痛苦。

一种充满了恐惧的痛苦，一种几乎已接近绝望的痛苦。这种痛苦绝不能伪装的。

就算这个人真是西门吹雪，现在他所忍受的痛苦也绝不会比陆小凤少。

难道他也遭受了什么致命的打击？否则怎么会连那种杀人的剑气都已消失？

陆小凤决心去找，不管这个人是不是西门吹雪，他都要找到。

他当然找得到。

02

落叶是湿的，泥土也是湿的。一个人倒在落叶湿泥中，全身都已因痛苦而扭曲。

一个两鬓已斑白的人，衰老，憔悴，疲倦，悲伤而恐惧。

他看见了陆小凤，仿佛想挣扎着跳起来，却只不过换来了一阵痛苦的痉挛。

他手里有剑，形式古雅，钢质极纯，无论谁都看得出这是柄好剑。

可是这柄剑并不可怕，因为这个人并不是西门吹雪。

陆小凤长长吐出口气，喃喃道："不是的，不是他。"

老人的喉结在上下滚动着，那双充满了恐惧的眼睛里露出一丝希望，喘息着道："你……你是谁？"

陆小凤笑了笑，道："我谁都不是，只不过是个过路人。"

老人道："过路人？"

陆小凤道："你是不是在奇怪，这条路上怎么还会有过路的人？"

老人上上下下地打量着他，眼睛忽然又露出种狐狸般的狡黠，道："难道你走的也是同我一样的路？"

陆小凤道:"很可能。"

老人笑了。他的笑凄凉而苦涩,一笑起来,就开始不停地咳嗽。

陆小凤发现他也受了伤,伤口也在胸膛上,伤得更重。

老人忽然又道:"你本来以为我是什么人?"

陆小凤道:"是另外一个人。"

老人道:"是不是要来杀你的人?"

陆小凤也笑了,反问道:"你本来以为我是什么人?是不是来杀你的人?"

老人想否认,又不能否认。

两个人互相凝视着,眼睛里的表情,就像是两头负了伤的野兽。

没有人能了解他们这种表情,也没有人能了解他们心里的感觉。

也不知过了多久,老人忽然长长叹了口气,道:"你走吧。"

陆小凤道:"你要我走?"

老人道:"就算我不让你走,你反正也一样要走的。'他还在笑,笑得更苦涩,"我的情况好像比你更糟,当然帮不了你的忙,你根本不认得我,当然也不会帮我。"

陆小凤没有开口,也没有再笑。

他知道这老人说的是实话,他的情况也很糟,甚至比这老人想象中更糟。

他自己一个人逃,已未必能逃得了,当然不能再加上个包袱。

这老人无疑是个很重的包袱。

又过了很久,陆小凤也长长叹了口气,道:"我的确应该走的。"

老人点点头,闭上眼睛,连看都不再看他。

陆小凤道:"假如你只不过是条野狗,现在我一定早就走了,只可惜……"

老人忽又打断了他的话,道:"只可惜我不是狗,是人。"

陆小凤苦笑道:"只可惜我也不是狗,我也是人。"

老人道:"实在可惜。"

他虽然好像闭着眼睛,其实却在偷偷地瞟着陆小凤。

他眼睛里又露出那种狐狸的狡黠。

陆小凤又笑了,道:"其实你早已知道我绝不会走的。"

老人道:"哦?"

陆小凤道:"因为你是人,我也是人,我当然不能看着你烂死在这里。"

老人的眼睛忽然睁开,睁得很大,看着陆小凤,道:"你肯带我走?"

陆小凤道:"你猜呢?"

老人在眨眼,道:"你当然会带我走,因为你是人,我也是。"

陆小凤道:"这理由还不够。"

老人道:"还不够?还有什么理由?"

陆小凤道:"混蛋也是人。"

他忽然说出这句话,谁都听不懂,老人也不懂,只有等着他说下去。

陆小凤道:"我带你走,只因为我不但是人,还是混蛋,特大号的混蛋。"

03

是春天。

是天地间万物都在茁发生长的春天。

凋谢了的木叶,又长得密密的,丛林中的木叶莽莽密密,连阳光都照不进来。

树干枝叶间,还是一片迷迷蒙蒙的灰白色,让你只能看得见一点迷迷蒙蒙的影子。

看得见,却看不远。

陆小凤让老人躺下去,自己也躺了下去,现在他就算明知西门吹雪近在咫尺,他也走不动半步了。

他们已走了很远的一段路,可是他低下头时,就立刻又看见了自己的足迹。

他拼了命,用尽了所有的力量奔跑,却又回到了他早已走过的地方。

这已不是讽刺,已经是悲哀,一种人们只有在接近绝望时才会感到的悲哀。

他在喘息,老人也在喘息。

一条蟒蛇从树叶间滑下来,巨大的蟒蛇,力量当然也同样巨大,足以绞杀一切生命。

可是他不想动,老人不能动,蟒蛇居然也没有动他们,居然就悄悄地从他们身旁滑了过去。

陆小凤笑了,连他自己都不知道自己怎么还能笑得出来的。

老人侧过头,看着他,忽然道:"我当然不能就叫你混蛋。"

陆小凤道:"你可以叫我大混蛋。"

他还在笑。

笑有很多种,有种笑比哭更悲哀,他的笑就是这种。

只有笑,没有笑声,四下连一点声音都没有,时光在静寂中过得好像特别慢。

过了很久,老人忽又道:"大混蛋。"

陆小凤道:"嗯。"

老人道:"你为什么不问我是谁?叫什么名字?"

陆小凤道："我不必问。"

老人道："不必？"

陆小凤道："反正我们现在都已快死了，你几时听见过死人问死人的名字？"

老人看着他，又过了很久，想说话，没有说，再看看他的眉毛和胡子，终于道："我忽然想起了一个人。"

陆小凤道："什么人？"

老人道："陆小凤，有四条眉毛的陆小凤。"

陆小凤又笑了，道："你早就该想到的，天下唯一特大号的大混蛋，就是陆小凤。"

老人叹了口气，道："但我却想不到陆小凤会变成这样子。"

陆小凤道："你认为陆小凤该是什么样子的？"

老人道："很久以前就听说过，陆小凤是个很讨女人欢喜的花花公子，而且武功极高。"

陆小凤道："我也听说过。"

老人道："所以我一直以为陆小凤一定是个很英俊、很神气的人，可是你现在看起来却像是条……"

他没有说完这句话，陆小凤却替他说了下去："却像是条被人追得无路可走的野狗。"

老人也笑了，道："看来你惹的麻烦一定不小。"

陆小凤道："很不小。"

老人道："是不是为女人惹的麻烦？"

陆小凤苦笑。

老人道："那女人的丈夫是谁？听说你连白云城主的那一剑'天外飞仙'都能接得住，天下还有谁能把你逼得无路可走？"

陆小凤道："只有一个人。"

老人道:"我想来想去,好像也只有一个人。"

陆小凤道:"你想的这个人是谁?"

老人道:"是不是西门吹雪?"

陆小凤又在苦笑,只有苦笑。

老人叹道:"你惹的麻烦实在不小,我实在想不通你怎么会惹下这种麻烦的。"

陆小凤道:"其实我也没有做什么,只不过偶尔跟他老婆睡在一张床上,又恰巧被他看见了。"

老人吃惊地看着他,过了很久,才摇头说道:"原来你的胆子也不小。"

陆小凤忽然反问:"你呢?你惹了什么麻烦?"

老人沉默着,也过了很久,才叹息着道:"我惹的麻烦也不小。"

陆小凤道:"我看得出。"

老人道:"哦?"

陆小凤道:"如果一个人身上穿着的是值三百两银子一套的衣服,手里拿着的是值三千两银子一柄的好剑,却也好像是条野狗般被人追得落荒而逃,这个人惹的麻烦当然也很不小。"

老人也不禁苦笑,道:"我惹的麻烦还不止一个。"

陆小凤道:"有几个?"

老人伸出两根手指,道:"一个是叶孤鸿,一个是粉燕子。"

陆小凤道:"武当小白龙叶孤鸿?"

老人点头。

陆小凤道:"万里踏花粉燕子?"

老人又点头。

陆小凤叹道:"你惹的这两个麻烦倒实在真不小。"

叶孤鸿是武当的俗家弟子,也是武当门下弟子后起之秀,据说还是白云城主的远房堂弟，白云城主还亲自指点过他的剑招。

"万里踏花"粉燕子在江湖中的名头更响，轻功暗器黑道中已很少有人能比得上。

陆小凤道："只不过叶孤鸿是名门子弟，粉燕子却是下五门的大盗，你怎么会同时惹上这两个人？"

老人道："你想不通？"

陆小凤摇头。

老人道："其实这道理也简单得很，叶孤鸿是我外甥，粉燕子恰巧也是的，他们两个人的老婆又恰巧都在我家做客……"

叶孤鸿游侠江湖，粉燕子万里踏花，他们的妻子当然都很寂寞。

老人道："所以我也不能不安慰她们，谁知道也恰巧被他们看见了。"

陆小凤吃惊地看着他，过了很久，才苦笑道："看来你非但胆子不小，而且简直是六亲不认。"

老人笑了笑，道："难道你以为我不是？"

陆小凤显得更吃惊，道："难道你本来就是？"

老人道："近十来年，江湖中已很少有人知道我这名字，想不到你居然知道。"

二十年前，江湖中有三个名头最响的独行大盗，第一个就是"六亲不认"独孤美。

如果一个人的名字就叫作"六亲不认"，这个人有多么心黑手辣，你想想看就可以知道了。

陆小凤苦笑道："看来你这名字倒真是一点都没有错。"

独孤美淡淡道："我六亲不认，你重色轻友，你是个大混蛋，我也差不多，我们两个人本就是志同道合，所以才会走上同一条路。"

陆小凤道："幸好我们还有一点不同。"

独孤美道:"哪一点?"

陆小凤道:"现在我还可以走,你却只有躺在这里等死。"

独孤美笑了。

陆小凤道:"你若认为现在我还硬不起这心肠,你就错了,你既然可以六亲不认,我为什么不能?"

独孤美道:"你当然能。"

陆小凤已站了起来,说走就走。

独孤美看着他站起来,才慢慢地接着道:"可是我保证你走了之后,一定会后悔的。"

陆小凤忍不住回头,问道:"为什么?"

独孤美道:"这世上不但有吃人的野兽,还有吃人的人。"

陆小凤道:"你就是吃人的人,我知道。"

独孤美道:"你知不知道世上还有种东西也会吃人?"

陆小凤道:"你说的是什么?"

独孤美道:"树林子,有的树林子也会吃人的,不认得路的人,只要一走进这种树林,立刻就会被吃掉,永远都休想活着走出去。"

现在虽然已将近正午,四面还是一片迷迷蒙蒙的死灰色。

巨大丑恶的树木枝叶,腐臭发烂的落叶沼泽间,根本就无路可走。

世上若真有吃人的树林,这里一定就是的。

陆小凤终于转回身,盯着老人的脸,道:"你认得路?你有把握能走出去?"

独孤美又笑了笑,悠然道:"我不但能带你走出去,还能叫西门吹雪一辈子都找不到你。"

陆小凤冷笑。

独孤美道:"我可以带你到一个地方去,就算西门吹雪有天大的本事,也找不到的。"

陆小凤盯着他,没有动,没有开口,远处却有人在冷笑。

冷冰冰的笑声,本来还远在十丈外,忽然就到了面前。

04

来的人却不是那以轻功成名的粉燕子,是个苍白的人——

苍白的脸,苍白的手,苍白的剑,一身白衣如雪。

在这黑暗的沼泽丛林中搜索追捕了二十个时辰后,他的神情还是像冰雪般冷漠镇定,衣服上也只不过沾染了几点泥污。

他的人就像是他的剑,鲜血不染,泥污也不染。

就在他出现的这一瞬间,陆小凤全身忽然僵硬,又忽然放松。

独孤美却笑了,笑容中充满讥讽,道:"你以为他是西门吹雪?"

陆小凤不能否认。

这少年的确像极了西门吹雪——苍白的脸,冷酷骄傲的表情,雪白的衣服,甚至连站着的姿态都和西门吹雪完全一样。

虽然他远比西门吹雪年轻得多,面目轮廓也远比西门吹雪柔弱,可是他整个人看起来,却像是西门吹雪的影子。

独孤美道:"他姓叶,叫叶孤鸿,连他的祖宗八代都跟西门吹雪拉不上一点关系,可是他看起来却偏偏像是西门吹雪的儿子。"

陆小凤也不禁笑了:"的确有点像。"

独孤美道:"你知不知道他怎么变成这样子的?"

陆小凤摇摇头。

独孤美冷笑道:"因为他心里根本就恨不得去做西门吹雪的儿子。"

陆小凤道:"也许他只不过想做第二个西门吹雪。"

独孤美冷冷道:"只可惜西门吹雪的好处他连一点都没有学会,毛病却学全了。"

远山上冰雪般高傲的性格,冬夜里流星般闪亮的生命,天下无双的剑……

江湖中学剑的少年们,又有几个不把西门吹雪当作他心目中的神祇?

陆小凤目光遥视着远方,忽然叹了口气,道:"西门吹雪至少有一点是别人学不像的。"

独孤美道:"他的剑?"

陆小凤道:"不是他的剑,是他的寂寞。"

寂寞。

远山上冰雪般寒冷的寂寞,冬夜里流星般孤独的寂寞。

只有一个真正能体会到这种寂寞,而且甘愿忍受这种寂寞的人,才能达到西门吹雪已到达了的那种境界。

叶孤鸿一直在冷冷地盯着陆小凤,直到这时才开口。

他忽然冷笑,道:"你是什么东西?也配在我面前谈论他!"

陆小凤只有苦笑。

他知道独孤美一定会抢着替他回答这句话,他果然没有猜错。

独孤美已笑道:"他也不能算是什么东西,只不过是个人而已,可是这世界假如还有一个人够资格谈论西门吹雪,这个人就是他。"

叶孤鸿忍不住问:"为什么?"

独孤美悠然道:"因为他有四条眉毛,也因为这世上只有他一个人跟西门吹雪的老婆睡过觉。"

叶孤鸿耸然动容:"陆小凤,你就是陆小凤?"

陆小凤只有承认。

叶孤鸿握剑的手已因他用力而凸出青筋,冷冷道:"我本该先替西门吹雪杀了你的……"

树梢上忽然有人打断了他的话:"只可惜我们这次要杀的人并不是他。"

浓密的枝叶间,哗啦啦一声响,一个人燕子般飞下来。

粉红的燕子。

一张少女般嫣红的脸,一身剪裁极合身的粉红衣裳,粉红色的腰带旁,斜挂着一只粉红色的皮囊。

甚至连他眼睛里都带着这种粉红色的表情——就是大多数男人们,看见少女赤裸的大腿时那种表情。

要命的是,他看着陆小凤时,眼睛里居然也带着这种表情。

陆小凤忽然想吐。

粉燕子对他的反应却完全不在乎,还是微笑着,看着他,柔声道:"陆小凤果然不愧是陆小凤,果然没有让我失望。"

陆小凤道:"哦?"

粉燕子道:"你现在的样子看来虽然不太好,可是只要给你一盆热水,一块香胰子,让你好好地洗个澡,你就一定是个很好的男人了。"

他眯着眼睛,上上下下地打量着陆小凤:"我现在就可以想象得到。"

陆小凤忽然又不太想吐了,因为他现在最想做的一件事,是一拳打扁这个人的鼻子。

幸好这时粉燕子已转过脸去看叶孤鸿,道:"这个人是我的,我不许你碰他。"

叶孤鸿脸上也露出种想呕吐的表情,冷冷道:"男人女人你都要?"

粉燕子笑了笑,道:"有时候我连你都想要。"

叶孤鸿苍白的脸已发青。

粉燕子道:"我也知道你一直很讨厌我,却又偏偏少不了我,因为这次假如你没有我,非但找不到这老狐狸,还休想能活着回去。"

他微笑着,接着道:"像你这种名门正派的少年英雄,在外面虽然耀武扬威,到了这吃人的树林里,很可能连两个时辰都活不下去。"

叶孤鸿居然没有否认。

粉燕子轻轻吐出口气,道:"所以现在我若肯把这老狐狸让给你,你就已该觉得很满意了。"

叶孤鸿的手又握紧了剑柄,道:"你一定要让我出手,你知道我已发下重誓,一定要亲手杀他的。"

粉燕子道:"陆小凤呢?"

叶孤鸿咬了咬牙,道:"陆小凤是你的,只要他……"

独孤美忽然大笑,道:"你们都错了,陆小凤既不是他的,也不是你的!"

粉燕子道:"是谁的?"

独孤美道:"是我的。"

粉燕子也大笑,道:"就算他也有我一样的毛病,也绝不会看上你。"

独孤美道:"可是他若想活下去,就不能让我死在你们手里。"

粉燕子又转身面对陆小凤,柔声道:"只要你不管我的事,我也一样可以让你活下去。"

陆小凤没有反应。

粉燕子又吐口气,道:"叶大少爷,你现在好像已经可以出手了!"

叶孤鸿道:"好。"

"好"字出口,剑已出鞘。

他拔剑的速度也许还比不上西门吹雪,却绝不比别人慢。

他的出手轻灵、狠毒、辛辣,除了嫡传的武当心法外,至少还融合了另外两家剑法的特长。

这一剑已是他剑法中的精粹。

这也是致命的一剑,一击必中,不留后招。

独孤美张大了嘴,想呼喊,却连一点声音都没有发出来。

陆小凤居然真的没有阻拦。

粉燕子还在笑,笑容却突然冻结。

一截剑尖忽然从他的心口上露了出来,鲜血飞溅,洒落在他自己眼前。

这是他自己的血?

他不信!

只可惜现在他已不能不信。

他伸手,想去掏他囊中的暗器,可是他的人已倒了下去。

05

剑尖还在滴着血。叶孤鸿凝视着剑尖的血珠,轻轻地吹落了最后一滴。

这本是西门吹雪独特的习惯,他每一个动作都学得很像。

只可惜他不是西门吹雪,绝不是。

每当杀人后,西门吹雪就会立刻变得说不出的孤独寂寞,说不出的厌倦。

他吹落他剑尖最后的一滴血,只不过像风雪中的夜归人抖落衣襟上最后的一片雪花。

他吹的是雪，不是血。

现在叶孤鸿眼睛里却带着说不出的兴奋与激动，就像是正准备冲入风雪中去的征人。

他吹的是血，不是雪。

最后一滴血恰巧落在粉燕子的脸上，他脸上的肌肉仿佛还在抽搐，眼珠却已死鱼般凸出，再也看不见那种粉红色的表情。

陆小凤忽然觉得这个人很可怜。

他一直都很怜悯那些至死还不知道自己为何而死的人，他知道这个人一定死不瞑目。

血已干了，剑已入鞘。

叶孤鸿忽然转过脸，瞪着独孤美。

独孤美也在瞪着他，眼睛里充满了怀疑和惊诧。

叶孤鸿冷冷道："你一定想不到我为什么要杀他？"

独孤美的确想不到，无论谁也想不到。

叶孤鸿道："我杀他，只因为他要杀你。"

独孤美道："你不是来杀我的？"

叶孤鸿道："我不是。"

独孤美更惊讶，道："可是你本来……"

叶孤鸿打断了他的话，道："我本来的确已决心要你死在我剑下。"

独孤美道："现在你为什么忽然改变了主意？"

叶孤鸿道："因为我现在已知道你不是活人。"

这句话说得更奇怪，更教人听不懂，独孤美却又反而好像听懂了，长长吐口气，道："难道你也是山庄里的人？"

叶孤鸿道："你想不到？"

独孤美承认："我做梦也没有想到过。"

叶孤鸿眼睛里忽然又露出种讥诮的笑意，过了很久，才缓缓道："你当然想不到的，有些人自己做的事，连他自己都想不到。"

独孤美也在叹息，道："山庄里的人，好像都是别人永远想不到的。"

叶孤鸿道："正因为如此，所以它才能存在。"

独孤美慢慢地点了点头，忽然改变话题，问道："你看见过陆小凤出手？"

叶孤鸿道："没有。"

独孤美道："你知不知道他的武功深浅？"

叶孤鸿道："不知道。"

独孤美道："对他这个人你知道些什么？"

叶孤鸿道："我知道他曾经接住了白云城主的一剑'天外飞仙'。"

独孤美道："可是他现在却已伤在西门吹雪剑下。"

叶孤鸿道："我看得出。"

独孤美道："现在我再问你一句话，你一定要多加考虑，才能回答。"

他的表情忽然变得很严肃，一字字接着道："现在你有没有把握杀了他？"

叶孤鸿沉默着，眼睛里又露出那种讥诮的笑意，额上青筋一根根凸起，又过了很久，才缓缓道："我不是西门吹雪。"

独孤美看着他，也过了很久，才转过脸去看陆小凤。

陆小凤脸上一点表情也没有，他们刚才说的，他好像完全听不懂。

独孤美忽又笑了笑，道："你刚才并没有出手救我。"

陆小凤沉默。

独孤美道:"现在我也不想出手杀你,因为我们没有把握杀你。"

陆小凤沉默。

独孤美道:"我们本来素昧平生,互不相识,现在还是如此。"

陆小凤终于开口,道:"可是我们刚才走的好像还是同一条路。"

独孤美淡淡道:"世事如白云苍狗,随时随刻都可能有千万种变化,又何况你我?"

陆小凤道:"有理。"

独孤美道:"所以现在你还是你,我还是我,你最好还是去走你的路。"

陆小凤道:"不好。"

独孤美道:"不好?"

陆小凤道:"因为我走的一定还是刚才那条路,一条死路。"

独孤美笑了笑,道:"那就是你的事了。"

陆小凤道:"你呢?"

独孤美道:"我当然有我的路可走。"

陆小凤道:"什么路?到山庄去的路?"

独孤美沉下脸,冷冷道:"你既然已听见,又何必再问?"

陆小凤却偏偏还是要问:"你要去的是什么山庄?"

独孤美道:"是个你去不得的山庄。"

陆小凤道:"为什么我去不得?"

独孤美道:"因为你不是死人。"

陆小凤道:"那山庄只有死人才去得?"

独孤美道:"不错。"

陆小凤道:"你已是死人?"

独孤美道:"是的。"

陆小凤笑了:"你们走吧。"他微笑着挥手,"我既不想到死人的山庄去,也不想做死人,只要能活着,多活半个时辰也是好的。"

他走得居然很洒脱,转眼间就消失在灰白的丛林中。

直到他的人影消失,独孤美才像是忽然警觉,大声道:"你真的让他走?"

叶孤鸿冷冷道:"他已经走了。"

独孤美道:"你不怕他泄露山庄的秘密?"

叶孤鸿道:"他知道的秘密并不多,何况在这种情况下,他很可能真的活不了半个时辰。"

独孤美道:"至少他现在还没有死,还可以在暗中跟着我们去。"

叶孤鸿道:"我们要到哪里去?"

独孤美道:"当然是到山庄去。"

叶孤鸿冷笑道:"你错了,并不是我们要到山庄去,是你要去,你一个人去!"

独孤美道:"你不去?"

叶孤鸿淡淡道:"我为什么要去?"

独孤美脸色变了。

叶孤鸿道:"我知道你和山庄有了合约,当然不能杀你,但是我也没有说过要带你去。"

独孤美的脸已因愤怒恐惧而变形,颤声道:"可是你也应该看得出现在我连一步路都不能走。"

叶孤鸿冷冷道:"那就是你的事了,跟我有什么关系?"

他突又拔剑,削落一大片树皮,铺在一块比较干燥的泥土上,盘膝坐了下去。

独孤美恨恨地盯着他,终于忍不住道:"你为什么还不走?"

叶孤鸿悠然道:"我为什么要走?"

独孤美道:"你是不是在等着看我死?"

叶孤鸿道:"你可以慢慢地死,我并不着急。"

他看来不但很悠闲,而且舒服,因为他身上居然还带着块用油纸包着的牛肉,甚至还有瓶酒。

对一个已在饥渴中挣扎了三十六个时辰的老人来说,牛肉和酒的香气,已不再是诱惑,而是种虐待。

因为他只能看着,一阵阵香气就像是一根根针,刺激得他全身皮肤都起了战栗。

浅浅地啜了一口酒,叶孤鸿满意地叹了口气,忽然道:"我知道你现在心里一定在后悔,刚才不该让陆小凤走的,但有件事你却不知道。"

独孤美正想以谈话分散自己的注意力,立刻问道:"什么事?"

叶孤鸿道:"我不杀陆小凤,并不是因为我没有把握杀他,只不过因为我情愿让他死在西门吹雪的手里。"

独孤美道:"哦!"

叶孤鸿傲然道:"现在他若敢再来,我一剑出鞘,就要他血溅五步。"

独孤美道:"你的意思是不是说,天下已没有人能救得了我,也没有人能救得了陆小凤?"

叶孤鸿道:"绝没有。"

这三个字刚说完,忽然间,一只手从树枝后伸出来,拿走了他手里的酒。

他的反应并不慢。

这只手缩回去的时候,他的人也已到了树后。

树后却没有人。

等他再转出来,酒瓶已在独孤美手里,正将最后一滴酒倒入自己的嘴。

刚才还在树皮上的油纸包牛肉,现在却已不见了。

叶孤鸿没有再动,甚至连呼吸都已停顿,灰白色的丛林,死寂如坟墓。

连风都没有,树梢却忽然有样东西飘飘落下。

叶孤鸿拔剑,穿透。

插在他剑尖上的,竟是刚才包着牛肉的那块油纸。

独孤美笑了,大笑,笑得连眼泪都流了出来。

叶孤鸿好像完全听不见,脸色却已发青,慢慢地摘下剑尖上的油纸。

独孤美笑道:"油纸上没有血,你吹什么?"

叶孤鸿还是听不见,剑光一闪,剑入鞘。

他却又在那块树皮上坐下来,深深地呼吸了两次,从衣袖里拿出个纸卷,用一根银针钉在身后的树干上,冷冷道:"这就是出林入山的详图,谁有本事,也不妨拿走。"

然后他还是背着树干,动也不动地坐在那里,甚至连眼睛都已闭上,仿佛老僧已入定。

独孤美笑声也已停顿,睁大了眼睛,盯着树干上的纸卷。

他知道这就是叶孤鸿用来钓鱼的饵。

武当本是内家正宗,叶孤鸿四岁时就在武当,内功一定早已登堂入室。

现在他屏息内视,心神合一,虽然闭着眼睛,可是五十丈方圆内的一针一叶,都休想逃过他的耳目。

他的饵已安排好了,鱼呢?

鱼是不是会上钩?

独孤美的呼吸忽然也停顿,他已看见一只手悄悄地从树后伸出来。

这只手的动作很轻快，很灵巧，手一伸出，就摸着了树干上的纸卷。

就在这时，剑光又一闪，如闪电惊虹，只听"夺"的一响，剑尖入木，竟活生生把这只手钉在树上。

独孤美的脸色变了，叶孤鸿的脸色也变了。

他没有看见血。

手不是油纸，怎么会没有血？

独孤美长长吐出口气，他已看出这只手并没有被剑尖钉住，剑尖却已被这只手夹住。

用两根手指夹住。

叶孤鸿铁青的脸忽又发红，满头汗珠滚滚而落，他已用尽全身气力来拔他的剑，这柄剑却像是已被泰山压住，连动都不能动。

这是谁的手？谁的手指能有如此奇妙的魔力？

陆小凤！

当然只有陆小凤。

笑容又上了独孤美的脸，他微笑着道："现在你的剑已出鞘，他好像并没有血溅五步。"

叶孤鸿咬了咬牙，忽然放开手里的剑，擦过树干掠过去。

陆小凤果然就在树后笑嘻嘻地看着他，手里拿着的正是他的剑——用两根手指捏着剑尖。

叶孤鸿冷笑道："我不用剑还是可以杀你。"

陆小凤微笑道："但剑是你的，我还是要还给你。"

叶孤鸿已出手，用的是武当金丝绵掌，夹带着空手入白刃七十二路小擒拿手，五指如钩，力贯指尖。

谁知陆小凤竟真的把他的剑送过来还给他，用手指捏着剑尖，把剑柄送到他手边。

他不由自主,伸手一把握住,脸色立刻变了,鲜血一滴滴从指缝间流出。

陆小凤刚刚送过来的明明是剑柄,他一把握住的却偏偏是剑锋。

他甚至连陆小凤用的什么动作都没有看出来。

陆小凤还在笑,道:"这是你的剑,又没有人会抢你的,你何必这么用力?"

叶孤鸿脸上已全无血色,忽然问道:"西门吹雪使出了几招才刺伤你的?"

陆小凤道:"一招。"

叶孤鸿道:"你连他一招都接不住?"

陆小凤苦笑。

叶孤鸿道:"当时你是不是已烂醉?"

陆小凤摇头。

叶孤鸿又问道:"以你这种身手,竟接不住他一剑?"

陆小凤叹了口气,道:"我知道你看见过他出手,可是在旁边看着的人,永远也无法了解他出手那一剑的速度。"

叶孤鸿垂下头,看着自己的手。

手上还在流血,并没有放开剑锋,剑尖上也还在滴着血,一滴,两滴……

这是他自己的血。

最后一滴血珠滴下来时,他忽然长叹了口气,将剑尖刺入了自己的胸膛。

叹息声突然停顿,眼珠突出。

陆小凤动容道:"我并不想杀你,你这是何苦?"

叶孤鸿苍白的脸上汗落如雨,喘息也渐渐急促,挣扎着道:"我学剑二十年,自信已无敌天下,本已约好了西门吹雪,端阳正午决战于紫禁之巅。"

陆小凤道："今年的端阳正午？"

叶孤鸿点点头，道："我虽无必胜的把握，自信还可以与他一战，可是今日见到你，我才知道我就算再学二十年，也绝不是他的敌手……"

说到这里，他就开始不停地咳嗽，可是他的意思陆小凤已明白。

到时他若不去，当然无颜再见江湖朋友；若是去了，也是自取其辱。

因为他忽然发现自己的剑法和西门吹雪相差实在太多。

陆小凤连西门吹雪的一招都接不住，他却连陆小凤的出手都看不清楚，这其间的距离，已无异是种痛苦的羞辱。

在他看来，这种羞辱远比妻子被侮更大。

陆小凤目中已露出怜悯之色，道："你就是为了这一点而死的？"

叶孤鸿点点头。

陆小凤轻轻叹了口气，忽然走过去，附在他耳边，说了几句话。

叶孤鸿的脸忽然扭曲，眼睛里露出种谁都无法了解的表情，盯着陆小凤。

然后他就倒了下去。

奇怪的是，他倒下去之后，嘴角又仿佛露出了一丝微笑。

06

剑尖已没有血。

最后一滴血是被风吹干了的。

人虽已亡,剑却仍在,剑光仍清澈如秋水。

无论剑上的血是被人吹干的也好,是被秋风吹干了的也好,对于这柄剑都完全没有影响。

剑无情,人有情。

所以人亡剑在。

陆小凤凝视着这柄无情的剑,忍不住长长叹息。

——世上为什么会有如此多情的人,要将自己的一生奉献给一柄无情的剑?

——这是不是因为剑的本身,就有种令人无法抗拒的魅力?

看着这把清澈如秋水的剑,陆小凤忽然觉得自己仿佛又将迷失……

第三章

死亡之约

01

逃亡并没有终止,黑暗又已来临。

黑暗中只听见喘息声,两个人的喘息声,声音已停下来,人已倒下去。

不管下面是干土也好,是湿泥也好,他们已完全没有选择的余地。

——一定要躺下去,就算西门吹雪的剑锋已在咽喉,都得躺下去。

现在就算用尽世上所有的力量,都已无法让他再往前走一步。

从黑暗中看过去,每隔几棵树,就有一点星光般的磷光闪动。

光芒极微弱,就算在绝对的黑暗中,也得很注意才能看得见。

只要有一点点天光,磷光就会消失。

"顺着这磷光走,就能走出去?"

"嗯。"

"你有把握?"

"嗯。"独孤美虽然已累得连话都说不出,却还是不能不回答,因为他知道陆小凤一定会继续问下去的。

"我绝对有把握。"他喘息着道,"因为你只要跟他们有了合约,他们就绝不会出卖你。"

"他们是谁?"陆小凤果然又在问,"是不是山庄里的人?"

"嗯。"

"什么山庄?在哪里?"陆小凤还要问,"你跟他们订的是什么合约?"

独孤美没有回答,听他的呼吸,仿佛已睡着。

无论他是不是已睡着,他显然已决心拒绝再回答这些问题。

陆小凤好像也觉得自己问得太多,居然也闭上嘴,更想闭上眼睛睡一觉。

可是他偏偏睡不着。

远处的磷光闪动,忽远忽近。

他的瞳孔已疲倦得连远近距离都分不出,为什么还睡不着?

——只有绝对黑暗中,才能分辨出这些指路的暗记,若是用了火折子,反而看不出了,白天当然更看不出。

——这一点只怕连西门吹雪都想不到,所以他当然也不会在这种绝对的黑暗中走路。

——看来山庄中那些人实在很聪明,他们的计划中每一点都想得很绝,又很周到。

——独孤美是不是真的会带我到那山庄去?

——他有合约,我却没有,我去了之后,他们是不是肯收容我?

——那地方是不是真的完全隐秘?连西门吹雪都找不到?

——为什么那地方只有死人才能去?

陆小凤睡不着,因为他心里实在有太多解不开的结。一个结,一个谜。

要等到什么时候才能解开这些谜?

绝对的黑暗，就是绝对的安静。

独孤美的呼吸也渐渐变得安定而均匀，在黑暗中听来，甚至有点像是音乐。

> 妹妹背着泥娃娃，
> 走到花园来看花。
> 娃娃哭了叫妈妈，
> 树上的小鸟笑哈哈……

也不知为了什么，陆小凤竟从六亲不认的老人呼吸声中，忆起了自己童年时的儿歌。

他自己也觉得很好笑，可是他并没有笑出来，因为就在这时候，黑暗中忽然响起一声惨呼。

接着，又是"噗"的一声，一个人的身子弹起来，又重重地摔在泥沼里。

"是谁？"陆小凤失声问。

没有人回答。

过了很久，黑暗中才响起了独孤美的呻吟声，仿佛受了伤。

是谁在黑暗中突击他？

陆小凤只觉得心跳加快，喉咙发干，掌心却湿透了，在这伸手不见五指的黑暗中，他什么事都看不见。

又过了很久，才听见独孤美呻吟着道："蛇……毒蛇！"

陆小凤吐出口气，道："你怎么知道是毒蛇？"

独孤美道："我被它咬到的地方，一点都不疼，只发麻。"

陆小凤道："伤口在哪里？"

独孤美道:"就在我左肩上。"

陆小凤摸索着,找到他的左肩,撕开他的衣服,指尖感觉到一点肿块,就低下头,张开嘴,用力吸吮,直到独孤美叫起来才停止。

"你已觉得痛了?"

"嗯。"

既然能感觉到疼痛,伤口里的毒显然已全都被吸出来了。

陆小凤又吐出口气,道:"你若还能睡,就睡一下,睡不着就挨一会儿,反正天已快亮了。"

独孤美呻吟着,良久良久,忽然道:"你本来不必这么做的!"

陆小凤道:"哦?"

独孤美道:"现在你既然已知道出路,为什么还不抛下我一个人走?"

陆小凤也沉默了很久才回答:"也许只因为你还会笑。"

独孤美不懂。

陆小凤慢慢地接着道:"我总觉得,一个人只要还会笑,就不能算是六亲不认的人。"

02

天一亮,指路的磷光就看不见了。

现在天已快亮,陆小凤总算已休息了片刻。

有些人的精力就像是草原中的野火一样,随时都可能再被燃起。

陆小凤就是这种人。

他这一次重新燃起的精力还没有燃尽,就忽然发现他们终于已脱出了那吃人的树林。

前面是一片青天，旭日刚刚从青翠的远山外升起，微风中带着远山新发木叶的芬芳，露珠在阳光下闪亮得就像初恋情人的眼睛。

陆小凤揉了揉自己的眼睛，几乎不敢相信这是真的，这简直就像是梦境。

难道他刚从噩梦中醒来，就到了另一个梦境中？

伏在他背上的独孤美，呼吸也变得急促了，忽然问道："前面是不是有棵大松树？"

是的。

一棵古松，孤零零地矗立在前面的岩石间，远离着这片莽密的丛林，就好像是不屑与这些俗木为伍。

"松树下是不是有块大石块？"

是的。

是块大如桌面的青石，石质纯美，柔润如玉。

陆小凤走过去，在石上坐下，放下他背负着的人，才长长吐出了口气，叹道："我们总算出来了。"

独孤美喘息着，道："只可惜这里还不能算是安全的地方。"

陆小凤道："我总算还没有被那吃人的树林子吃下去。"

独孤美道："只可惜你还是随时都可能死在西门吹雪剑下！"

陆小凤叹了口气，苦笑道："你能不能说两句让人听了比较高兴的话？"

独孤美笑了笑，道："我只不过想告诉你一件事。"

陆小凤在听着。

独孤美道："这世上本来已没有人能救得了你，但你却自己救了自己。"

陆小凤道："哦？"

独孤美道："你刚才救我的时候，也同时救了你自己。"

陆小凤道："你本来并不是真的想带我到那山庄中去的？"

独孤美点点头，道："可是，我现在已改变了主意，因为我就算是个六亲不认的人，总算还是个人。"他凝视着陆小凤，狡黠锋利的目光忽然变得很柔和，"你在那种情况下都没有甩下我，现在我当然也不能甩下你。"

陆小凤笑了。

人总有人性，人性中总有善良的一面，对这一点他永远都充满信心。

树根下还有块比较小的青石，独孤美又道："去搬开那块石头看看，下面是不是有口箱子？"

是的。

藤条编成的箱子，里面有一块熟肉、一只风鸡、一瓶酒、一包刀伤药，还有一只哨子和一封信。

哨子的形式很奇特，信纸和信封的颜色也很奇特，看来就像是死人的皮肤。

信上只写着十个字："吹哨子，听回声，循声而行。"

陆小凤喝了口酒："好酒。"他满意地叹了口气，道，"看来这些人想得实在周到。"

独孤美道："他们做事不但计划周密，而且信誉卓著，你只要跟他们有了合约，他们就一定会负责送你到山庄去。"

陆小凤忍不住问道："什么合约？"

独孤美道："救命的合约。"

这一次他居然没有逃避陆小凤的问题，所以陆小凤立刻又问道："什么山庄？"

独孤美道:"幽灵山庄。"

幽灵山庄!

——那地方只有死人才能去。

陆小凤只觉得掌心冷冷的,又忍不住问道:"难道那地方全是死人的幽灵?"

独孤美笑了笑,笑得很神秘,缓缓道:"就因为那地方全都是死人的幽灵,所以没有一个活人能找得到,更没有一个活人敢闯进去!"

陆小凤道:"你呢?"

独孤美笑得更神秘,悠然道:"我既然已走了死路,当然非死不可。"

陆小凤道:"你既然已非死不可,当然就已是个死人!"

独孤美道:"现在你总算明白了。"

陆小凤苦笑道:"我不明白,一点也不明白。"

哨子就在他手里。

他忍不住拿起来,轻轻吹了吹,尖锐奇特的哨声突然响起,连他自己都吓了一跳。

就在这时,远处已有同样的一声哨子传了过来,方向在正西。

空山寂寂,要分辨哨子的声音并不困难。

他们循声而行,渐行渐高,四面白云缥缈,他们的人已在白云中。

喝了大半瓶酒,吃了半只鸡,陆小凤只觉得精力健旺,无论多远的路都可以走下去。

独孤美的情况却愈来愈糟了,连陆小凤都已嗅到他伤口里发出的恶臭。

可是陆小凤一点也不在乎。

"西门吹雪当然不是聋子。"

"当然不是。"

"他当然也能听见哨子的声音。"

"嗯。"

"所以他随时都可能追上来的。"

"可能。"

"现在你既然已知道入山的法子,还是放下我的好。"独孤美的脸又因痛苦而扭曲,"你一个人总要走得快些,何况,我的人已不行了,就算到了那里,也未必能活多久。"

他说的是真心话,但陆小凤却好像连一个字都没有听见。

他走得更快,白云忽然已到了他的脚下,他的眼前豁然开朗。

前面青天如洗,远山如画。

陆小凤的心却沉了下去,沉得很深。

他前面竟是一道深不见底的万丈深渊,那图画般的远山虽然就在眼前,却已无路可走。

他捡起一块石头抛下去,竟连一点回声都听不见。

下面白云缭绕,什么都看不见,就连死人的幽灵都看不见。

难道那幽灵山庄就在这万丈深壑下?

陆小凤苦笑道:"要到幽灵山庄去,看来也并不是什么困难的事,你只要往下面一跳,保证立刻就会变成个死人。"

独孤美喘息着,道:"你再吹一声哨子试试看?"

尖锐的哨声,划破沉寂,也划破了白云。

白云间忽然出现了一个人。

青天上有白云,绝壑下也有白云,这个人就在白云间,就像是凌空站在那里的。

什么人能凌空站在白云里？

死人？死人的幽灵？

陆小凤吐出口气，忽然发现这个人在移动，移动得很快，又像是御风而行，转眼间就可以分辨出他衣服的颜色，也应该可以分辨出他面目的轮廓。

可是他根本就没有面目轮廓，他的脸赫然已被人一刀削平了。

没有亲眼见过他的人，绝对无法想象那是张什么样的脸。

陆小凤的胆子并不小，可是他看见这张脸，连腿都软了，几乎一跤跌下万丈绝壑中去。

他可以感觉到背上的独孤美也在发抖，就在这时，这个人已来到他们面前，来得好快。

虽然已掠上山崖，这个人身子移动时看来还是轻飘飘的，脚底距离地面至少有半尺。

陆小凤一向认为江湖中轻功最高的三个人是司空摘星、西门吹雪和他自己。

现在他才知道自己错了。

这个人轻功身法怪异，就和他的脸一样，除非你亲眼看见，否则简直无法思议。

现在他正在盯着陆小凤，一双眼睛看来就像刚刚还喷出过熔岩的火山口，灼热而危险。

面对着这么样一个人，陆小凤实在不知道该说什么。

独孤美却忽然问："你就是幽灵山庄的勾魂使者？"他看见这人点了点头，立刻接着道："我叫独孤美，我的魂已来了。"

这个人终于开口："我知道，我知道你会来的。"

他说话的声音缓慢，怪异，而艰涩，因为他没有嘴唇。

没有看见过他的人，也永远无法想象一个没有嘴唇的人说话是什么样子的。

独孤美连看都不敢再多看一眼，他生怕自己会忍不住呕吐。

这个勾魂带路的人突又冷笑，道："你不敢看我？是不是因为我太丑？"

独孤美立刻否认，勉强笑道："我不是……"

勾魂使者道："既然不是，就看着我说话，看着我的脸。"

独孤美只好看着他的脸，却没有开口，因为他的喉咙和胃都已因恐惧而收缩，连声音都发不出。

勾魂使者却笑了。

他好像很喜欢看到别人害怕难受的样子，喜欢别人怕他。

可是他的笑声很快地又结束，冷冷道："你本该一个人来的，现在为什么有两个？"

独孤美还是不能开口，这问题他也回答不出。

勾魂使者道："你留下，他走！"

独孤美忽然鼓起勇气，道："他也不走。"

勾魂使者道："他不走，你走。"

独孤美大声抗议，道："我有合约，是你们自己订的合约。"

勾魂使者道："你有，他没有。"

独孤美道："他是我的朋友，他的合约金我可以替他付。"

勾魂使者道："现在就付？"

独孤美道："随时都可以付，我身上带着有……"

勾魂使者突又打断他的话，冷冷道："就算现在付，也已太迟了。"

独孤美道："为什么？"

勾魂使者道："因为我说的。"

独孤美道："可是他既然已来到这里，就绝不能再活着回去。"

勾魂使者冷冷道："你若想救他，你就自己走，留下他。"

他没有嘴唇，说话的声音就像是来自地狱，已经被魔火炼过，绝无更改。

陆小凤忽然大声道："我走。"

他轻轻地放下独孤美，拍了拍身上的衣服，居然真的说走就走。

独孤美喘息着，忽然一把拉着他衣角，道："你留下，我走。"

陆小凤笑了笑，道："你用不着担心我，我既然能活着来到这里，就一定有法子活着回去。"

独孤美居然也笑了笑，大声道："我知道你没有把死活放在心上，我却很怕死……"

陆小凤抢着替他接了下去："可是你现在已经不怕了？"

独孤美点点头，道："因为我……"

陆小凤道："因为你反正也活不长的，不如把机会让给我。"

独孤美道："这是唯一的机会。"

陆小凤道："这些话我早就听你说过，你的意思我也很明白，只不过……"

独孤美道："你还是不肯？"

陆小凤笑了笑，道："能够跟一个六亲不认的人交上朋友，我已经很满意了，只可惜我一向没有要朋友替我死的习惯。"

独孤美道："你一定要走？"

陆小凤道："我走得一定比你快。"

勾魂使者冷冷地看着他们，眼睛里带着种说不出的憎恶。

他憎恶友情，憎恶世上所有美好的事，就像是蝙蝠憎恶阳光。

忽然间，远处有人在呼唤："带他们进来，两个人全都带进来。"

清脆的声音，来自白云间，白云间忽然又出现了一条淡红色的人影，仿佛也是凌空站在那里的，正在向这边挥手。

"谁说要将他们全都带进去？"

"老刀把子。"

这四个字竟像是种符咒，忽然间就将陆小凤带入了另一个天地。

03

没有人能凌空站在白云间，也没有人能真的御风而行。

勾魂使者也是人，并不是虚无的鬼魂，他是怎么来的？

陆小凤走过去之后，才看出白云里有条很粗的钢索，横贯了两旁的山崖。

这就是他们的桥。

从尘世通向幽冥之门的桥。

山崖这边，有个很大的竹篮，用滑轮铁钩挂在钢索上。

这边的山崖比较高，解开一条绳子，竹篮就会向对面滑过去。

独孤美已经在竹篮里。

勾魂使者冷冷地瞅着陆小凤，冷冷道："你是不是也想坐进去？"

陆小凤道："我有腿。"

勾魂使者道："若是一跤跌下去，就没有腿了。"

陆小凤道："我看得出。"

勾魂使者道："非但没有腿，连尸骨都没有，一跌下去，人就变成了肉酱。"

陆小凤道："我想得到。"

勾魂使者道："这条钢索很滑，山里的风很大，无论轻功多么好的人，走在上面，随时都可能会跌下去。"

陆小凤笑了笑，道："你跌下去过？"

勾魂使者道："没有。"

陆小凤道："你喜欢我？"

勾魂使者冷笑。

陆小凤淡淡道："既然你没有跌下去过，又怎么知道我会跌下去？既然你并不喜欢我，又何必关心我的死活？"

勾魂使者冷笑道："好，你先走。"

陆小凤道："你要在后面等着看我跌下去？"

勾魂使者道："这种机会很多，我一向不愿错过。"

陆小凤又笑了笑，道："可是这一次我保证你一定会失望的。"

钢索果然很滑，山风果然很大，人走在上面，就像是风中的残烛。

放眼望过去，四面都是白云，缥缥缈缈，浮浮动动，整个天地好像都在浮动中，要想平平稳稳地在上面走，实在很不容易。

愈不容易的事，陆小凤愈喜欢做。

他走得并不快，因为快比慢容易行，他慢慢地走着，就好像在一条平坦的大道上踱方步。

那个勾魂的使者，只有在后面跟着。

所以陆小凤觉得更愉快。

风从他胯下吹过去，白云一片片从他眼前飞过，他忽然觉得天地间实在没有什么值得他烦恼的事，就算真的掉了下去，他也不在乎。

他的嗓子一向很糟，而且五音不全，所以九岁就没有唱过歌。

可是现在他却忽然有了种放声高歌的冲动，居然真的唱了起来，唱的是儿歌。

因为他只会唱儿歌："妹妹背着泥娃娃，走到花园来看花……"

忽然间，"呼"的一声响，一阵风从他头顶吹过，一个人落在他眼前。

一个没有脸的人。

陆小凤笑了:"我唱的歌好不好听?"

勾魂使者冷冷道:"那不是唱歌,是驴子叫。"

陆小凤大笑,道:"原来你也有受不了的时候,好,好,好极了。"

他又唱了起来,唱的声音更大。

"娃娃哭了叫妈妈,树上的小鸟笑哈哈……"

勾魂使者冷冷地看着他,等他唱完了,忽然问道:"你是陆小凤?"

陆小凤道:"怎么我一唱歌你就认出我来了?难道我的歌声比我的人还要出名?"

勾魂使者道:"你真的是陆小凤?"

陆小凤道:"除了陆小凤外,还有谁能唱这样的歌?"

勾魂使者道:"你知道我是谁?"

陆小凤道:"不知道。"

他又笑了笑:"这世上不要脸的人虽多,却还没有一个做得像你这么彻底的。"

勾魂使者眼睛里仿佛又有火焰在燃烧,忽然拔下头发上的一根乌木簪,向陆小凤刺了过去。

他的出手看来并不奇突,招式间也没有什么变化,但却实在太快,快得令人无法思议。

陆小凤来不及退,也不能闪避,只有伸出手,用两根手指一夹。

这本是天下无双,万无一失的绝技,这一次却偏偏失手了。

一根平平凡凡的乌木簪,好像忽然变成了两根,闪电般刺向他的眼睛。

若是在平地上,这一招他也不是不能闪避,但现在他脚下并不是坚实可靠的土地,而是条滑不留足的钢索。他身子一闪,脚下就站不住了,一个倒栽葱,人就掉了下去,向那深不可测的万丈绝壑中掉了下去。

——一跌下去,人就变成了肉酱。

他并没有变成肉酱。

勾魂使者垂下头,就看见一只脚钩在钢索上。陆小凤的人就像是条挂在钓钩上的鱼,不停地在风中摇来晃去。

他好像还是一点也不在乎,反而觉得很有趣,居然又唱了起来。

摇呀摇,

摇到外婆桥,

外婆叫我好宝宝……

他没有唱下去,只因为下面的歌词他已忘了。

勾魂使者道:"看来你真的是陆小凤。"

陆小凤道:"现在虽然还是陆小凤,等一下说不定就会变成一堆肉酱了。"

勾魂使者道:"你真的不怕死?"

"呼"的一声,他的人忽然风车般一转,又平平稳稳地站在钢索上,微笑道:"看来你好像也不是真的要我死。"

勾魂使者冷冷道:"我只不过想要你知道一件事。"

陆小凤道:"什么事?"

勾魂使者的眼睛又在燃烧,一字字地道:"我要你知道,西门吹雪并不是天下无双的快剑,我比他更快。"

这一次陆小凤居然没有笑,目中忽然露出种很奇怪的表情,盯着他问道:"你究竟是什么人?"

勾魂使者道:"是个不要脸的人。"

他不要脸,也没有脸,脸上当然全无表情,可是,他的声音里,却仿佛忽然有了一种说不出的悲哀。

陆小凤还想再问时,他的人已飞鸟般掠起,转眼间就消失在白云里。

白云缥缈,陆小凤痴痴地站在云里,也不知在想什么。

过了很久他才开始往前走,终于到了对岸,只见山崖前面两根竹竿系着条红线,横挡在他面前,远处有人正冷冷地对他说:"冲过这条生死线,你已是个死人。"声音冷如刀锋,"所以你最好再想一想,是走过来,还是回头去。"

陆小凤心里也在问自己:"是冲过去?还是回头?"

冲过去是个死人,回头也恐怕只有一条死路。

他看着面前的红线,只觉得手心冰冷。

这条红线虽然一碰就断,但世上又有几人能冲得过去?

陆小凤忽然笑了:"有时候我天天想死都死不成,想不到今天竟死得这么容易。"

他微笑着,轻轻松松地就走了过去,走入了一个以前完全没有梦想过的世界。

走入了一个死人的世界。

放眼四望,一片空蒙,什么都看不见,连那勾魂使者都不知道到哪里去了。

独孤美也不知到哪里去了。

——这里究竟是什么地方?

——难道我真的已是个死人?

陆小凤挺起胸,大步向前走去,嘴里又唱起了儿歌:"妹妹背着泥娃娃,走到花园……"

这一句还没有唱完,突听旁边有个人呻吟着道:"求求你,饶了我吧!"

第四章

一个死人的世界

01

声音是从一间小木屋里传出来的。

一间灰色的小木屋,在这迷雾般的白云里,一定要很注意才能看得见。

陆小凤终于看见了——只看见了这间小木屋,并没有看见人。

呻吟声还没有停,陆小凤忍不住问:"你受了伤?"

"没有受伤,却快要死了。"是少女的声音,'快要被你唱死了。"

"你既然在这里,当然也是个死人,再死一次又何妨?"

"你唱的这种歌连活鬼都受不了,何况死人?"

陆小凤大笑。

木屋里的声音又在问:"你知不知道刚才救你的人是谁?"

"是你?"

"一点也不错,就是我。"她的笑声很甜,"我姓叶,叫叶灵,别人都叫我小叶。"

"好名字。"

"你的名字也不错,可是我不懂,一个大男人,为什么要叫小凤凰？"

陆小凤的笑变成了苦笑，道："我叫陆小凤，不叫小凤凰。"

叶灵又问："这有什么不同？"

陆小凤道："凤凰是一对，不是一只，凤是公的，凰才是母的。"

他慢慢地走过去，屋子里却忽然沉默了下来，过了很久，才听见叶灵轻轻地叹了口气，道："只不过是片小叶子，既然没有一对，也不知道是公的？还是母的？"

陆小凤道："这一点你倒用不着担心，我保证只要看一眼，就可以看出你是公的，还是母的？"

他忽然推开门，闯进了屋子。

在外面看这屋子已经小得可怜了，走进去之后，更像是走进间鸽子笼。

可是鸽子虽小，五脏俱全，这屋子也一样，别人家的屋里有些什么，这屋子里几乎也一样不缺，甚至还有个金漆马桶。

陆小凤并不是个会对马桶有兴趣的人，现在他注意这个马桶，只因为他走进来的时候，这个穿红衣裳的小姑娘正坐在马桶上。

穿得整整齐齐地坐在马桶上，用一双乌溜溜的大眼睛瞪着陆小凤。

陆小凤的脸有点红了。

不管怎么样，一个女孩子坐在马桶上的时候，男人总不该闯进来的。

可是既然已闯了进来，再溜出去岂非更不好意思？

恶人先告状，陆小凤眼珠子转了转，忽然笑道："你平常都是坐在马桶上见人的？"

叶灵一本正经地摇了摇头，道："只有在两种情况下我才会坐到马桶上。"

有一种情况就是任何人都不必问的,另外一种情况呢?

叶灵道:"就是马桶里有东西要钻出来的时候。"

陆小凤又笑出来了。

马桶里还会有什么东西钻出来?除了臭气外还会有什么别的?

叶灵道:"你想不想看看里面是什么?"

陆小凤立刻摇头,道:"不想。"

叶灵道:"只可惜你不想看也得看。"

陆小凤道:"为什么?"

叶灵道:"因为这里面的东西都是送给你的。"

陆小凤道:"我不要也不行?"

叶灵道:"当然不行。"

看着她站起来掀马桶的盖子,陆小凤几乎已忍不住要夺门而逃。

他没有逃。马桶的味道非但一点也不臭,而且香得很。

随着这阵香气飞出来的,竟是一双燕子,一对蝴蝶。

燕子和蝴蝶刚从小窗飞出去,叶灵又像是变戏法一样,从马桶里拿出一套崭新的衣服、一双柔软的鞋袜、一小坛酒、一对筷子、一个大瓦罐、一个大汤匙、四五个馒头,还有一束鲜花。

陆小凤看呆了。无论谁也想不到一个马桶里居然能拿出这么多东西来。

叶灵道:"燕子和蝴蝶是为了表示我们对你的欢迎,衣服和鞋袜一定合你的身,酒是陈年的竹叶青,瓦罐里是原汁炖鸡,馒头也是刚出笼的。"

她抬起头,看着陆小凤,淡淡地接着道:"这些东西你喜欢不喜欢?"

陆小凤叹了口气,道:"简直喜欢得要命。"

叶灵道:"你要不要？"

陆小凤道:"不要的是土狗。"

叶灵笑了，笑得就像是一朵花，一块糖，一条小狐狸。

可以害得死人，也可以迷得死人的小狐狸。

陆小凤看着她，忍不住又叹了口气，道:"你是母的，铁定是母的。"

鲜花插入花瓶，酒已到了陆小凤肚子里。

叶灵看着他把清冽的竹叶青像倒水一样往肚子里倒，好像不但觉得很惊奇，还觉得很可惜，忽然叹息着道:"只有一点错了。"

陆小凤不懂。

叶灵已经在解释:"有人说你的机智、武功、酒量、脸皮之厚，和好色都是很少有人能比得上你。"

陆小凤放下空坛，笑着道:"现在你已看过我的酒量。"

叶灵道:"我也看过你的武功，你刚才没有掉下去，连我都有点佩服你。"

陆小凤道:"可是我并不好色，所以这一点至少错了。"

叶灵道:"这一点没有错。"

陆小凤生气了，道:"我有没有对你非礼过？"

叶灵道:"没有，到现在为止还没有，可是你看着我的时候，那双眼睛就像……"

陆小凤赶紧打断了她的话:"你说是哪点错了？"

叶灵笑了笑，道:"你的脸皮并不算太厚，你还会脸红。"

陆小凤道:"难道你本来认为我一辈子都没脸红过？难道那个人说的话你全都相信？"

叶灵眨了眨眼，反问道:"你知不知道这些话是谁说的？"

陆小凤道："是谁？"

叶灵道："老刀把子。"

就是这个人，就是这个名字，为什么会有这么大的魔力？

陆小凤试探着问道："他就是你们的老大？"

叶灵道："不但是我们的老大，也是我们的老板、我们的老子。"

陆小凤道："他究竟是个什么样的人？"

叶灵道："能让大家心甘情愿地认他为老子的人，你说应该是个什么样的人？"

陆小凤道："我不知道，从来也没有人愿意做我的儿子，我也从来不想做人的儿子。"

叶灵道："你只不过想知道他的姓名来历而已。"

陆小凤不能否认："我的确想，想得要命。"

叶灵冷冷道："如果你真的想，只怕就真的会要你的命。"她脸上的表情忽然变得很严肃，"你若想在这里过得好些，就千万不要去打听别人的底细，否则……"

陆小凤道："否则怎么样？"

叶灵道："否则就算你的武功再高一百倍，还是随时都可能失踪的。"

陆小凤道："失踪？"

叶灵道："失踪的意思，就是你这个人忽然不见了，世上绝没有人知道你去了哪里。"

陆小凤道："这里常常有人失踪？"

叶灵道："常有。"

陆小凤叹了口气，苦笑道："我本来还以为这里很安全，很有规矩。"

叶灵道："这里本来就很有规矩，三个规矩。"

陆小凤道："哪三个？"

叶灵道："不能打听别人的过去，不能冒犯老刀把子，更不能违背他的命令。"

陆小凤道："他要我干什么，我就得干什么？"

叶灵点点头，道："他要你去吃屎，你就去吃。"

陆小凤只有苦笑。

叶灵又问道："你知不知道我为什么要到这里来，告诉你这些话？"

陆小凤的笑忽然又变得很愉快，道："当然是因为你喜欢我。"

叶灵也笑了："看来他还是没有错，你的脸皮之厚，很可能连枪尖都刺不进去。"

她笑得比花还美，比糖还甜，轻轻地接着道："可是你如果犯了我的规矩，我就把你脸上这张厚皮剥下来，做我的皮拖鞋。"

陆小凤又不禁苦笑，道："你至少应该先让我知道你有些什么规矩。"

叶灵道："我只有两个规矩，不要去惹大叶子、不要让女人进陆公馆的门。"

陆小凤道："大叶子是个人？"

叶灵道："大叶子就是小叶子的姐姐，陆公馆就是陆小凤的公馆。"

陆小凤道："陆公馆在哪里？"

叶灵道："就在这里。"

她接着道："从现在开始，这里就是你的家，你晚上要睡在这里，白天最好也老老实实地耽在这里，我随时都会来检查的。"

陆小凤又笑了，笑得很奇怪。

叶灵瞪起了眼，道："你敢笑我？"

陆小凤道:"我不是笑你,我是在笑我自己。"他笑得不但有点奇怪,还有点悲哀,"我活了三十年,这还是第一次有个自己的家,自己的房子……"

他没有再说下去,因为叶灵已封住了他的嘴——用自己的嘴封住了他的嘴。

她的嘴唇冰凉而柔软。

两个人的嘴唇只不过轻轻一触,她忽然又一拳打在陆小凤肚子上。

她的出手又硬又重。陆小凤被打得连腰都弯了下去,她却吃吃地笑着,溜了出去。

"记住,不要让任何人进门。"她的声音已到了门外,"尤其不能让花寡妇进来。"

"花寡妇又是什么人?"

"她不是人,是条母狗,会吃人的母狗。"

02

陆小凤有四条眉毛,却只有两只手。

他用左手揉着肚子,用右手抚着嘴唇,脸上的表情也不知是在哭?还是在笑?

就这么样,他就糊里糊涂地由活人变成了死人,糊里糊涂地有了个家。

他还有两条腿,却已连什么地方都不能去了。

他忽然就已睡着,睡了一下子就开始做梦,梦见自己被一片冰冰冷冷的大叶子包住,又梦见一条全身都生满了花的母狗在啃他的骨头,连啃骨头的声音他都能听得清清楚楚。

然后他就发现在屋子里真的有个人在啃骨头。不是他的骨头，是鸡骨头。

坐在那里啃骨头的也不是条母狗，是个人。

陆小凤一醒，这个人立刻就有了警觉，就像是野兽一样的警觉。

他扭过头，盯着陆小凤，眼睛里充满了敌意。

可是他嘴里还在啃着鸡骨头。

陆小凤从来都没有看见过对鸡骨头这么有兴趣的人，也没有看见过这么瘦的人。

事实上，这个人身上的肉，绝不会比他嘴里啃着的鸡骨头多很多。

他身上的衣服却很华丽，绝不像穷得要啃鸡骨头的人。

陆小凤忍不住试探着问："你是不是有病？"

"你才有病！"

这个人"噗"的一声，把嘴里的鸡骨头吐得满地都是，露出了一口雪白的牙齿，狠狠地盯着陆小凤。"你以为我会有什么病？饿病？"

"你不饿？"

"我每天吃三顿，有时候还加上一顿宵夜。"

"你吃些什么？"

"我吃饭，吃面，吃肉，吃菜，只要能吃的，我什么都吃。"

"今天你吃些什么？"

"今天中午我吃的是北方菜，一样是红烧蹄膀，一样是熏羊肉，一样是三鲜鸭子，一样是锅贴豆腐，一样是虾子乌参，一样是五梅鸽子，另外还有一碗黄瓜氽丸子汤。"

陆小凤笑了。

这个人又瞪起了眼："你不信？"

"我只不过奇怪，一个好好的人，为什么要闯进别人家里来啃鸡骨头。"

"因为我高兴。"

陆小凤又笑了："只要你高兴，只要我这里有鸡骨头，随时都欢迎你来。"

这个人眼睛里反而露出了警戒怀疑的神色："你欢迎我来？为什么？"

陆小凤道："因为我这是第一次有家，因为你是我的第一个客人，因为我喜欢朋友。"

这个人的样子更凶："我不是你的朋友。"

陆小凤道："现在也许还不是，以后一定会是的。"

这个人虽然还在盯着他，神色却已渐渐平静了下来。

无论谁都不能不承认，陆小凤一向都很会交朋友，朋友们也都很喜欢他。

无论男朋友、女朋友都一样。

陆小凤已坐下来，忽又叹了口气，道："只可惜这里没有酒了，否则我一定跟你喝两杯。"

这个人眼睛里立刻发了光，道："这里没有酒，你难道不能到外面去找？"

陆小凤道："我刚来还不到半天，这地方我还不熟，可是我保证，不出三天，你无论要喝什么我都能找得回来。"

这个人又盯着他看了半天，终于吐出口气，全身的警戒也立刻松弛："我是个游魂，说不定随时都会闯来的，你真的不在乎？"

陆小凤道："我不在乎。"

他真的不在乎。他经常在三更半夜里，把朋友从热被窝中拖出来陪他喝酒，朋友们也不在乎。

因为大家都知道，若有人半夜三更去找他，他非但不会生气，反而高兴得要命。

夜色已笼罩大地，晚风中忽然传来了钟声。
"这是晚食钟。"
陆小凤不懂，游魂又解释："晚食钟就是叫大家到厅里去吃晚饭的钟声。"
"天天都要去？"
"一个月最多只有四五天。"
"都是在什么时候？"
"初一十五，逢年过节，有名人第一天到这里来的时候。"他上上下下地打量陆小凤，"你一定也是个名人，难道你就是那个长着四条眉毛的陆小凤？"
陆小凤苦笑："只可惜现在的陆小凤，已经不是从前那个陆小凤了。"
游魂想说，又忍住，忽然站起来："马上就会有人带你去吃饭的，我非走不可，你最好不要告诉别人，我到这里来过。"
陆小凤并没有问什么。
别人若有事求他，他只要肯答应，就从不问别人是为了什么。
就因为这一点，他已应该有很多朋友。
游魂显然也对这一点很满意，忽又压低声音，道："今天你到了大厅，他们一定会给你个下马威。"
陆小凤道："哦？"
游魂道："因为这里的人至少有一半是疯子，他们唯一的嗜好，就是虐待别人，看别人受苦，其中还有六七个人疯得更可怕。"
陆小凤道："是哪七个人？"

游魂道:"一个叫管家婆,一个叫大将军,一个叫表哥,一个叫钩子……"

他只说出四个人的名字,身子就忽然掠起。

屋里的窗子很小,可是他的手往上面一搭,人就已钻了出去。

看来他不但轻功很高,还会缩骨。

这两种功夫本是司空摘星的独门绝技,他和司空摘星有什么关系?

陆小凤没有想下去,因为他也听见了外面的脚步声。

很轻很轻的脚步声,只有脚底长着肉掌的那种野兽脚步才会这么轻。

只有轻功极高的老江湖,走路时才会像这种野兽。

幽灵山庄中,哪里来的这么多轻功高手?

陆小凤正在吃惊,就听见了敲门的声音。

他实在想看看来的这个人是谁?长得是什么样子?他立刻就去开门。

开了门之后,他更吃惊。

敲门的居然不是人,居然真的是只脚底长着肉掌的野兽。

是一条狗!

一条全身漆黑,黑得发亮的大狗,在夜色中看来简直就像是只豹子。

可是它对人并不凶恶,一种极严格而长久的训练,已消除了它本性中对人类的敌意。

它也没有叫,因为它嘴里衔着一张纸。

纸上只有四个字:"请随我来。"

这条狗是来带陆小凤去吃晚饭的。

陆小凤笑了。

不管怎么样，有饭吃总是件令人愉快的事，尤其是现在，他实在很需要一顿丰富而可口的晚饭。

"红烧蹄膀、三鲜鸭子、虾子乌参……"

听见那位游魂说起这些好菜时，他的口水就已差点流了出来。

狗在对他摇尾巴，他也拍了拍狗的头，微笑着道："你知不知道我宁愿让你带路？因为这里的狗实在比人可爱得多。"

03

夜已深，雾还没有散，冷雾间虽然也有几十点寒星般的灯火，却衬得四下更黑暗。

黑狗在前面走，陆小凤在后面跟着，等他的眼睛已习惯于黑暗时，他才发现自己正走在一条很弯曲的小路上。

路的两旁，有各式各样的树木，还有些不知名的花草。

在阳光普照的时候，这山谷一定很美。

可是山谷里是不是也有阳光普照的时候？

陆小凤忽然发觉自己真正最渴望见到的，并不是一只红得发亮的红烧蹄膀，而是阳光。

那种照在人身上，可以令人完全都热起来的阳光。

他也像别人一样，也曾诅咒过阳光。

每当他在骄阳如火的夏日，被晒得满脸大汗、气喘如牛时，就忍不住要诅咒阳光。

可是现在他最渴望的，也正是这种阳光。

世界上有很多事都是这样子，只有当你失去它的时候，才知道它的珍贵。

陆小凤在心里叹了口气,忽然听见附近也有人在叹气。

不但有人叹气,而且有人说话:"陆小凤,我知道你会来的,我早就在这里等着你。"

这里是幽灵山庄,黑暗中本就不知有多少幽灵躲藏,这个人说话的声音也缥缈阴森如鬼魂。

陆小凤掌心捏把冷汗。他明明听见说话的声音在附近,附近却偏偏连个人影都看不见。

"你看不见我的。"声音又响起,"一个真正的鬼要向人索命时,是绝不会让人看见的。"

"我欠了你一条命?"陆小凤试探着问。

"嗯。"

"谁的命?"

"我的命。"

"你是谁?"

"我就是死在你手上的蓝胡子。"

陆小凤笑了,大笑。

一个人正在紧张恐惧时,往往也会莫名其妙地笑起来。

他的笑声虽然大,却很短。

他忽然发现说话的既不是人,也不是鬼,而是那条狗。

本来走在他前面的黑狗,已转过头,用一双死鱼般的眼睛瞪着他。

"我就是死在你手上的蓝胡子。"这句话的确是从狗嘴里说出来的,每个字都是。

狗怎么会说人话?

难道蓝胡子的鬼魂已附在这条狗的身上?

陆小凤的胆子再大，也不禁打了个寒噤，就在此时，这条狗已狂吼着向他扑了过来。

他刚想去捉狗的前爪，谁知狗的肚子里竟突然伸出了一只手。

一只人的手，手上拿着一把刀，手一扬，刀飞出，直打陆小凤的小腹。

这一招更是意外中的意外，世上能躲过这一刀的人能有几个？

至少有一个。

陆小凤的小腹突然收缩，伸出两根手指一夹，果然夹住了刀锋。

那条狗却已凌空翻身，倒掠三丈，转眼间就已没入黑暗中。

黑暗中什么都看不见了。

陆小凤抬起头看着远方的黑暗，低下头看着自己手里的尖刀，只有自己对自己苦笑。

这本来明明应该是场噩梦，却又偏偏不是梦。

在这梦境般的幽灵山庄中，一件事究竟是真是梦？本来就很难分得清楚。

只不过他总算明白了一件事："这地方的狗并不是比人可爱。"

黑暗中忽然又有人声传来："现在你是不是已经愿意让人来带路了？"

这次他看见的居然真是个人。

他又看见了叶灵。

雾一般的灯光，昏灯般的迷雾，叶灵还是笑得那么甜。

"现在你总明白，这地方究竟是人可爱，还是狗可爱了？"

"我不明白。"

"你还不明白？"

"我只明白一件事。"陆小凤道，"有时这地方的狗就是人，人就是狗。"

花寡妇未必真的是条狗，这条黑狗却是个人。

陆小凤道："江湖中宁愿做狗的人虽然不少，能做得这么彻底的却只有一个。"

叶灵道："你知道他是谁？"

陆小凤道："狗郎君。"

叶灵道："你早已知道？"

陆小凤笑了笑，道："我至少知道蓝胡子并不是死在我手上的，他自己当然也应该知道，所以他就算真的变成了恶鬼，也不该来找我。"

叶灵笑了，眨眼笑道："就算恶鬼不找你，饿鬼却一定会来找你。"

陆小凤道："饿鬼？"

叶灵道："饿鬼的意思，就是为了等你吃饭等得饿死的，你若还不赶紧去，今天晚上就要多出三十七个饿鬼来。"

陆小凤道："就算我还不去，真正的饿鬼也只有一个。"

叶灵道："谁？"

陆小凤道："我。"

第五章

将军吃肉

01

昨天是钩子七十岁生日,今天他醒来时,宿醉仍未醒,只觉得头疼如裂,性欲冲动。

第一个现象就表示他已老了。

昨天他只不过喝了四十多斤黄酒,今天头就痛得恨不得一刀把脑袋砍下来。

十年前他还曾经有过一夜痛饮八十斤黄酒的纪录,睡了两个时辰后,就已精神抖擞,只用一只手,就握断了太行三十六友中二十三个人的咽喉。

想到这一点,他就觉得痛恨,恨天恨地,也恨自己——像我这样的人,为什么也会老?

可是发觉了第二个现象后,他又不禁觉得很安慰,他身体的某一部分,简直就硬得像是装在他右腕上的铁钩一样。

七十岁的老人,有几个能像他这么强壮?

只可惜这地方的女人太少,能被他看上眼的女人更少。

事实上,他看得上眼的女人一共只有三个,这三个该死的女人又偏偏总是要吊他的胃口。

尤其是那又精又灵的小狐狸，已经答应过他三次，要到他房里来，害得他白白空等了三夜。

想到这一点，他心里更恨，恨不得现在就把那小狐狸抓过来，按在床上。

这种想法使得他更胀得难受，今天若再不发泄一下，说不定真的会被憋死。

他心里正在幻想着那满脸甜笑的小狐狸，和她那冷若冰霜的姐姐，还有那已熟得烂透的花寡妇。

他正想伸出他的手，外面忽然有人在敲门，敲得很响。

只有两三个人敢这么样敲他的门，来的不是管家婆，就是表哥。

这两人虽然都是他的死党，他还是忍不住有点怒气上涌。

情欲被打断时，通常立刻就会变成愤怒。

他拉过条薄被盖住自己，低声怒吼："进来！"

表哥背负着双手，站在门外，光滑白净的脸，看来就像是个刚剥了壳的鸡蛋。

看到这张脸，没有人能猜出他的年纪。

对于这一点，他自己一向觉得很满意，有时甚至连他自己也会忘记了自己的年纪。

听见钩子的怒吼声，他就知道这老色鬼今天又动了春情。

他带着笑推开门走进去，看着那一点在薄被里凸起的部分，微笑着道："看来你今天的情况还不错，要不要我替你摘两把叶子回来？"

钩子又在怒吼："快闭上你的贼眼和臭嘴，老子要找女人，自己会去找。"

表哥道："你找到几个？"

钩子更愤怒，一下子跳起来，冲到他面前，用右手的铁钩抵住他肚子，咬着牙道："你敢再说一个字，老子就把你心肝五脏一起钩出来。"

表哥非但一点也不害怕，反而笑得更愉快："我并不是在气你，只不过在替你治病，你看你现在是不是已经软了？"

钩子狠狠地盯着他，忽然大笑，大笑着松开手："你也用不着神气，若不是因为这地方的男人比女人好找，你的病保证比我还厉害。"

表哥施施然走过去，在靠窗的椅子上坐下，悠声道："只可惜这地方真正的男人已愈来愈少了，我真正看得起的也许只有一个。"

钩子道："是不是将军？"

表哥冷笑摇头，道："他太老。"

钩子道："是小清？"

表哥道："他只不过是个绣花枕头。"

钩子道："难道是管家婆？"

表哥又笑了，道："他自己就是老太婆，他不来找我，我已经谢天谢地了。"

钩子道："你说的究竟是谁？"

表哥道："陆小凤。"

钩子叫起来："陆小凤！就是那个长着四条眉毛的陆小凤？"

表哥眯起眼笑道："除了他之外，还有谁能让我动心？"

钩子道："他怎么会到这儿来的？"

表哥道："据说是因为玩了西门吹雪的老婆。"

钩子道："你已见过他？"

表哥道："只偷看了两眼。"

钩子道："他是个什么样的人？"

表哥又眯起了眼，道："当然是个真正的男人，男人中的男人。"

钩子刚坐下，又站起来，赤着脚走到窗口。

窗外雾色凄迷。

他忽然回头，盯着表哥，道："我要杀了他！"

表哥也跳起来："你说什么？"

钩子道："我说我要杀了他。"

表哥道："你没有女人就要杀人？"

钩子握紧拳头，缓缓道："他今年只不过三十左右，我却已七十了，但我却还是一定能杀死他的，我有把握。"

看到他脸上的表情，无论谁都看得出他杀人不仅为了要发泄，也是为了证明自己还年轻。

——有很多老人想找年轻的女孩子，岂非也是因为同样的理由？

——他们只忘了一点，青春虽然美妙，老年也有老年的乐趣。

有位西方的智者曾经说过一段话，一段老年人都应该听听的话。

——年华老去，并不是一个逐渐衰退的过程，而是从一个平原落到另外一个平原，这虽然使人哀伤，可是当我们站起来时，发现骨头并未折断，眼前又是一片繁花如锦的新天地，还不知有多少乐趣有待我们去探查，这岂非也是美妙的事？

钩子当然没有听过这些话，表哥也没有。

他看着钩子脸上的表情，终于叹了口气，道："好，我帮你杀他，可是你也得帮我先做了他。"

钩子道："好！"

突听门外一个人冷笑道："好虽然好，只可惜你们都已迟了一步。"

随着笑声走进来的，是个又瘦又高，驼背鹰鼻的老人。

表哥叹了口气，道："我就知道你这管家婆一定会来管我们的闲事的。"

管家婆道："我只不过告诉你们一个消息。"

钩子抢着道:"什么消息?"

管家婆道:"那条黑狗已经先去找陆小凤,就算他不能得手,还有将军。"

钩子动容道:"将军准备怎么样?"

管家婆道:"他已在前面摆下了鸿门宴,正在等着陆小凤。"

02

夜还是同样的夜,雾还是同样的雾,山谷还是同样的山谷。

可是陆小凤心里的感觉已不同。

和一个又甜又美的聪明女孩子并肩漫步,当然比跟在一条黑狗后面走愉快得多。

叶灵用眼瞟着陆小凤:"看样子你好像很愉快?"

陆小凤道:"我至少比刚才愉快。"

叶灵道:"因为你知道我不会咬你?"

陆小凤道:"你也比刚才那条狗漂亮,比任何一条狗都漂亮。"

叶灵笑了,笑得真甜:"难道我只比它强这么一点点?"

陆小凤道:"当然还有别的。"

叶灵道:"还有什么?"

陆小凤道:"你会说话,我喜欢听你说话。"

叶灵眨着眼,道:"你喜欢听我说些什么?是不是喜欢听我说说这地方的秘密?"

陆小凤笑了。他的笑也许有很多种意思,却绝对连一点否认的意思都没有。

叶灵道:"你要我从哪里开始说起?"

陆小凤道:"就从钩子开始如何?"

叶灵睁大了眼睛,吃惊地看着他,道:"你也知道钩子?你怎么会知道的?"

陆小凤悠然道:"我不但知道钩子,还知道将军、表哥,和管家婆。"

叶灵走过去,摘下片树叶,又走回来,忽然叹了口气,道:"你知道的已经太多了,只不过,你若一定要问,我还是可以告诉你。"

陆小凤道:"那么你最好还是先从钩子开始。"

叶灵道:"他是个杀人的钩子,也是条好色的公狼,现在他最想做的一件事,就是把我的裤子撕烂,把我按到床上去。"

陆小凤叹了口气,道:"其实你用不着说得这么坦白的。"

叶灵又睁大她那纯真无邪的眼睛,道:"我本来就是坦白的女人,又恰巧是个最了解男人的女人。"

陆小凤又叹了口气,苦笑道:"真是巧得很,只可惜我并不想听有多少男人要脱你的裤子。"

叶灵眨了眨眼,道:"假如有人要脱你裤子,你想不想听?"

陆小凤笑道:"这种事也平常得很,我也不是第一次遇到。"

叶灵道:"假如要脱你裤子的是个男人呢?"

陆小凤叫了起来:"是个男人?"

叶灵嫣然道:"我说错了,不是一个男人,是两个。"

陆小凤连叫都叫不出了,过了很久,才试探着问道:"是不是表哥和管家婆?"

叶灵又睁大眼睛,道:"你怎么知道的?"

陆小凤苦笑道:"这两个人名字听起来就有点邪气。"

叶灵道:"可是最可怕的一个并不是他们。"

陆小凤道:"哦?"

叶灵道:"你有没有见过可以用一双空手活活把一条野牛撕成两半的人?"

陆小凤立刻摇头,道:"没有。"

叶灵道:"你有没有见过只用一根手指就可以把别人脑袋敲得稀烂的人?"

陆小凤道:"没有。"

叶灵道:"现在你就快见到了。"

陆小凤咽下嘴里一口苦水,道:"你说的是将军?"

叶灵道:"一点也不错。"

陆小凤道:"他也在等我?"

叶灵道:"不但在等你,而且已经等得很不耐烦了,所以你最好先去找个大铁锅来。"

陆小凤道:"要铁锅干什么?"

叶灵道:"盖住你的脑袋。"

03

将军站在高台上。

他身高八尺八寸,重一百七十三斤,宽肩,厚胸,双腿粗如树干,手掌伸开时大如蒲扇,掌心的老茧厚达一寸,无论多锋利的刀剑,被他的手一握,立刻拗断。

他面前居然真的有口大铁锅。

铁锅摆在火炉上,火炉摆在高台前,高台就在大厅里。

大厅高四丈,石台高七尺,铁锅也有三尺多高。

炉火正旺,锅里煮着热气腾腾的一锅肉,香得简直可以把十里之内的人和狗都引来。

陆小凤进来的时候，将军正用一支大木勺在搅动锅里的肉。

看见陆小凤，他立刻放下木勺，瞪起了眼，大喝一声："陆小凤？"

喝声如晴空霹雳，陆小凤连眼睛都没有眨一眨，也喝了一声："将军？"

将军道："你来不来？"

陆小凤道："我来。"

他真的走过去，步子迈得比平常还要大得多。

将军瞪着他，道："锅里是肉。"

陆小凤道："是肉。"

将军道："你吃肉？"

陆小凤道："吃。"

将军道："吃得很多？"

陆小凤道："多。"

将军道："好，你吃！"

他将手里的大木勺交给陆小凤，陆小凤接过来就满满盛了一勺。

一勺肉就有一碗肉，滚烫的肉。

陆小凤不怕烫，吃得快，一勺肉吃完，他才吐一口气，道："好肉。"

将军道："本就是好肉。"

陆小凤道："你也吃肉？"

将军道："吃。"

陆小凤道："也吃得多？"

将军一把夺过他手里的木勺，也满满地吃了一勺，仰面长吁："好肉。"

陆小凤道:"是好肉。"

将军道:"你知道这是什么肉?"

陆小凤道:"不知道。"

将军道:"你不怕这是人肉?"

陆小凤道:"怕。"

将军道:"怕也要吃?"

陆小凤道:"吃人总比被人吃好。"

将军又瞪着他看了很久,道:"好,你吃!"

一勺肉就是一碗肉,一碗肉就有一斤,陆小凤又吃了一勺。

将军也吃了一勺,他再吃一勺。

片刻之间,至少有五斤滚烫的肉下了他的肚。

吃到第六勺时,将军才问:"你还能吃?"

陆小凤不开口,却忽然翻起跟斗来,一口气翻了三百六十个跟斗,站起来回答:"我还能吃。"

将军道:"好,再吃。"

再吃就再吃,吃一勺,翻三百六十个跟斗,两千个跟斗翻过,陆小凤还是面不改色。

将军却不禁动容,道:"好跟斗。"

三个字刚出口,"噗"的一声响,他肚子的皮带已断成两截。

陆小凤道:"你还能吃?"

将军也不答话,却跳下高台,一把抄住了火炉的脚。

火炉是生铜打成的,再加上炉上的铁锅,少说也有六七百斤。

他用一只手就举起来,再放下,又举起,一口气做了三百六十次,才放下火炉,夺过木勺,厉声道:"你看着。"

这次他吃了两勺。

陆小凤看着他手里的木勺,连眼睛都似已看得发直,忽然也抄起火炉，举高放下，一口气做了三百六十次，夺过木勺，吃了两勺。

将军的眼睛也已看得发直。

陆小凤喘着气，道："再吃？"

将军咬了咬牙，道："再吃！"

他接过木勺，一勺子勺下去，只听又是"噗"的一响。这次并不是皮带断了，而是木勺已碰到锅底。

一勺肉就是一斤，一锅肉总有三五十勺，完全都被他们吃得干干净净。

陆小凤长长吐出口气，摸着已凸起来的肚子，道："好肉。"

将军道："本就是好肉。"

陆小凤道："只不过没有肉比有肉还好。"

将军瞪着他，忽然大笑，道："好得多了。"

两个人一起大笑，忽然又一起倒了下去，躺在石台上，躺着还在笑。

台下当然还有人，所有的人早已全都瞪大了眼睛，张大了嘴，面面相觑，说不出话来。

将军忽然又道："你的肚子还没有破？"

陆小凤道："没有。"

将军道："倒看不出你这小小的肚子里，能装得下如此多肉。"

陆小凤道："我还比你多吃了一勺。"

将军道："我每勺肉都比你多。"

陆小凤道："未必。"

将军突又跳起来，瞪着他。

陆小凤却还是四平八稳地躺着。

将军道："站起来，再煮一锅肉来比过。"

陆小凤道："不比了。"

将军道:"你认输?"

陆小凤道:"我本来已胜了,为什么还要比?我本来已赢了,为什么要认输?"

将军瞪着他,额上青筋一根根凸起,每根筋都比别人的手指还粗。

陆小凤淡淡道:"原来你不但肚子发胀,头也在发胀。"

将军双拳忽然握紧,全身骨节立刻发出一连串爆竹的声音,本来已有八尺八寸高的身材,好像又增长了半尺。

看来这个人不但天生神力,一身硬功,也已练到巅峰。

陆小凤却笑了:"你想打架?"

将军闭着嘴。

现在他已将全身力量集中,一开口说话,气力就分散了。

陆小凤道:"吃肉我虽然已没有兴趣,打架我倒可以奉陪。"

将军突然大喝,吐气开声,一拳击出。

他蓄势已久,正如强弓引满,这一拳之威,几乎已令人无法想象。

只听"哗啦啦,叮叮当"一片响,铁锅铜炉翻倒,连一丈外的桌椅也被震倒,桌上的杯盘碗盏,有的掉在地上跌碎,有的在桌上已被震碎。

陆小凤的人居然也被拳风打得飞了出去,飘飘荡荡地飞过三四张长桌,飞过十来个人的头顶,飞过十多丈长的大厅,就像是只断了线的风筝。

大厅里立刻响起一阵喝彩声,将军独立高台,看来更威风凛凛,不可一世。

谁知就在这时,只听"呼"的一声风声,陆小凤忽然又回到了他的面前,脸上居然还带着微笑,道:"你这一拳打得我好凉快,再来一拳如何？"

将军怒吼，连击三拳。

他的拳法绝无花俏，但每一拳击出，都确实而有效。

这三拳的力量虽然已不如第一拳威猛，却远比第一拳快得多。

陆小凤又被打得飞起，只不过这一次并没有飞出云，突然凌空翻身，落到将军身后。

将军身子虽魁伟，反应却极灵活，动作更快，坐马拧腰，霸王卸甲，将军脱袍，回弓射月，连消带打，又是三招击出。

这本是拳法中最基本普通的招式，可是在他手上使出来，就绝不是普通人能招架抵挡的。

幸好陆小凤不是普通人，这世上根本就再也找不出第二个陆小凤。

他身子一闪，突然从将军胁下钻过去，突然伸手，托住了将军的肘，一头撞在将军的肋骨上。

将军一百七十三斤重的身子，竟被他撞得踉跄后退，几乎跌下高台。

可是陆小凤更吃惊。

他忽然发现这个人竟有一身横练功夫，他一头撞上去，就像撞在石头墙上，撞得头都发了晕。

就因为心惊头晕，所以他笑的声音更大，大笑道：'你又输了。"

将军怒道："放屁！"

陆小凤道："我一拳就几乎把你打倒，你还不认输？"

将军道："你用的什么拳？"

陆小凤道："头拳。"

将军道："这算是哪门功夫？"

陆小凤道："这就是打架的功夫，只要能把对方打倒，随便什么都可以用。"

将军笑道:"我倒要看看你还能用什么?"

他沉腰坐马,再次出手,拳式更密,出手更快,存心要先立于不败之地。

这一次他拳法施展开,才看得出他的真功夫。

陆小凤根本攻不进去。

这趟拳法展开,天下绝没有任何人能攻进去。

陆小凤好像也想通了这一点,索性放弃了攻势,远远地退到石台的角落上,忽然弯下腰,抱起了肚子:"不行,我的肚子痛得要命。"

其实他自己当然也知道,就算他肚子痛死,也没有人管的。

将军一个箭步蹿过来,陆小凤已游鱼般贴着石台,从将军脚底滑过,突然双手按地,一个鲤鱼打挺,一屁股撞在将军的屁股上。

将军本就在全力进击,哪里能收得住势?这一次竟真的被他撞下石台,几乎一跤跌倒。

陆小凤拍掌大笑,道:"你又输了!"

将军的脸发青,嘴唇发抖。

陆小凤道:"这一次你为何不问我用的是什么拳?"

将军不问,不开口。

陆小凤道:"我用的是股拳。"他微笑着,又道:"下次你若再见到连屁股都能打人的角色,最好躲得远些,因为你一定不是他的敌手。"

将军突又大吼,一拳击出,这次他打的不是人,是石台。

用青石砌成的高台,竟被他打塌了一角,碎石乱箭般飞出。

他身子也跟着飞跃而起,人还在空中,就已击出了第二拳。

凌空下击的招式,威势虽猛,却最易暴露自己的弱点,本来只能用于以强击弱。

陆小凤绝不比他弱,他这一招实在用得极险,因为他早已算准了陆小凤站不稳。

无论谁都没法子在崩裂的石台上、乱箭般的碎石中站稳的。

站不稳就无法还击,不能还击就只有退让闪避,无论怎么闪避,都难免要被他拳风扫及。

他这一招用得虽险,却正是"置之死地而后生"的杀手。

陆小凤的伤还没有好,身子还很弱,以将军拳风之强,他绝对挨不起。

他没有挨。

他居然还能反击,在绝对不可能反击的情况下出手反击。

将军身经百战,决胜于瞬息之间,他本已算无遗策。

只可惜这次他算错了一招。

陆小凤做的事,本就有很多都是别人认为绝不可能做到的。

这一次他用的既不是头拳,也不是股拳,而是他的手,他的手指。

独一无二的陆小凤,独一无二的"灵犀指"。

他身子忽然斜斜飞起,伸出两根手指来轻轻一弹,食指弹中了将军的拳头,中指弹着了将军的胸膛。

一击就可以击碎石台的铁拳,连钢刀都砍不开的胸膛,他两根手指弹上去,有什么用?

有用!

没有人能想象他这两指一弹的力量。

将军狂吼,飞出,跌下,重重地跌在碎石堆上。

大厅里还有三十六个人,却没有一点声音,甚至连呼吸的声音都没有。

三十六个人的眼睛，都在瞪着陆小凤，眼睛里都带着种奇怪的表情。

陆小凤在苦笑。

他只有苦笑，因为他知道这些人纵然不是将军的朋友，现在也已变成了他的对头。

一个人刚到了一个陌生的地方，忽然间就结下了三十六个对头，无论对谁说来，都绝不是件很愉快的事。

他只希望将军伤得不太重。

等他转头去看时，本来倒在碎石堆上的将军，竟已不见了。

他再回头，就看见一个灰衣人慢慢地走往门外走，将军就在这个人的怀抱里。

以陆小凤耳目之灵，居然没有发觉这个人是从哪里来的，更没有发觉他怎么能抱走将军，忽然间就已到了门口。

陆小凤怔住。

灰衣人已走出了门。

大厅里三十六个人也全都站起来，跟着他慢慢地走了出去，没有一个人回头再看陆小凤一眼，就好像已经将陆小凤当作个死人。

无论多好看的死人，也没有人愿意多看一眼的。

陆小凤自己也忽然觉得自己好像站在一座坟墓里，没有人、没有声音，灯光虽然还亮着，却仿佛已变得比黑暗还黑暗。

如果你什么都看不见，连一点希望都看不见，灯光对你又有什么用？

也不知过了多久，他还是呆呆地站在那里，动都没有动。

这里本就是个完全陌生的地方，他能到哪里去？

他本已走入了绝路，还能往哪里走？

就在这时，他看见了一双眼睛，一只手。

一只又白又小的手，一双带着笑的眼睛，叶灵正在门外向他招手。

陆小凤立刻走过去。

就算门外有一百个陷阱、一万种埋伏在等着他,他也会毫不迟疑地走出去。

因为他忽然发觉,那种绝望而无助的孤独,远比死亡可怕得多。

04

门外什么都没有,只有一个人,一片黑暗。

叶灵的眼睛纵然在黑暗中看来,还是亮得像秋夜中升起的第一颗星。

她看着陆小凤,微笑着,道:"恭喜你。"

陆小凤不懂:"为什么恭喜我?"

叶灵道:"因为你还没有死,一个人只要能活着,就是件可贺可喜的事。"

陆小凤道:"本来我已该死了?"

叶灵点点头。

陆小凤道:"现在呢?"

叶灵道:"现在你至少还在幽灵山庄里活下去。"

陆小凤吐出口气,忍不住又问道:"刚才那灰衣人是谁?"

叶灵道:"你猜不出?"

陆小凤道:"是老刀把子?"

叶灵眼波转了转,反问道:"你认为他是个什么样的人?"

陆小凤道:"是个可怕的人。"

叶灵道:"你认为他的武功怎么样?"

陆小凤道:"我看不出。"

叶灵道:"连你都看不出?"

陆小凤叹道:"就因为连我都看不出,所以才可怕。"

叶灵道:"你认为老刀把子应该是个什么样的人?"

陆小凤道:"当然是个很可怕的人!"

叶灵笑了笑,道:"那么他当然就是老刀把子,你根本就不必问的。"

陆小凤也在笑,笑容看来却一点也不愉快。

一个像他这样的高手,忽然发现有人的武功远比他更高,心里的滋味总是不太好受的。

叶灵忽然沉下脸,冷冷道:"你第一天来就打架闯祸,他本想杀了你的,若不是有人替你求情,现在你已死了两次。"

陆小凤道:"是谁替我求情的?"

叶灵指着自己的鼻子,道:"是我。"

陆小凤叹了口气,道:"当然是你,我早就知道一定是你。"

叶灵忽又嫣然一笑,道:"你既然知道,准备怎么样报答我?"

陆小凤微笑道:"我准备咬你一口,咬你的鼻子。"

叶灵瞪着他,忽然跳起来,道:"滚,滚回你的狗窝里去,钟声不响,就不许出来。"

陆小凤道:"这也是老刀把子说的?"

叶灵道:"哼。"

陆小凤道:"现在我能不能见见他?"

叶灵道:"不能。"她板着脸,又道:"可是他要见你的时候,你想不见他都不行。"

陆小凤叹了口气,道:"其实一个人在屋里休养几天倒也不坏,只不过没饭吃就有点难受而已。"

叶灵道:"你有饭吃,每天三顿,六菜一汤,随便你点。"

陆小凤道:"现在我就可以点明天的菜?"

叶灵道:"可以。"

陆小凤道:"我要吃红烧蹄膀、熏羊肉、三鲜鸭子、锅贴豆腐、虾子乌参、五梅乳鸽,再加一碗黄瓜片汆丸子汤。"

叶灵看着他,眼睛里忽然露出种很奇怪的表情,好像觉得很奇怪。

陆小凤道:"我是个吃客,这些菜都是好菜,吃客点好菜,有什么好奇怪的?"

叶灵道:"我只奇怪一点。"

陆小凤道:"哦?"

叶灵道:"我只奇怪你为什么不想吃我的鼻子?"

05

灯已灭了。

陆小凤在黑暗中躺下来,这是他在幽灵山庄中度过的第一夜。

到这里只不过才半天,他已见到了许多件奇怪而可怕的事,许多个奇怪而可怕的人。

尤其是那勾魂使者和老刀把子,这两人武功之高,连他都觉得不可思议。

现在他虽然还活着,以后呢?

以后还不知要有多少个黑暗、孤独而可怕的长夜,要等他慢慢地去挨。

他不想再想下去。

他忽然觉得有一种说不出的恐惧……

第六章

元老会的组织

01

第二天早上,山谷还是浓雾迷漫,小木屋就好像飘浮在云堆里,推开门看出去,连自己的人都觉得飘飘浮浮的,又像是水上的一片浮萍。

这世上岂非本就有很多人像浮萍一样,没有寄托,也没有根?

陆小凤叹了口气,重重地关上门,情绪低落得简直就像是个刚看见自己情人上了别家花轿的男孩子。

这天早上唯一令他觉得有点愉快的声音,就是送饭的敲门声。

送饭来的是个麻子,面目呆板,满嘴黄牙,全身上下唯一令人觉得有点愉快的地方,就是他手里提着的一个大食盒。

食盒里果然有六菜一汤,外带白饭。六个大碟子里装着的,果然全是陆小凤昨天晚上点的菜。

可是每样菜都只有一块,小小的一块,眼睛不好的人,连看都看不见,风若大些,立刻就会被吹走。

最绝的是那样三鲜鸭子,只有一根骨头、一块鸭皮、一根鸭毛。

陆小凤叫了起来:"这就是三鲜鸭子?"

麻子居然瞪起了眼,道:"这不是鸭子是什么?难道是人?"

陆小凤道:"就算这是鸭子,三鲜呢?"

麻子道:"鸭毛是刚拔下来,鸭皮是刚剥下来,鸭骨头也新鲜得很,你说这不是三鲜是什么?"

陆小凤只有闭上嘴。

麻子已"砰"的一声关上门,扬长而去。

陆小凤看着面前的六样菜,再看看碗里的一颗饭,也不知是该大哭三声,还是大笑三声。

直到现在他总算才明白,那位游魂先生为什么会对鸡骨头那样有兴趣了。

他拿起筷子,又放下,忽然听见后面的小窗外有人在叹气:"你这块红烧肉蹄膀,比我昨天吃的还大些,至少大一倍。"

陆小凤用不着回头,就知道那位游魂先生又来了,忍不住问道:"这种伙食你已经吃了多久?"

游魂道:"三个月。"

他一下子就从窗外钻进来,一双眼睛直勾勾地看着桌上的六样菜,又道:"吃这种伙食有个秘诀。"

陆小凤道:"什么秘诀?"

游魂道:"每样菜都一定要慢慢地吃,最好是用门牙去慢慢地磨,再用舌尖去舐,才可以尝出其中的滋味来。"

陆小凤道:"什么滋味?"

游魂终于叹了口气,苦笑道:"叫人只恨不得一头撞死的滋味。"

陆小凤道:"可是你还没有死。"

游魂道:"因为我还不想死,别人愈想要我死,我就愈要活下去,活给他们看。"

陆小凤也不禁叹了口气,道:"你能活到现在,一定很不容易。"

游魂慢慢地点了点头,眼角忽然有两滴眼泪流了下来。

陆小凤不忍再看,一头倒在床上,用枕头盖住了脸。

游魂道:"饭已送来了,你还不吃?"

陆小凤道:"你吃吧,我不饿。"

游魂道:"不饿也得吃,非吃不可。"

陆小凤道:"为什么?"

游魂道:"因为你也得活下去!"

他忽然一把掀起陆小凤脸上的枕头,大声道:"你若想死,倒不如现在就让我一拳把你打死,因为你现在身上还有肉,还可以让我痛痛快快地吃几顿。"

陆小凤看着他,看着他那张已只剩下一层皮包着骨头的脸,忽然道:"我姓陆,叫陆小凤。"

游魂道:"我知道。"

陆小凤道:"你呢?你是谁?怎么会到这里来的?"

这一次游魂居然并没有显得很激动,只是用一双已骷髅般深凹下去的眼睛盯着陆小凤,反问道:"你又是怎么会到这里来的?"

陆小凤道:"因为……"

游魂抢着道:"因为你做错了事,已被人逼得无路可走,只能走上这条死路。"

陆小凤承认。

游魂道:"现在江湖中人一定都认为你已死了,西门吹雪一定也认为你已死了,所以你才能在这里活下去。"

陆小凤道:"你呢?"

游魂道:"我也一样。"他又补充着道:"将军、表哥、钩子、管家婆……这些人的情况也全都一样。"

陆小凤道:"可是我不怕让他们知道我的来历底细。"

游魂道:"他们却怕你。"

陆小凤道:"为什么?"

游魂道:"因为他们还不信任你,他们绝不能让任何人知道他们还活着,否则……"

陆小凤道:"否则他们的仇家很可能就会追踪到这里。"

游魂道:"不错。"

陆小凤道:"你呢?你也不信任我?"

游魂道:"我就算信任你,也不能把我的来历告诉你。"

陆小凤道:"为什么?"

游魂眼睛里忽然露出种很奇怪的表情,也不知是恐惧?还是痛苦?

"我不能说,绝不能……"

他嘴里喃喃自语,仿佛在警告自己,他的身子又已幽灵般飘起。

可是这一次陆小凤已决心不让他走了,闪电般握住他的手,再问一遍:"为什么?"

"因为……"游魂终于下了决心,咬着牙道,"因为我若说出来,我们就绝不会再是朋友。"

陆小凤还是不懂,还是要问,谁知游魂那只枯瘦干硬的手竟然变得柔软如丝绵,竟突然从他掌握中挣脱。

从没有任何人的手能从陆小凤掌握中挣脱。

他再出手时,游魂已钻出了窗户,真的就像是一缕游荡的魂魄。

陆小凤怔住。

他从没有见过任何人的软功练到这一步,也许他听说过,他好像听司空摘星提起过,可是连这种记忆都已很模糊。

所有的记忆都渐渐模糊,陆小凤被关在这木屋里已有两三天。

究竟是两天?三天?还是四天,他也已记不清了。

原来饥饿不但能使人体力衰退，还能损伤人的脑力，让人只能想起一些不该想的事，却将所有应该去想的事全都忘记。

一个人孤孤单单地躺在个鸽子笼般的小木屋里挨饿，这种痛苦谁能忍受？

陆小凤能。

别人都能忍受的事，他也许会忽然爆发，别人都没法子忍受的事，他却偏偏能忍受。

可是听到外面有钟声响起的时候，他还是忍不住高兴得跳了起来。

"钟声不响，不许出来。"

现在钟声已响了，他跳起来，冲出去，连靴子都来不及套上就冲了出去。

外面仍有雾，此刻正黄昏。

夕阳在迷雾中映成一环七色光圈。

这世界毕竟还是美丽的，能活着毕竟是件很愉快的事。

大厅里还是只有三十六个人，陆小凤连一个都不认得。

他见过的人全部不在这里，勾魂使者、将军、游魂、叶灵，他们为什么都没有来？还有独孤美为什么一进了这山谷就不见踪影？

陆小凤在角落里找了个位子坐下来，没有人理他，甚至连多看一眼的人都没有，每个人的脸色都很严肃，心情好像都很沉重。

生活在这地方的人，也许本来就是这样子的。

陆小凤在心里叹了口气，抬起头往前看，才发现本来摆着肉锅炉的高台上，现在摆着的竟是口棺材。

崭新的棺材，还没有钉上盖。

死的是什么人，是不是将军？他们找陆小凤，是不是为了要替将军复仇?

陆小凤心里正有点忐忑不安,就看见叶灵从外面冲了进来。

这个爱穿红衣裳又爱笑的小女孩,现在穿的竟是件白麻孝服,而且居然哭了,哭得很伤心。

她一冲进来,就扑倒在棺材上哭个不停。

陆小凤从来也没有想到过她会为别人哭得这么伤心,她还年轻,活泼而美丽,那些悲伤不幸的事好像永远都不会降临到她身上的。

死的是什么人?怎么会死的?

陆小凤正准备以后找个机会去安慰安慰她,谁知她已经在呼唤:"陆小凤,你过来!"

陆小凤只有过去。

他猜不到叶灵为什么会忽然叫他过去,他不想走得太近。

可是叶灵却在不停地催促,叫他走快些,走近些,走到石台上去。

他抬起头,才发现她用一双含泪的眼睛在狠狠地盯着他,眼睛里充满敌意。

陆小凤忍不住问:"你要我上去?"

叶灵在点头。

陆小凤又问:"上去干什么?"

叶灵道:"上来看看他!"

"他"当然就是躺在棺材里的人,一个人若已进了棺材,还有什么好看的?

可是她的态度却很坚决,好像非要陆小凤上去看看不可。

陆小凤只有上去。

叶灵竟掀起了棺盖,一阵混合着浓香和恶臭的气味立刻扑鼻而来,棺材里的人几乎已完全浮肿腐烂,她为什么一定要陆小凤来看?

陆小凤只看了一眼，就已忍不住要呕吐。

这个人赫然竟是叶孤鸿，死在那吃人丛林中的叶孤鸿。

叶灵咬着牙，狠狠地盯着陆小凤，道："你知道他是谁？"

陆小凤点点头。

叶灵道："他是我的哥哥，嫡亲的哥哥，若不是因为他照顾我，我早已死在阴沟里。"

她眼睛里充满悲伤和仇恨："现在他死了，你说我该不该为他复仇？"

陆小凤又点点头。

他从不和女人争辩，何况这件事本就没有争辩的余地。

叶灵道："你知不知道他是怎么死的？"

陆小凤既不能点头，又不能摇头，既不能解释，又不能否认，只恨不得旁边忽然多出一口棺材来，好让他也躲进去。

叶灵冷笑道："其实你就算不说，我也知道。"

陆小凤忍不住问："知道什么？"

叶灵道："他是死在外面那树林里的，死了三天，这三天只有你到那树林里去过。"

陆小凤苦笑道："难道你认为是我杀了他？"

叶灵道："不错！"

陆小凤还没有开口，忽然听见后面有个人抢着道："错了。"

"错了？"

"这三天到那树林里去过的人，绝不止他一个。"

站出来替陆小凤说话的人，竟是那个始终毫无消息的独孤美，他道："至少我也去过，我也是从那里来的。"

叶灵叫了起来："你也能算是个人？你能杀得了我哥哥？"

独孤美叹了口气，道："就算我不是人，也还有别人。"

叶灵道："还有别人？"

独孤美点点头，道："就算我不是你哥哥的对手，这个人要杀你哥哥却不太困难。"

叶灵怒道："你说的是谁？"

独孤美道："西门吹雪！"

他的眼睛在笑，笑得就像是条老狐狸："这名字你是不是也听说过？"

叶灵脸色变了，这名字她当然听说过。

西门吹雪！

剑中的神剑，人中的剑神。

这名字无论谁只要听说一次，就再也不会忘记。

独孤美用眼角瞟着她，道："何况，陆小凤那时也伤得很重，最多只能算半个陆小凤，半个陆小凤怎么能对付一个武当小白龙？"

叶灵又叫起来："你说谎！"

独孤美又叹了口气，道："一个六亲不认的老头子，怎么会替别人说谎？"

02

雾夜，窄路。

他们并肩走在窄路上，他们已并肩走过一段很长的路。

那条路远比这条更窄，那本是条死路。

陆小凤终于开口："一个六亲不认的老头子，为什么要替我说谎？"

独孤美笑了笑，道："因为老头子喜欢你。"他抢着又道，"幸好这老头子并没有粉燕子那种毛病,所以你一点也用不着担心。"

陆小凤也笑了,大笑:"这老头子有没有酒?"

独孤美道:"不但有酒,还有肉。"

陆小凤连眼睛都笑了:"真的?"

独孤美道:"不但有肉,还有朋友。"

陆小凤道:"是你的朋友?还是我的?"

独孤美道:"我的朋友,就是你的朋友。"

酒是好酒,朋友也是好朋友。

对一个喜欢喝酒的人来说,好朋友的意思,通常就是酒量很好的朋友。

这位朋友不但喝酒痛快,说话也痛快,几杯酒下肚后,他忽然问:"我知道你是陆小凤,你知道我是谁?"

"不知道。"

"你为什么不问?"

陆小凤笑了,苦笑:"因为我已得过教训。"

"你问过别人,别人都不肯说?"

"嗯。"

"但我却不是别人,我就是我。"他将左手拿着的酒一口气喝下去,用右手钩起了一块肉。

肉是被钩起来的,因为他的右手不是手,是个钩子,铁钩子。

"你就是钩子?"陆小凤终于想起。

钩子承认!

"我知道你一定听人说起过我,但有件事你却一定不知道。"

"什么事?"

"从你来的那一天,我就想跟你交个朋友。"他拍了拍独孤美的肩,"因为你的朋友,就是我的朋友,你的对头,也是我的对头。"

"我们的朋友是他,我们的对头是谁?"

"西门吹雪!"

陆小凤耸然动容:"你是……"

钩子道:"我就是海奇阔!"

陆小凤更吃惊:"就是昔年那威震七海的'独臂神龙'海奇阔?"

海奇阔仰面大笑:"想不到陆小凤居然也知道海某人的名字。"

陆小凤看着他,目中的惊讶又变为怀疑,忽然摇头道:"你不是,海奇阔已在海上覆舟而死。"

海奇阔笑得更愉快:"死的是另外一个人,一个穿着我的滚龙袍,带着我的滚龙刀,长相也跟我差不多的替死鬼。"他又解释着道,"在这里的人,每个都已在外面死过一次,你岂非也一样?"

陆小凤终于明白:"这里本就是幽灵山庄,只有死人才能来。"

海奇阔大笑道:"西门吹雪若是知道我们还在这里饮酒吃肉,只怕要活活气死。"

陆小凤微笑道:"看来在这里我一定还有不少朋友。"

海奇阔道:"一点也不错,这里至少有十六个人是被西门吹雪逼来的。"

陆小凤目光闪动,道:"是不是也有几个被我逼来的?"

海奇阔道:"就算有,你也用不着担心。"

陆小凤道:"因为我已有了你们这些朋友。"

海奇阔道:"一点也不错。"

他大笑举杯,忽又压低声音,道:"这里只有一个人你要特别留意。"

陆小凤道:"谁?"

海奇阔道:"其实他根本不能算是人,只不过是条游魂而已。"

陆小凤失声道:"游魂?"

海奇阔反问道:"你见过他?"

陆小凤没有否认。

海奇阔道:"你知道他是什么人?"

陆小凤道:"我很想知道。"

海奇阔道:"这里有个很奇怪的组织,叫元老会,老刀把子不在的时候,这里所有的事,都由元老会负责。"

陆小凤道:"元老会里的人,当然都是元老,阁下当然也是其中之一。"

海奇阔道:"除了我之外,元老会还有八个,其实真正的元老,却只有两个。"

陆小凤道:"哪两个?"

海奇阔道:"一个是游魂,一个是勾魂,他们和叶家兄妹的老子,都是昔年跟老刀把子一起开创这局面的人,现在老叶已死了,这地方的人已没有一个比他们资格更老的。"

陆小凤道:"只因为这一点,我就该特别留意他?"

海奇阔道:"还有一点。"

陆小凤拿起酒杯,等着他说下去。

海奇阔道:"他是这里的元老,他若想杀你,随时都可以找到机会,你却连碰都不能碰他!"

陆小凤道:"他有理由要杀我?"

海奇阔道:"有。"

陆小凤道:"什么理由?"

海奇阔道:"你杀了他的儿子。"

陆小凤道:"他儿子是谁?"

海奇阔道:"飞天玉虎。"

陆小凤深深吸了口气，忽然觉得刚喝下去的酒都变成了酸水。

海奇阔道："黑虎帮本是他一手创立的，等到黑虎帮的根基将要稳固时，他却跟着老刀把子到这里来了，因为他也得罪了一个绝不该得罪的人，也已被逼得无路可走。"

陆小凤道："他得罪了谁？"

海奇阔道："木道人，武当的第一名宿木道人。"

陆小凤又不禁深深吸了口气，直到现在他才明白，为什么游魂一直不肯说出自己的来历。

海奇阔道："黑虎帮是毁在你手里的，他儿子是死在你手里的，木道人却恰巧又是你的好朋友，你说他是不是已有足够的理由杀你？"

陆小凤苦笑道："他有。"

海奇阔道："最要命的是，你虽然明知他要杀你，也不能动他。"

陆小凤道："因为他是元老中的元老。"

海奇阔点点头，道："除了他之外，元老会还有八个人，你若杀了他，这八个人就绝不会放过你。"他叹了口气，接着道，"我可以保证，这八个人绝没有一个是好对付的。"

陆小凤也叹了口气，道："所以我只有等着他出手。"

海奇阔道："不到一击必中时，他是绝不会出手，现在他还没有出手，也许就因为他还在等机会。"

陆小凤虽然不再说话，却没有闭上嘴。

他的嘴正在忙着喝酒。

海奇阔又叹了口气，道："你若喝醉了，他的机会就来了。"

陆小凤道："我知道。"

海奇阔道："但是你还要喝？"

陆小凤忽然笑了笑，道："既然他是元老，反正总会等到这个机会的，我为什么还不趁着没有死的时候多喝几杯？"

03

喝酒和吃饭不同。

平时只吃三碗饭,绝对吃不下三十碗,可是平时千杯不醉的人,有时只喝几杯就已醉了。

陆小凤是不是已醉了?

"我还没有醉。"他推开独孤美和海奇阔,"我还认得路回去,你们不必送我。"

他果然没有走错路。

有时一个人纵然已喝得人事不知,还是一样能认得路回家,回到家之后,才会倒下去。

你若也是个喝酒的人,你一定也有过这种经验。

陆小凤有过这种经验,常常有。

> 这是我的家,
> 我们都爱它,
> 前面养着鱼,
> 后面种着花。

虽然这小木屋前面没有养鱼,后面也没有种花,毕竟总算是他的家。

一个没有根的浪子,在大醉之后,忽然发现居然已有个家可以回去——

这是种多么愉快的感觉?除了他们这些浪子,又有谁知道?

陆小凤又唱起儿歌，唱的声音很大，因为他忽然发现自己的歌喉愈来愈好听了。

屋子里没有灯，可是他一推开门，就感觉到里面有个人。

"我知道你是谁，你不出声我也知道。"

陆小凤不仅在笑，笑的声音也很大："你是游魂，是这里的元老，你在这里等着我，是不是真的想杀我？"

屋子里的人还是不出声。

陆小凤大笑道："你就算想杀我，也不会暗算我的，对不对？因为你是武当俗家弟子中的第一位名人，因为你就是钟先生，钟无骨。"

他走进去，关上门，开始找火折子："其实你本来也是木道人的老朋友，但你却不该偷偷摸摸在外面组织黑虎帮的，否则木道人又怎么会对付你？"

还是没有回声，却有了火光。

火折子亮起，照着一个人的脸，一张只剩下皮包着骨头的脸，那双已骷髅般深陷下去的眼睛，正瞬也不瞬地盯着陆小凤。

陆小凤道："现在我们既然都已是死人，又何必再计较以前的恩怨，何况……"

他没有说下去。

他的声音突然中断，手里的火折子也突然熄灭。

他忽然发现这位钟先生已真的是个死人！

屋子里一片漆黑，陆小凤动也不动地站在黑暗里，只觉得手脚冰冷，全身都已冰冷，就好像一下子跌入了冰窖里。

这不是冰窖，这是个陷阱。

他已看出来，可是他已逃不出去。

他根本已无路可逃！

于是他索性坐下来，刚坐下来，就听见外面传来一阵脚步声，接着就有人在敲门。

"你睡了没有？我有话跟你说！"语音轻柔，是叶灵的声音。

陆小凤闭着嘴。

"我知道你没有睡，你为什么不开门？"叶灵的声音变凶了，"是不是你屋子里藏着女人？"

陆小凤终于叹了口气，道："这屋子里连半个女人都没有，却有一个半死人。"

叶灵的声音更凶："我说过，你若敢让女人进你的屋子，我就杀了你，无论死活都不行！"

"砰"的一声，门被撞开了。

"这里的女人，本就都是死女人。"

"这个死人却恰巧是男的。"

火折子又亮起，叶灵终于看见了这个死人："还有半个呢？"

陆小凤苦笑道："还有半个人就是我！"

叶灵看着他，又看看死人，忽然跳起来："你杀了他？你怎么能杀他？你知不知道他是谁？"

陆小凤没有开口，也不必开口，外面已有人替他回答："他知道。"

屋子很小，窗子也很小，叶灵挡在门口，外面的人根本走不进来。

但是他们有别的法子。

忽然间，又是"砰"的一声响，木屋的四壁突然崩散，连屋顶都塌下，本来坐在屋里的人，忽然就已到了露天里。

陆小凤没有动。

屋顶倒塌，打在他身上，他既没有伸手去挡，也没有闪避，只不过叹了口气。

这是他第一次有家，很可能也是最后一次。

"原来这世上不但有倒霉的人，也有倒霉的屋子。"陆小凤叹息着道，"屋子倒霉，是因为选错了主人，人倒霉是因为交错了朋友。"

"你倒霉却是因为做错了事。"

"你什么都可以做，为什么偏偏要杀他？"

"我早就告诉过你，就算你明知他要杀你，也不能动他的，否则连我都不会放过你。"

最后一个说话的是海奇阔。另外的两个人，一个是白面无须，服饰华丽；一个又高又瘦，鹰鼻驼背。前者脸上总是带着笑，连自己都对自己很欣赏的；后者总是愁眉苦脸，连自己都不欣赏自己。

陆小凤忽然问："谁是表哥？"

表哥光滑白净的脸上虽然还带着笑，却故意叹了口气："幸好我不是你的表哥，否则岂非连我都要被你连累？"

陆小凤也故意叹了口气，道："幸好你不是我表哥，否则我简直要一头撞死！"

表哥笑道："我保证你不必自己一头撞死，我们一定可以想出很多别的法子让你死。"

他笑得更愉快，他对自己说出的每句话都很欣赏、很满意。

另一人忽然道："我本来就是个管家婆，这件事我更非管不可。"

他愁眉苦脸地叹息道："其实我根本一点也不喜欢管闲事，我已经有几个月没有好好睡过一觉了，最近又老是腰酸背疼，牙齿更痛得要命……"

他唠唠叨叨，不停地诉苦，非但对自己的生活很不满意，对自己的人也不满意。

陆小凤苦笑道:"想不到元老会的人一下子就来了三位。"

叶灵忽然道:"四位。"

陆小凤很吃惊:"你也是?"

叶灵板着脸,冷冷道:"元老的意思是资格老,不是年纪老。"

表哥微笑道:"说得好。"

管家婆道:"老刀把子不在,只要元老会中多数人同意,就可以决定一件事。"

陆小凤道:"什么事?"

表哥道:"任何事。"

陆小凤道:"多数人是几个人?"

管家婆道:"元老会有九个人,多数人就是五个人。"

陆小凤松了口气,道:"现在你们好像只到了四位。"

管家婆道:"五位。"

陆小凤道:"死的也算?"

表哥道:"这里的人本就全都是死人,钟先生只不过多死了一次而已。"

陆小凤道:"所以你们现在已经可以决定一件事了。"

表哥悠然道:"你很聪明,你当然应该知道我们要决定的是什么事。"

管家婆道:"我要决定你是不是该死。"

陆小凤道:"难道我就完全没有辩白的机会?"

管家婆道:"没有。"

陆小凤只有苦笑。

海奇阔道:"你们看他是不是该死?"

管家婆道:"当然该死。"

表哥道:"铁定该死。"

海奇阔叹了口气，道："我想钟先生的意思也跟你们一样。"

表哥道："现在只看小叶姑娘的意思了。"

叶灵咬着嘴唇，用眼角瞟着陆小凤，那眼色就像是条已经把老鼠抓在手里的猫。

就在这时，后面暗林中忽然有人道："你们为什么不问问我的意思？"

暗林中忽然有了灯光闪动，一双宫鬓丽服的少女，手提着纱灯走出来，一个头发很长很长的女人，懒洋洋地跟在她们身后。

她长得并不美，颧骨太高了些，嘴也太大了些，一双迷迷蒙蒙的眼睛，总像是还没有睡醒。

她穿着很随便，身上一件很宽大的黑睡袍，好像还是男人用的，只用一根布带随随便便地系住，长发披散，赤着双白生生的脚，连鞋子都没有。

但她却无疑是个很特别的女人，大多数男人只要看她一眼，立刻就会被吸引住。

看见她走过来，表哥却皱起了眉，叶灵在撇嘴，管家婆勉强笑道："你看他是不是该死？"

她的回答很干脆："不该。"

叶灵本来并没有表示意见的，现在却一下子跳了起来："为什么不该？"

这女人懒洋洋地笑了笑，道："要判人死罪，至少总得有点证据，你们有什么证据？"

管家婆道："钟先生的尸体就是证据。"

穿黑袍的女人道："你杀了人后，还会不会把他的尸体藏在自己屋里？"

管家婆看看表哥,表哥看看海奇阔,三个人都没有开口。

叶灵却又跳了起来,道:"他们没有证据,我有。"

穿黑袍的女人道:"你有什么?"

叶灵道:"我亲眼看见他出手的。"

这句话说出来,不但陆小凤吓了一跳,连表哥他们都好像觉得很意外。

穿黑袍的女人脸上却连一点表情都没有,淡淡道:"就算你真的看见了也没有用。"

叶灵道:"谁说没有用?"

这女人道:"我说的。"

她懒洋洋地走到陆小凤面前,用一只手勾住腰带,一只手拢了拢头发:"你们若有人不服气,不妨先来动动我。"

海奇阔叹了口气,道:"你一定要这么样做?为的是什么?"

穿黑袍的女人道:"因为我高兴,因为你管不着。"

海奇阔瞪眼道:"你一定要逼我们动手?"

这女人道:"你敢?"

海奇阔瞪着她,眼睛里好像要喷出火来,却连一根手指都不敢动。

表哥脸上的笑容已经看不见了,脸上铁青:"花寡妇,你最好放明白些,姓海的对你有意思,我可没有。"

花寡妇用眼角瞟了他一眼,冷冷道:"你能怎么样?就凭你从巴山老道那里学来的几手剑法,也敢在我面前放肆?"

表哥铁青的脸突又涨得通红,突然大喝,拔剑,一柄可以系在腰上的软剑。

软剑迎风一抖,伸得笔直,剑光闪动间,他已扑了过来。

连陆小凤都想不到这个阴沉做作的人,脾气一发作,竟会变得如此暴躁冲动。

花寡妇却早已想到了，勾在衣带上的手一抖，这条软软的布竟也被她迎风抖得笔直，毒蛇般一卷，已卷住了表哥的剑。

只有最好的铁，才能打造软剑，谁知他的剑锋竟连衣带都割不断。

花寡妇的手再一抖，衣带又飞出，"啪"的一声，打在表哥脸上。

表哥的脸红了，陆小凤的脸也有点发红。

他忽然发现花寡妇的宽袍下什么都没有。

衣带飞出，衣襟散开，她身上最重要的部分几乎全露了出来。

可是她自己一点也不在乎，还是懒洋洋地站在那里，道："你是不是还想试试？"

表哥的确还想试试，可惜管家婆和海奇阔已挡住了他。

海奇阔喉结滚动，想把目光从花寡妇衣襟里移开，但连一寸都移不动。

花寡妇的年纪算来已经不小，可是她的躯体看来还是像少女一样，只不过远比少女更诱人、更成熟。

海奇阔又叹了口气，苦笑道："你能不能先把衣服系上再说话？"

花寡妇的回答还是那么干脆："不能。"

海奇阔道："为什么？"

花寡妇道："因为我高兴，也因为你管不着。"

管家婆抢着道："你的意思究竟想怎么样？"

花寡妇道："我也不想怎么样，只不过陆小凤是老刀把子自己放进来的人，无论谁要杀他，都得等老刀把子回来再说。"

管家婆道："现在呢？"

花寡妇道："现在当然由我把他带走。"

叶灵又跳起来，跳得更高："凭什么你要把他带走？"

花寡妇淡淡道："只凭我这条带子。"

叶灵道："这条带子怎么样？"

花寡妇悠然道："这条带子也不能怎么样，最多只不过能绑住你，剥光你的衣裳，让钩子骑在你身上去。"

叶灵的脸色已涨得通红，拳头也已握紧，却偏偏不敢打出去，只有跺着脚，恨恨道："我姐姐若是回来了，看你还敢不敢这么放肆。"

花寡妇笑了笑，道："只可惜你姐姐没有回来，所以你只有看着我把他带走。"

她拉起了陆小凤的手，回眸笑道："我那里有张特别大的床，足够让我们两个人都睡得很舒服，你还不赶快跟我走？"

她居然真的带着陆小凤走了，大家居然真的只有眼睁睁地看着。

也不知过了多久，叶灵忽然道："老钩子，你是不是东西？"

海奇阔道："我不是东西，我是人。"

叶灵冷笑道："你他妈的也能算是个人？这里明明只有你能对付那母狗，你为什么不敢出手？"

海奇阔道："因为我还想要她陪我睡觉。"

叶灵道："你真的这么想女人？"

海奇阔道："想得要命。"

叶灵道："好，你若杀了她，我就陪你睡觉，睡三天。"

海奇阔笑了："你在吃醋？你也喜欢陆小凤？"

叶灵咬着牙，恨恨道："不管我是不是吃醋，反正我这次说的话一定算数，我还年轻，那母狗却已是老太婆了，至少这一点我总比她强。"

海奇阔道："可是……"

叶灵道："你是不是想先看看货？好！"

她忽然撕开自己的裤脚，露出一双光滑圆润的腿。

海奇阔的眼睛又发直了："我只能看这么多？"

叶灵道："你若还想看别的，先去宰了那母狗再说。"

第七章

同是天涯沦落人

01

床果然很大,床单雪白,被褥崭新,一走进来,花寡妇就懒洋洋地倒在床上。

陆小凤站着,站在床头。

花寡妇用一双迷迷蒙蒙的眼睛,上上下下地打量着他,忽然道:"现在你想必已知道我就是那个可怕的花寡妇。"

陆小凤点点头。

花寡妇道:"你当然也听人说过我是条母狗,会吃人的母狗。"

陆小凤又点点头。

花寡妇道:"你知不知道这里每个人都认为我随时可以陪他上床睡觉?"

陆小凤还是在点头。

花寡妇眼睛里仿佛有雾:"那么你为什么还不上来?"

陆小凤连动都没有动。

花寡妇道:"你不敢?"

陆小凤不再点头,也没有摇头。

花寡妇叹了口气,道:"你当然还不敢,因为我究竟是什么人,你还不知道！"

陆小凤忽然笑了笑，道："能将淮南柳家的独门真气，和点苍秘传'流云剑法'融而为一的人并不多，所以……"

花寡妇道："所以怎么样？"

陆小凤道："所以你一定是淮南大侠的女人，点苍剑客的妻子柳青青。"

花寡妇道："你也知道我跟谢坚四个最好的朋友都上过床？"

陆小凤承认，这本就是件很轰动的丑闻。

花寡妇道："既然你什么都知道了，为什么还不上来？"

陆小凤又笑了笑，道："因为我不高兴，也因为你管不着。"

花寡妇也笑了："看来你这个人果然跟别的男人有点不同。"

她忽又从床上一跃而起："来，我请你喝酒。"

酒意渐浓，她眼里的雾也更浓。就因为这山谷里总是有雾，所以永远能保持它的神秘。

她的人是不是也一样？要看到她赤裸的躯体也许并不困难，要看到她的心也许就很不容易了。

又喝了杯酒，她忽然问："你知不知道海奇阔为什么总想要我陪他上床？"

陆小凤道："因为他认为你跟这地方别的男人都上过床。"

花寡妇笑了："每个人都这么想，其实……我真正陪过几个男人上床，只怕连你都想不到。"

陆小凤道："在这里一个都没有？"

花寡妇道："只有一个。"

陆小凤开始喝酒。

花寡妇的眼波却似已到了远方，远方有一条缥缈的人影，她眼睛里充满了爱慕。

过了很久，她才从梦中惊醒："你为什么不问我这个人是谁？"

陆小凤道："我为什么要问？"

花寡妇又笑了："你这人果然很特别，我喜欢特别的男人。"她的笑容忽又消失："谢坚本来也是很特别的男人，我嫁给他，只因为那时我真的喜欢他。"

陆小凤道："可是后来你变了！"

花寡妇道："变的不是我，是他。"

她眼睛里的雾忽然被划开了一线，被一柄充满了仇恨和悲痛的利剑划开的："你永远不会想到他变成了个什么样的人，更不会想到他做的事有多么可怕。"

陆小凤道："可怕？"

花寡妇道："你知不知道我为什么会跟他的好朋友上床的？"她的手握紧，眼中有泪珠滚下，"因为……因为他要我这么样做，他喜欢看……他甚至不惜跪下来求我，甚至用他的剑来逼我……"

陆小凤忽然扭过头，饮尽了杯中的酒，他忽然觉得胃部抽缩，几乎忍不住要呕吐。

等他回头来时，花寡妇已悄悄地将面上泪痕擦干了。

她也喝干了杯中的酒："你一定很奇怪，我为什么要告诉你这些事。"

陆小凤并不奇怪，一点也不奇怪。

一个人心里的痛苦和悲伤，若是已被隐藏抑制得太久，总是要找个人倾诉的。

花寡妇的痛苦虽然有了发泄，酒意却更浓："他虽然已是个老人，却是个真正的男人，与众不同的男人，也许我并不喜欢他，可是我佩服他，只要能让他愉快，我愿意为他做任何事。"

她抬头，盯着陆小凤："等你见过他之后，一定也会喜欢他这个人的。"

陆小凤终于忍不住道："你说的是……"

花寡妇道："我说的是老刀把子。"

陆小凤吃了一惊："老刀把子？"

花寡妇点点头，道："他就是我在这里唯一的男人，我知道你一定想不到的。"她笑了笑，笑得很凄凉，"我本来总认为这世界上已没有人会了解我，同情我，可是他了解我，同情我，而且出自真心。"

陆小凤道："所以你献身给他？"

花寡妇道："我甚至可以为他牺牲一切，就算他叫我去死，我也会去死的，可是……可是……"她很快地又喝了杯酒，"可是我并不喜欢他，我……我……"

她没有说下去，这种情感本就是无法叙说的，她知道陆小凤一定能了解。

陆小凤的确能了解，不但能了解这种感情，也了解老刀把子这个人。

"我若是你，我也会这么样做的。"他柔声道，"我想他一定是个很不平凡的人。"

花寡妇长长吐出口气，就好像刚放下副很重的担子。

——知道这世上还有个人能了解自己的悲痛和苦恼，无论对谁说来，都是件很不错的事。

她看着陆小凤，眼睛里充满了欣慰和感激："自从到这里来了之后，我从来也没有像今天这么样开心过，来，我敬你三杯。"

"再喝只怕就要醉了。"

"醉了又何妨？"她再举杯，"假如真的能醉，我更感激你。"

陆小凤大笑："老实告诉你，我也早就想痛痛快快地大醉一次。"

于是他们都醉了，醉倒在床上。

他们互相拥抱，说些别人永远都听不懂的醉话，因为他们心里都太寂寞，都有太多解不开的结。

他们虽然拥抱得很紧，一颗心却纯洁得像是个孩子，也许在他们这一生中都没有这么纯洁坦然过。

这又是种什么样的感情？

青春已将逝去，往事不堪回首，一个受尽了唾骂侮辱的女人、一个没有根的浪子，这世上又有谁能了解他们的感情？他们既然同是沦落在天涯的人，他们既然已相逢相识，又何必要别人来了解他们的感情？

窗外夜深沉，雾也深沉。窗子居然没有关紧，冷雾中忽然出现了一条人影，眼睛里充满怨毒和嫉恨。

然后窗隙里又出现了一根吹管。乌黑的吹管，暗紫色的烟。

烟雾散开，不醉的人也要醉了，非醉不可。

这个人有把握，因为他用的是最有效的一种"销魂蚀骨散"，他已用过十三次，从未有一次失手。

02

陆小凤和花寡妇醒来时，已不在那张宽大而柔软的床上。

地窖里寒冷而潮湿，他们就躺在这地窖的角落里。有谁知道他们是怎么会到这里来的？

只有一个人知道。

地窖里只有一张椅子，表哥就坐在这张椅子上，冷冷地看着他们，眼睛里充满了怨毒和嫉恨。

看见了他，花寡妇就忍不住叫了起来："是你！"

"你想不到？"

"我的确想不到。"花寡妇冷笑道，"巴山剑客门下的子弟，居然也会用这种下五门的迷香暗器。"

"你想不到的还有很多。"表哥在微笑。

"可是现在我总算已都想通了。"

到这里来的人，都是有合约的，老刀把子的合约一向安全可靠。

但是近来幽灵山庄里也有很多人无缘无故地失踪了，谁也不知道是什么人下的毒手。

"是你！"花寡妇下了结论，"现在我才知道是你！"

表哥并不否认。

"只可惜谁也想不到竟然是我。"他微微笑着，"这一次我杀了你们，还是不会有人怀疑到我的。"他有把握，"因为这笔账一定会算到老钩子身上去。"

花寡妇也不能否认。

幽灵山庄的人，几乎已全都知道钩子对她有野心，也知道钩子要杀陆小凤。

男人为了嫉妒而杀人，这绝不是第一次，也绝不会是最后一次。

花寡妇道："其实我也知道你恨我。"

表哥道："哦？"

花寡妇道："因为你喜欢男人，男人喜欢的却是我。"

表哥笑了："也许我还有别的理由。"

花寡妇问："什么理由？"

表哥笑得很奇怪："也许我是为了要替老钩子出气。"

他在笑，地窖上也有人在笑："也许你只不过是因为忽然发现老钩子已到了你头顶上，随时都可以一下钩住你的脑袋。"

来的还有管家婆。就好像所有的管家婆一样，他无论在什么时候出现，总是一副愁眉苦脸的样子。

钩子却笑得很愉快。

表哥也在笑，笑得很不愉快。

海奇阔虽然没有一下钩住他脑袋，却钩住了他的肩，就好像屠夫用钩子钩起块死肉一样。

这种感觉当然很不愉快。

世界上偏偏就有种人喜欢把自己的愉快建筑在别人的不愉快之上，海奇阔恰巧就是这种人。

他带着笑道："你刚才是不是说要把这笔账推到我头上来？"

表哥没有否认，他不能否认。

海奇阔道："因为你想杀他们，又怕老刀把子不答应。"

表哥也不能否认。

海奇阔道："其实我也一样。"

表哥不懂："你也一样？"

海奇阔道："我也想杀了陆小凤，我也怕老刀把子不答应，我们只有一点不同。"

表哥又忍不住问："哪一点？"

海奇阔道："我比你运气好，我找到了一个替我背黑锅的人。"

表哥其实早就懂了，却故意问："谁？"

海奇阔道："你。"

表哥道："你要我替你去杀了陆小凤？"

海奇阔道："你不肯？"

表哥道："我为什么不肯？我本就想杀了他的，否则我为什么要绑他来？"

海奇阔道："那时你杀了他，可以要我替你背黑锅，现在呢？"

表哥苦笑，道："现在我若不肯去杀他，你就会杀了我。"

海奇阔大笑，道："你果然是个明白人，所以我一直都很喜欢你。"

表哥道："我若去杀了他，你就肯放了我？"

海奇阔道："我现在就放了你，反正你总逃不过我的手掌心。"他拿开了他的钩子。

表哥松了口气，回头看着他，脸上又露出了微笑，忽然问道："你看我像不像是很冲动、很沉不住气的人？"

海奇阔道："你不像。"

表哥道："我知不知道花寡妇是个很厉害、很不好惹的女人？"

海奇阔道："你知道。"

表哥道："那么我刚才为什么要对她出手？"

海奇阔道："你为什么？"

表哥的笑容又变得很奇怪："因为我要你们认为我的武功很差劲。"

海奇阔不笑了："其实呢？"

表哥道："其实我一招就可以杀了你。"

这句话有十一个字，说到第七个字他才出手，说到最后一个字时，他已经杀了海奇阔。

他的出手迅速而有效，事实上，根本就没有人能看清他是怎么出手的，只听见两响沉重而令人作呕的声音，也正像是屠夫的刀砍在块死肉上，然后海奇阔就像是块死肉般软瘫了下去。

陆小凤和花寡妇都吃了一惊，管家婆当然更吃惊。

表哥拍了拍手，微笑道："我早就听说凤尾帮内三堂的香主都是很了不起的人，尤其是大总管高涛更了不起，只可惜一直到现在，我都没有见过你那几手威震江湖的绝技。"

本来已愁眉苦脸的管家婆，现在更好像随时都要哭出来的样子：

"我哪有什么绝技？我唯一的本事只不过是会替人打杂管家而已。"

表哥道："你不会杀人？"

管家婆立刻摇头，道："我不会。"

表哥也叹了口气，道："那么你就不如赶快让我杀了你。"

管家婆也叹了口气，身子突然凌空一转，就在这一刹那时，至少已有四五十件暗器飞出，满天寒光闪动，全都向表哥打了过去。

原来这个人全身上下都带着致命的暗器，而且随时都可以发出来。

能在一刹那间发出这么多暗器的人，天下绝不超过十个。

能在一刹那间躲过这么多暗器的人当然更少。

表哥却偏偏就是这少数人其中之一，他不但早已算准了管家婆这一手，而且早已准备好对付的法子。

暗器发出，他的剑已经在等着。剑光发起，化作了一片漩光，卷碎了所有的暗器，剑光再一闪，管家婆也倒下，倒在地上后，鲜血才开始溅出来。

鲜血溅出来的时候，陆小凤才吐出口气，道："这就是巴山七七四十九手回风舞柳剑？"

表哥道："不错。"

陆小凤道："你就是巴山剑客唯一的衣钵传人顾飞云？"

表哥道："我就是。"

陆小凤叹道："巴山神剑，果然是好剑法。"

表哥道："本来就是的。"

陆小凤道："但我却想不通，像你这样的人，怎么也会被西门吹雪逼得无路可走。"

表哥道："你当然也想不通，我为什么要杀了他们，却不杀你？"

陆小凤的确想不通。

表哥笑了笑，道："这道理其实简单得很，只因为我本来就不想杀你。"

陆小凤更不懂。

表哥道："老刀把子总认为这组织很秘密,其实江湖中早已有三个人知道了,第一个就是家师。"

陆小凤动容道："那么你……"

表哥道："我就是他们特地派到这里来卧底的,因为他们虽然知道江湖中有个幽灵山庄,对于这组织中的虚实秘密知道得并不多。"

陆小凤道："所以他们故意要你被西门吹雪逼得无路可走?"

表哥道："那件事本来就是个圈套,他们早已算准了西门吹雪一定会来管这件事,也早已算准了幽灵山庄会派人来跟我接头订合约的。"

陆小凤道："为什么?"

表哥道："因为我刚继承了一笔很可观的遗产,随时都可以付得出十万两银子。"

陆小凤道："这里的合约金要十万两?"

表哥道："为了买回自己的一条命,十万两并不算多。"

陆小凤承认:"的确不多。"

表哥道："他们要我来,最重要的使命,就是为了要我查明老刀把子这个人。"

陆小凤道："连他们都不知道老刀把子的来历和底细?"

表哥道："没有人知道。"

陆小凤道："你呢?"

表哥苦笑道:"我来了虽已有不少时候,却连他的真面目都没有见过,所以我急着要找出那个人。"

陆小凤道："那个人是什么人?"

表哥道："来接应我的人。"他又解释,"他们本来答应,尽快派人来接应我,可是新来的人行动都不能自由,也很难发现顾飞云就是表哥。"

陆小凤道:"你等得着急,就只好先去找他们?"

表哥道:"我已找过十二个人。"

陆小凤道:"你全都找错了。"

表哥道:"所以我只好杀了他们灭口。"

陆小凤道:"这一次你认为我就是来接应你的人?"

表哥盯着他,一字字道:"我只希望这一次没有错。"

陆小凤叹了口气,道:"我也希望你这一次没有错。"

表哥还在盯着他,目光已变得冷如刀锋,忽然问道:"除了家师巴山剑客外,还有两个人是谁?是谁要你来的?你的代号是什么?"

陆小凤道:"我不能说。"

表哥道:"因为你根本就不知道?"

陆小凤点点头,苦笑道:"实在抱歉得很,这一次你好像又找错了。"

03

地窖里有灯,现在是暮春,本来并不会令人觉得太冷。

陆小凤却突然觉得毛骨悚然——这并不是因为表哥的手又握住了剑柄,而是因为地窖里忽然多了一个人,一个穿着灰袍、戴着竹笠的人。

表哥的手刚握着剑柄,这个人就到了他身后。

陆小凤看见了这个人,花寡妇也看见了这个人,表哥自己却连一点感觉都没有。

这个人就像是有形而无实的鬼魂。

一顶形式奇特的竹笠，遮住了他的脸，陆小凤完全看不见他的面目，却已猜出他是谁了。

花寡妇脸上没有表情，眼睛里却已忍不住露出了喜色。

这个人正好向她招手。

表哥好像也觉得有点不对了，霍然回身。后面没有人，连人影都没有。

这个人就像影子般贴在他身后，又向花寡妇摆了摆手。

等到表哥回头去看时，她已沉下了脸，冷冷道："你是想先杀陆小凤？还是想先杀我？"

表哥慢慢地坐下，然后道："你们看起来都不怕死。"

花寡妇道："既然已非死不可，害怕又有什么用？只不过……"

表哥道："只不过你不想死得太糊涂而已。"

花寡妇承认，这句话的确说中了她的心意。

表哥道："所以你也想问问我，除了我师父巴山剑客外，知道这秘密的还有谁？"

花寡妇道："既然我们已非死不可，你说出来又有何妨？"

表哥盯着她，忽然笑了，大笑。

花寡妇道："你笑什么？"

表哥道："我在笑你，你明明知道的，又何必来问我？"

花寡妇道："我知道什么？"

表哥道："除了我师父外，另外两个人，一个是木道人，还有一个就是你老子，你明明也跟我一样，也是到这里来卧底的，又何必装蒜？"

花寡妇的脸色变了。

表哥道："我想你一定知道老刀把子是个什么样的人，因为你是个女人，你可以陪他上床去睡觉。"

花寡妇道:"你想拖我下水?"

表哥道:"其实我早就知道你的秘密了,我这么样做,只不过是个圈套,想诱你自己说出这秘密来,我宁可杀错一百个人,也不能容一个奸细存在。"

花寡妇看着他,忽然叹了口气,道:"原来你并不是想拖我下水,而是想找个替死鬼。"

表哥道:"我为什么要找替死鬼?"

花寡妇道:"因为你虽然没有看见老刀把子,却知道他已经来了。"她又叹了口气,接着道:"你的确可以算是个人才,只可惜有件事你还不明白。"

表哥道:"什么事?"

花寡妇道:"这的确是个圈套,被套进去的人却不是我,是你。"

表哥道:"哦?"

花寡妇道:"我和老刀把子早已怀疑到你,所以才会设下圈套来让你上当,你若以为我真的中了你的销魂散,你就错了。"她拍了拍衣襟,慢慢地站了起来——

中了销魂散的人,一个对时中无药可解,可是她现在已经站了起来。

表哥却还是动也不动地坐在那里,忽然转向陆小凤,道:"你看怎么样?"

陆小凤叹了口气,苦笑道:"你们都是人才,我佩服尔们。"

表哥忽又大笑:"能够让陆小凤这样的人佩服,我顾飞云死而无憾。"

他居然真的说死就死,死得真快,甚至比他去杀别人的时候更快。

剑锋一转,鲜血飞溅,他的人已倒下去。他绝不能留下自己的活口,让别人来逼问他的口供。

——你若想去刺探别人的秘密,就得先准备随时牺牲自己。

花寡妇皱眉道:"想不到他真的一点也不怕死。"

老刀把子道:"怕死的人根本不能做这种事,太聪明的人也不能做。"

陆小凤道:"还有种人更不能做!"

老刀把子道:"哦?"

陆小凤道:"有种人无论走到哪里好像都会有麻烦,就算他不想去惹麻烦,麻烦也会找上他。"

老刀把子道:"你就是这种人。"

陆小凤苦笑道:"我一向很有自知之明。"

老刀把子道:"你替我惹的麻烦的确不少……"

陆小凤打断了他的话,道:"但是你绝不能杀我。"

老刀把子道:"为什么?"

陆小凤道:"因为我并不想到这里来,是你自己要我来的,所以别人都能杀我,只有你不能,因为我是你的客人。"

老刀把子沉默着,缓缓道:"我可以不杀你,只要你答应我一件事。"

陆小凤道:"什么事?"

老刀把子道:"守口如瓶,永不泄露这里的秘密。"

陆小凤立刻道:"我答应。"

老刀把子道:"好,我信任你,你走吧!"

陆小凤怔住:"你要我走?"

老刀把子道:"就算主人不能杀客人,至少总能请客人走的。"

陆小凤道:"可是外面……"

老刀把子冷冷道:"不管外面有什么人在等着你,至少总比现在就死在这里的好。"

陆小凤不说话了,他看得出现在无论再说什么都已没有用,他只有走。

老刀把子却又叫他回来，道："可是你总算做过我的客人，而且总算没有出卖我，所以你需要什么，我都可以让你带走。"

陆小凤道："无论我要什么都行？"

老刀把子道："只要你能带走的。"

陆小凤道："我要带她走。"他要带走的竟是花寡妇。

老刀把子闭上了嘴，过了很久才缓缓道："你可以带她走，可是以后最好永远莫要再让我看见你！"

04

山谷间还是云雾凄迷，要找到那条若有若无的铁索桥已经很不容易，要走过去更不容易。

走过去之后呢？山谷里是幽灵的世界，山谷外是什么？有多少杀人的陷阱？

陆小凤长长吐出了口气，忽然笑了。

花寡妇看着他，忍不住问道："你不怕？"

陆小凤道："怕什么？"

花寡妇道："死。"她轻轻握着他的手，"你不怕一走出这山谷，就死在别人的剑下？"

陆小凤微笑道："我反正已死过一次，再死一次又何妨？"

花寡妇也笑了，不管怎么样，他们总算已走出了幽灵山庄，走出了这死人的世界。

花寡妇柔声道："我时常在想，只要能让我再真正活一天，我就应该心满意足了。"

第八章

又见山庄

01

这片山岩上没有车,峥嵘的山石,利如刀锋。

花寡妇忽然停下来,低头看自己的脚,她的脚纤秀柔美,却有一丝鲜血正从脚底流出。

"你没有穿鞋?"

"没有。"花寡妇还在笑,"我一向很少走路。"

她连鞋都没有穿就跟着他走了,她走的时候什么都没有带。

"你什么都不要,只要我跟你走,我还要什么?"她的脸虽然已因痛楚而发白,笑得却还是很温柔,"这世上还有什么能比真情更可贵?"

陆小凤看着她,只觉得一股柔情已如春水般涌上他心头。

他抱起了她,走过了这片山岩。

她在他耳边低语:"现在西门吹雪一定也认为你已死了,只要你愿意,我们一定可以找个安静的地方好好活下去,绝不止活一天。"

"本来我已决心要为老刀把子死的,可是,我遇见了你。"她又接着道,"他也没有一定要留下我,所以我希望你以后永远忘了花寡妇这个人,我姓柳,叫柳青青。"

前面草色青青，木叶也青青。

陆小凤并没有直接走进去，他并没有忘记这是片吃人的树林。

他们在林外的山坡上坐下来，青青的草地上，有片片落叶。

还是春天，怎么会有落叶？

陆小凤拾起了一片，只看了两眼，掌心忽然冒出了冷汗。

柳青青立刻发觉他异样的表情，立刻问道："你在看什么？"

陆小凤指了指落叶的根蒂，道："这不是被风吹落的。"

叶蒂上的切口平滑整齐。

柳青青皱起了眉，道："不是风，难道是剑锋？"

陆小凤道："也不是剑锋，是剑气！"

柳青青的脸色变了——谁手上的剑能发出如此锋锐的剑气？

陆小凤从地上拾起了一根羽毛，也是被剑气摧落的。

林外有飞鸟，飞鸟可充饥。

可是天下又有几人能用剑气击落飞鸟？除了西门吹雪外还有谁？

柳青青已不再笑："他还没有走？"

陆小凤苦笑道："他一向是个不容易死心的人。"

柳青青垂下头，道："我知道他是个怎么样的人，我见过他。"

她忽又抬起头："可是我们用不着怕他，以我们两个人之力，难道对付不了他一个？"

陆小凤摇摇头。

柳青青道："你还怕他？为什么？"

陆小凤也垂下头，黯然道："因为我心里有愧。"

柳青青道："你真的做过那种事？"

陆小凤道："每个人都有做错事的时候。"

柳青青道："但你却不是个糊涂人。"

陆小凤道："不糊涂的人也难免一时糊涂。"

柳青青的脸色更黯淡，道："你认为我们一定走不出这片树林？"

陆小凤道："所以现在我们只有一条路可走。"

柳青青道："哪条路？"

陆小凤道："回头的路。"

柳青青吃惊地看着他，道："再回幽灵山庄去？"

陆小凤苦笑道："无论那里面有什么在等着我，总比死在这树林里好。"

02

山谷里还是云雾凄迷，走回去也和走出来同样不容易。

对面的山岩上，一个人仿佛正待乘风而去，正是那勾魂使者。

他虽然没有脸，没有名姓，可是他有手，有剑。

剑已在手，剑已出鞘。

他冷冷地看着陆小凤，道："你既然已出去，为什么又回来？"

陆小凤笑了笑，道："因为我想家。"

勾魂使者道："这里不是你的家。"

陆小凤道："本来不是，现在却是，因为我已没有别的地方可去。"

勾魂使者道："你看看我手里握着的是什么？"

陆小凤道："好像是把剑。"

勾魂使者道："你能胜得了我手中这柄剑，我就放你过去。"

陆小凤道："我劝你最好不要试！"

勾魂使者冷冷笑道："你有把握能战胜我？"

陆小凤道："我没有把握，连一分把握都没有，可是我至少有把握能接得住你十招。"

勾魂使者道："能接住我十招又如何？"

陆小凤道："我有把握在十招之中看出你的武功来历。"他又笑了笑，接着道，"我想你一定不愿让人知道你的来历？"

勾魂使者闭上了嘴，握剑的手背上，青筋毒蛇般凸起。

陆小凤连看都不再看他一眼，就施施然从他剑下走了过去，柳青青也只有跟着。

他手上青筋毒蛇般扭动，剑尖也有寒光颤动。

陆小凤没有回头，柳青青却连衣领都湿了。

她看得出陆小凤全身上下连一点警戒都没有，这一剑若是刺出，就凭剑尖那一道颤动的寒光，已足以致他的死命。

可是勾魂使者居然也就这么样看着他走过去，直等他走出很远，剑才落下。

只听一声龙吟，一块岩石已在他剑下裂成四瓣。

柳青青偷偷地回头瞧了一眼，连背心都湿透了。

这山谷里的岩石每一块都坚逾精钢，就算用铁锤利斧，也未必能砍得动分毫，这一剑的锋锐和力量，实在太可怕。

又走出很远后，她才轻轻吐出口气，道："你看到那一剑没有？"

陆小凤淡淡道："那也没什么了不起。"

柳青青忍不住道："要怎么样的剑法才算了不起？"

陆小凤道："那一剑能从从容容地收回去，才算了不起。"

刚才勾魂使者盛怒之下，真力发动，聚在剑尖，就好像弓已引满，不得不发，所以那一剑击出，威势自然惊人。

可是这也证明了他还不能控制自己的火气，真力丕不能收发自如，若是能将这一剑从容收回，才真正是炉火纯青的境界。

柳青青是名门之后，当然懂得这道理，却还是忍不住道："就算那一剑没什么了不起,如果用来对付你,你有把握能避开?"

陆小凤道:"没有。"

柳青青道:"你有把握确定他不会杀你?"

陆小凤道:"也没有。"

柳青青道:"但你却好像一点也不在乎?"

陆小凤笑了笑,道:"一个已无路可走的人,做事总是不能不冒一点险的。"

柳青青叹了口气,还没有开口,就看见一个头戴竹笠的灰衣人,背负着双手,施施然在前面走着。

"老刀把子!"

陆小凤喊了一声,没有回应,想追上去,这灰衣人走路虽然像是在踱方步,他却偏偏追不上。

等到他准备放弃时,前面的灰衣人却忽然道:"你绝不是随随便便就会拿性命去冒险的那种人,你知道他绝不会杀你,你有把握?"

陆小凤没有否认,也不能否认,他忽然发现无论任何事都很难瞒过老把刀子。

老刀把子又道:"你凭什么有这种把握?"

陆小凤只有说实话:"我看得出他的脸是被剑锋削掉的,以他的剑法,世上只有一个人能一剑削去他的脸。"

老刀把子道:"谁?"

陆小凤道:"他自己。"

老刀把子冷笑。

陆小凤道:"他宁可毁掉自己的脸,也不愿让人认出他,当然也不愿让我看出他的来历,所以我确定他绝不会出手的。"

老刀把子霍然回头,盯着他,目光在竹笠中看来还是锐如刀锋:"你如此有把握,是不是因为你早已猜出他是谁了?"

陆小凤勉强笑了笑，道："我只不过偶尔想起了一件事。"

老刀把子道："说！"

陆小凤道："二十年前，武当最负盛名的剑客本是石鹤，最有希望继承武当道统的也是他，可是就在他已将接掌门户的前夕，江湖中却突然传出他已暴毙的消息——"

那时他正当盛年，一个内外兼修的中年人，怎么会突然暴毙？

陆小凤又道："所以江湖中人对他的死，都难免有些怀疑，当时谣言纷纷，有人甚至说他是因为不守清规，被逐出门户，才愤而自尽，我却怀疑他一直都活在世上，只不过无颜见人而已。"

老刀把子静静地听着，等他说完了，才冷冷道："你也不该再来见我的。"

陆小凤道："可是我也知道你绝不会杀我。"

老刀把子厉声道："你凭什么？"

陆小凤道："我知道你现在正是要用人的时候，你也应该知道我是个很有用的人。"

老刀把子道："我为什么要用你？"

陆小凤道："要做大事，就一定要用有用的人。"

老刀把子道："你知道我要做大事？"

陆小凤道："要创立这片基业已不知耗尽多少人力物力，要维持下去更不容易，就算你订的合约每人都要收费十万两，也未必能应付你的开支，就算能赚一点，以你的为人，也绝不会为这区区一点钱财而花费这么多苦心。"

老刀把子道："说下去。"

陆小凤道："所以我断定你这么样做一定是别有所图的，以你的才智，所图谋的当然是一件大事。"

老刀把子冷冷地看着他，目光更锐利，忽又转身，道："跟我来。"

03

曲折蜿蜒的小路尽头，是一栋形式古老拙朴的石屋，里面的陈设也同样古朴，甚至带着种阴森森的感觉，显见不常有人居住。

可是现在屋子里却已有三个人在等着，三个本已该死的人。

钩子、表哥、管家婆，三个人正站在一张黄幔低垂的神案旁，脸上带着种不怀好意的诡笑，用眼角瞟着陆小凤。

陆小凤虽然尽力控制着自己，还是难免觉得很吃惊。

老刀把子道："现在你总算已明白了吧？"

陆小凤苦笑道："我不明白，一点都不明白。"

老刀把子道："这件事从头到尾，根本就是个圈套。"

陆小凤还是不明白。

老刀把子道："他们做的事，都是我安排的，为的只不过是要试探你。"

陆小凤道："你怀疑我是来卧底的奸细？"

老刀把子道："无论谁我都怀疑，这里每个人都是经过了考验的，顾飞云杀的就是那些经不起考验的人。"

陆小凤终于明白了，道："你故意放我走，也是为了要试探我，是不是真的已被西门吹雪逼得无路可走。"

老刀把子道："你若不回头，此刻一定已死在那吃人的树林里。"

陆小凤叹了口气，道："你也算准了我会把柳青青带走的，正好要她来杀我。"

老刀把子道："那倒是个意外，你若不回头，她也得陪你死！"

陆小凤忍不住转过头,柳青青也正在盯着他。

两个人都没有开口,不管要说什么,都已在这眼波一触间说完了。

所以她既没有埋怨,他也没有歉疚。

这世上本就有种奇妙的感情,是不必埋怨,也无需歉疚的。

老刀把子看着他们,直等陆小凤再回转脸,才缓缓道:"现在你是不是已明白我为什么要这样做?"

陆小凤点点头,道:"你要看看我是不是个值得被你用的人?"

老刀把子道:"你很不错。"

他的语声忽然变得很和缓:"你的武功机智都不错,最重要的是,你没有在我面前说谎。"

陆小凤苦笑道:"既然明明知道骗不过你,又何必说谎?"

老刀把子道:"你是个聪明人,我喜欢聪明人,所以从今以后,你就是我的伙伴了,只要不走出这山庄,随便你要干什么都行,我相信你这么聪明的人,绝不会做傻事的。"

他回头吩咐管家婆:"传话下去,今天晚上摆宴为他接风!"

管家婆退下,表哥和钩子也随着退下。

老刀把子忽然道:"你的家已被人拆了,从今天起,尔可以搬到青青那里去。"

陆小凤迟疑着,勉强笑了笑,道:"你……"

老刀把子不让他说下去,又道:"我已是个老人,老人总是容易忘记很多事的。"他站起来,转过身,面对着那黄幔低垂的神龛,缓缓地道:"只有一件事我还不能忘记,时候到了,我一定会告诉你。"

陆小凤没有再问,他知道老刀把子说的话就是命令。

04

酒菜丰富而精美,酒的种类就有十二种,宴席的形式是古风的,十八张长桌摆成半个"口"字,老刀把子坐在正中,他的左边就是陆小凤。

大家对陆小凤的看法当然已和前两天大不同,不但因为他是这宴会的主宾,而且忽然变成了老刀把子的亲信。

第一个站起来向他敬酒致贺的是"钩子"海奇阔,然后是表哥、管家婆、独孤美。

只有叶灵始终连看都没有看陆小凤一眼,因为他旁边坐着的就是柳青青,这个吃人的寡妇好像也变了,变得安静而温柔。

老刀把子还是戴着那形式奇特的竹笠,就连坐他身旁的陆小凤都完全看不见他的面目。

他吃得极少,喝得更少,话也说得不多,可是无论谁看着他时,目中都带着绝对的服从和尊敬。

到席的人比往日多,一共有五十九个,陆小凤虽然大多不认得,却可以想象得到,这些人昔日一定都有段辉煌的历史,不是家财巨万的世家子弟,就是雄霸一方的武林豪杰,不但身份都很高,武功也一定都不错,否则就根本没有资格到这幽灵山庄来。

"是不是人都到齐了?"陆小凤悄悄地问。

"只有两个人没有来。"柳青青悄悄回答,"一个是勾魂使者,他从不和别人相处。"

"还有一个是谁?"

"叶灵的姐姐,叶雪。"柳青青道,"她喜欢打猎,经常一出去就是十来天。"

"她为什么可以自由出入？"

"那是老刀把子特许的。"柳青青在冷笑，"这女人是个怪物，她要做的事，从来也没有人能拦得住她，就算她在这里的时候，也从来不跟别人说话。"

"为什么？"

"因为她总觉得自己比别人强得多。"柳青青显然很不愿意谈论这个人，更不愿和陆小凤谈论这个人，事实上，他们也无法再说下去，因为他们刚说到曹操，曹操就已到了。

忽然间，一只豹子从门外飞进来，重重地落到他们桌子面前。

叶雪就是跟着这豹子一起进来的，豹子落下，陆小凤就看见了她的人。

她的人也像豹子一样，敏捷、冷静、残酷，唯一不同的是这豹子已死了，死在她手里。

死在她手里的豹子这已是第十三条，附近山谷里的豹子几乎已全都死在她手里。

她喜欢打猎，更喜欢猎豹。

人们为什么总是喜欢猎杀自己的同类？

所有的野兽中，最凶悍敏捷、最难对付的就是豹子。

就算是经验极丰富的猎人，也绝不敢单身去追捕一头豹子，几乎没有人敢去做这种愚蠢而危险的事。

她不但敢做，而且做到了。

她是个沉静内向的女人，可是她能猎豹，她看来美丽而柔弱，却又像豹子般敏捷冷酷。

这许多种复杂而矛盾的性格,造成她一种奇特的魅力。

就连陆小凤都从未看见过这种女人,他看着她,几乎忘了身旁的柳青青。

叶雪却始终在盯着老刀把子,苍白的脸,苍白的唇,忽然道:"你知道我哥哥死了?"

老刀把子点点头。

叶雪道:"你知道是谁杀了他?"

老刀把子又点点头。

叶雪道:"是谁?"

陆小凤一颗心忽然提起,一个猎豹的女人,为了复仇,是不惜做任何事的。

他不想做被捕杀的豹子。

可是老刀把子的回答却令他很意外:"是西门吹雪!"

叶雪的脸色更苍白,一双手突然握紧。

老刀把子缓缓道:"你总记得,你哥哥以前就说过,若是死在西门吹雪手下,绝不许任何人为他复仇,因为那一定是场公平的决斗。"

——也因为他不愿为他去复仇的人再死于西门吹雪剑下。

叶雪的嘴唇在发抖,握紧的手也在发抖,忽然坐下来,坐到地上,道:"拿酒来。"

为她送酒去的是管家婆,刚开封的一坛酒。

叶雪连眼角都没有看他,冷冷道:"你最好走远点,愈远愈好!"

管家婆居然真的走了,走得很远。

叶雪道:"谁来陪我喝酒?"

海奇阔抢着道:"我。"

叶雪道:"你不配。"

老刀把子忽然拍了拍陆小凤,陆小凤慢慢地站起来,走过去。

叶雪终于看了他一眼："你就是陆小凤？"

陆小凤点点头。

叶雪道："你能喝？"

陆小凤道："能。"

叶雪道："好，拿碗来，大碗。"

碗很大，她喝一碗，陆小凤喝一碗，她不说话，陆小凤也不开口，她不再看陆小凤，陆小凤也没有再看她。

两个人就这么样面对面地坐在地上，你一碗，我一碗。

一碗酒至少有八两。十来碗喝下去，她居然还是面不改色。

等到酒坛的酒喝光，她就站起来，头也不回地走了出去，没有再说一句话，一个字。

陆小凤站起来时，头已有些晕了。

老刀把子道："怎么样？"

陆小凤苦笑，道："我想不到她有这么好的酒量，实在想不到。"

老刀把子忽然叹了口气，道："我也想不到，我从来没有看见过她喝酒。"

陆小凤吃惊："你也没有见过？"

老刀把子道："无论谁都没有见过，这是她平生第一次喝酒。"

05

对一个已喝得头昏脑涨的人来说，世上绝没有任何事能比一张床看来更动人了，何况这张床本就很宽大、很舒服。

只可惜有个人偏偏就是不肯让他舒舒服服地躺到床上。

一进屋子，柳青青就找了坛酒，坐到地上，道："谁来陪我喝酒？"

陆小凤前看看，后看看，左看看，右看看，苦笑道："这屋子里好像只有一个人。"

柳青青道："你能喝？"

陆小凤道："我能不能不喝？"

柳青青道："不能。"

陆小凤只有坐下去陪她喝，他坐下去的时候，就已经准备醉了。

他真的醉了。

等到他醒来时，柳青青已在屋里，他一个人躺在床上，连靴子都没有脱，头疼得就好像随时都会裂开来。

他不想起来，他起不来，可是窗子外面却偏偏有人在叫他。

窗子是开着的，人是独孤美："我已经来过三次了，看你睡得好熟，也不敢吵醒你。"

"你找我有事？"

"也没有什么事，只不过好久不见了，想跟你聊聊。"

不管怎么样，他总是个朋友，有朋友来找陆小凤聊天，他就算头真的已疼得裂开，也是不会拒绝的。

"我们最好出去聊，我怕看见那位花寡妇。"

外面还是有雾，冷而潮湿的雾，对一个宿醉未醒的人却很有益。

独孤美伤势虽然好得很快，看来却好像有点心事："其实我早就想来找你，只怕你生我的气。"

"我为什么要生气？"

"因为钩子他们是我介绍给你的，我真的不知道他们会害你。"

陆小凤笑了："你当然不知道，你是我的朋友，你一直都在帮我的忙。"

独孤美迟疑着，终于鼓起勇气，道："可是昨天晚上我又做错了一件事。"

陆小凤道："什么事？"

独孤美道："昨天晚上我也醉了，糊里糊涂地把秘密泄露了出去，现在他们三个人都已知道叶孤鸿是死在你手上的。"

他们三个人，当然就是表哥、钩子、管家婆。

陆小凤笑不出了。

虽然只见面一次，他已很了解叶雪这个人，他当然更了解叶灵。

"据说这里最难惹的就是她们姐妹两个，她们若知道这件事，一定会来找你拼命。"独孤美说得很婉转，"你虽然不忙，可是明枪易躲，暗箭难防，所以……"

"所以怎么样？"

"所以你最好想法子堵住他们的嘴。"

陆小凤又笑了，他已明白独孤美的意思："你是要我对他们友善一点，不要跟他们作对，假如他们有事找我，我最好也不要拒绝？"

独孤美看着他，忽然用力握了握他的手，道："我对不起你。"

只说了五个字，他就走了，看着他佝偻的背影消失，陆小凤实在猜不透这个人究竟是他的朋友？还是随时都准备出卖朋友的人？

现在他只能确定一件事——钩子他们一定很快就会有事找他的。

会是件什么样的事？他连想都不敢想，也没空去想了，因为就在这时候，已有一道剑光闪电般向他刺了过来。

这时独孤美已走了很久，他也已走了一段路，已经快走回柳青青住的那栋平房。

剑光就是从屋檐后刺下来的，不但迅速，而且准确。

不但准确，而且毒辣。

他想不到这地方还有人要暗算他，他几乎已完全没有招架闪避的余地。

幸好他是陆小凤，幸好他还有手。

他突然伸出两根手指来一夹——

世上有千千万万个人，每个人都有手，每双手都有手指。

可是他这两根手指，却无疑是最有价值的，因为这两根手指已救过他无数次。

这一次也不例外。

手指一夹，剑锋已在手指间。

冰冷的剑锋，强而有力，却挣不脱他两根手指，他抬起头，就看见了一双冷酷而美丽的眼睛。

叶雪正在看着他。

陆小凤在心里叹了口气，苦笑道："你已经知道了？"

叶雪又盯着他看了很久，才慢慢地点了点头，道："现在我才知道，陆小凤果然不愧是陆小凤，我总算没有找错人。"

她的声音里并没有仇恨，陆小凤立刻试探着问："你是来找我的？还是来杀我的？"

叶雪道："我只不过想来看看你这一招名闻天下的绝技而已，你若能接得住我这一剑，就是我要找的人。"

陆小凤道："我若死在你的剑下呢？"

叶雪道："你活该。"

陆小凤又不禁苦笑。

他既然还没有死，当然忍不住要问："现在我已是你要找的人？"

叶雪点点头，道："你跟我来。"

走完曲折的小路，穿过幽秘的丛林，再走一段山坡，就可以听见流水声。

水流并不急,在这里汇集成一个小湖,四面山色翠绿,连雾都淡了,一个人如果能静静地在湖畔坐上半天,一定能忘记很多烦恼。

"想不到幽灵山庄里,也有这么安静美丽的地方。"

孩子们通常都有个属于他们自己的秘密小天地,这地方显然是属于叶雪的。

她为什么带陆小凤来?

"你究竟要我做什么?"陆小凤忍不住问。

叶雪站在湖畔,眺望着远山,让一头柔发泉水般披散下来。

她的声音也像泉水般轻柔而平淡,可是她说出来的话却让陆小凤大吃一惊,她说:"我要你做我的丈夫。"

陆小凤只觉得自己呼吸已忽然停顿。

她转过身,凝视着他,眼波清澈而明亮,就像是湖心的水波一样。

"我还是个处女。"她接着说,"从来也没有男人碰过我。"

她又保证:"我嫁给你之后,也绝不会让任何人碰我。"

陆小凤深深吸了口气,道:"我相信。"

叶雪道:"你答应?"

陆小凤勉强笑了笑,道:"你当然还有别的条件也要我答应。"

叶雪道:"我要你做的事,对你也同样有好处。"

陆小凤道:"你至少应该让我知道是什么事。"

叶雪温柔的眼波里忽然露出道刀锋般的光,只有仇恨的光才会如此锐利:"我要你帮我去杀了西门吹雪。"

陆小凤没有反应,这要求他并不意外。

叶雪道:"我们若能找到他,他一定会立刻出手杀你,因为他绝不会让你再有第二次脱逃的机会。"

陆小凤苦笑道:"你们根本不用去找他,只要我走出这山谷,他立刻就会找到我。"

叶雪道:"我知道,如果我要去找他一定很困难,要他来找,只有让他来找你,所以我才选中你。"

陆小凤道:"你要我去转移他的注意,你才有机会杀他?"

叶雪并不否认,道:"他一定不会注意我,因为他恨你,也因为他根本不知道我是谁,只要你能将他的剑锋夹住,我一定能杀了他。"

陆小凤道:"我若失手了呢?"

叶雪道:"要对付西门吹雪,本来就是件很危险的事,可是我已经想了很久,只要你答应,我们至少有七成机会。"

陆小凤道:"也许你的机会还不止七成,因为我就算失手,你也可以趁他剑锋还留在我胸膛里的时候杀了他。"他笑了笑,笑得很艰涩,"这一点你当然也早就想到过,所以你才会向我保证,以后绝不让别的男人碰你,因为你要我死得安心。"

叶雪也不否认:"我的确想到过,你的机会实在并不大,我也知道你一向是个赌徒,只要值得赌的,你一定会下注。"她的眼波更深沉,就像是海洋般吸引住陆小凤的目光。

过了很久很久,他才能将目光移开,他立刻就发现她已完全赤裸。

山峰青翠,湖水澄清,她静静地站在那里,带着种说不出的骄傲和美丽。

她值得骄傲,因为她这处女的躯体确实完全无瑕。

她看着陆小凤,又过了很久,才缓缓道:"只要你答应,我现在就是你的。"

她的声音里也充满自信,她相信世上绝没有任何男人能拒绝她。

陆小凤的呼吸已停顿,过了很久才能开口:"我若拒绝了你,一定有很多人会认为我是个疯子,可是我……"

叶雪的瞳孔收缩:"可是你拒绝?"

陆小凤道:"我只不过想要你知道一件事。"

叶雪道:"你说。"

陆小凤道:"你哥哥并不是死在西门吹雪剑下的。"

叶雪动容道:"你怎么会知道?"

陆小凤道:"他死的时候,我就站在他面前,从剑上溅出来的血,几乎溅到我身上。"

叶雪道:"是谁的剑?"

陆小凤道:"是他自己的。"

叶雪忽然疯狂大叫:"你说谎,你说谎……"

直等到山谷间的回声消寂,陆小凤才说:"你是我见过的女人中最美的,我本来立刻就可以得到你,我为什么要说谎?"他的话冷静而尖锐,一下子就刺入了问题的中心。

然后他就走了,走出很远很远之后才回过头,从扶疏的枝叶间还可以看到她。

她还是动也不动地站在那里,整个人都仿佛已和这一片神秘而美丽的大自然融为一体。

可是,又有谁知道她心里的感觉?

陆小凤忽然觉得心里也有种说不出的刺痛——你刺伤别人时,自己也会同样受到伤害。

所以他只看了一眼,就没有再回头。

第九章

畸人、畸情

01

幽秘宁静的绿色山谷,完美无瑕的处女躯体,温柔如水波的眼波……

陆小凤尽力控制着自己,不要再去想,但是他自己也知道这些回忆必将永留在他心底。

他走得很快,走了很远,本该已走回那条小路了,可是他停下来的时候,却发现入山已更深。

然后他立刻又发现了一件可怕的事——他又迷了路。

更可怕的是,四面的雾又渐浓,甚至比幽灵山庄那边更浓,无论眼力多好的人,都很难看得到两丈外去,而且无论从哪个方向走,都可能离山庄更远。

陆小凤却还是要试试,他绝不是那种能坐下来等云开雾散的人。

又走了很远,还是找不到路,在这陌生的山林,要命的浓雾中,要走到什么时候才能走上归途?正在他开始觉得饥饿疲倦,开始担心的时候,他忽然嗅到了一股救命的香气。

香气虽然极淡,可是他立刻就能分辨出那是烤野兔的味道。

远在童年时,他就已是个能干的猎人,长大后对野味的兴趣也一直都很浓。

兔子绝不会自己烤的,烤兔子的地方当然一定有人,附近唯一有人住的地方就是幽灵山庄。

他咽下口口水,虽然觉得更饿,心神却振奋了起来,屏住呼吸片刻,再深深吸了口气,立刻就判断出香气是从他偏西方传来的。

他的判断显然正确,因为走出一段路后,香气已愈来愈浓。

前面的山势仿佛更险,地势却仿佛在往下陷落,烤兔子的香气里仿佛混合了一种沼泽中独有的腐朽恶臭。

就算这里有人,这地方也绝不是幽灵山庄。

陆小凤的心又沉了下去,是怎么样的人会住在这种地方?他简直无法想象。

就在这时,前面忽然响起一种怪异的声音,他加紧脚步赶过去,就看见浓雾中出现一条怪异的影子。

他看得出那绝不是人的影子,却又偏偏不像是野兽,他甚至无法形容这影子的形状。

可是他一看见这影子,心里立刻觉得有种说不出的恐惧和恶心,几乎忍不住要呕吐。

对面的影子似乎也不安地扭动着,等到陆小凤鼓起勇气冲过去时,这影子忽然消失了,彻底消失,就好像从来都没有出现过。

陆小凤竟忍不住激灵灵地打了个寒噤,站在那里怔了很久,忽然感觉到风中还有种烧焦木炭的味道。

这里一定就是烤兔子的地方。

他相信自己的判断一定正确无误,可是附近偏偏又没有一点痕迹留下。

如果是别人,一定早已走过去,甚至已逃走。

但是他绝不放弃。

他先将这地方十丈方圆用一根看不见的绳子围住，然后就展开地毯式的搜索。

地上的泥土落叶都带着潮湿，正是接近沼泽地区的象征。

只有一块地特别干燥，上面的落叶显然是刚移过来的。

他伏下身，扒开落叶，像猎犬般用鼻子去嗅泥土，甚至还撮起一点泥土来尝了尝。

泥中果然有烧炭的味道，仿佛还混合着野兔身上的油脂。

他再往下挖掘，就找到一些枯枝，几根啃过的碎骨头，一根用树枝做成的烤叉，叉上还带块吃剩下的兔肉，皮毛剥得很干净。只有人的手，才能做得出这种烤叉，只有人的牙齿，才会将骨头啃得这么干净，而且也只有人是熟食的动物。

这地方一定有人。

这个人不但有一双很灵敏的手，而且做事极仔细，若不是陆小凤，任何人都很难找得出一点他曾经在这里烤过东西的痕迹。

这个人是谁？为什么会到这里来？是不是也在逃避别人的追踪？

刚才那扭曲而怪异的影子又是个什么东西？

陆小凤完全想不通，就因为想不通，所以更好奇。

现在对他说来，能不能找到归路已变得不太重要了，因为他已决心要找出这些问题的答案。

答案一定就在这附近，可是附近偏偏又没有任何足迹。

陆小凤坐下来，先将那块兔肉上的泥土擦干净，再撕成一条条的，慢慢咀嚼。

没有盐，已经被烧焦，又被埋在土里的兔肉，吃起来不但淡而无味，简直无法下咽。

可是他勉强自己全都吃了下去。

无论要做什么事，都得要有体力，饥饿却是它的致命伤。

肚子里有了东西后，果然就舒服些了，他躺下来．准备在这柔软的落叶上小憩片刻再开始搜索，他当然绝对想不到，这一躺下去，就几乎永远站不起来。

02

烟一般的浓雾在木叶间浮动，陆小凤刚躺下去，立刻就觉得这些烟雾遥远得就像是天上的浮云，所有的一切也都距离他愈来愈远。

他整个人就像是忽然沉入了一个又软又甜蜜的无底深洞里，世界上每件事都仿佛变得遥远了，变得美丽了，最重要的事也变得无足轻重，所有的痛苦都已得到解脱。

这种轻松而甜美的感觉，正是每个人都在寻求的，可是陆小凤却觉得有种说不出的恐惧。

他知道自己绝不会有这种感觉，也不该有，他身负重担，他的担子绝不能在这时放下。

更大的恐惧是，他再想站起来的时候，就发现自己全身的肌肉骨节都已松散脱力。

就在这时，他又看见了那怪异的影子。

扭曲的影子，在浓雾中看来就像是被顽皮孩子拧坏了的布娃娃，却绝不像人。

因为"他"全身都是软的，每个地方都可以随意扭曲。

人有骨头，有关节。

人绝不是这样子的，绝不是。

陆小凤正想把扩散了的瞳孔集中注意，看得更清楚些，就听见影子在说话。

"你是陆小凤？"

声音怪异，艰涩而迟钝，但却绝对是人的声音。

这影子不但是人，而且还是个认得陆小凤的人。

幸好这时陆小凤的观念中，已完全没有惊奇和恐惧存在，否则他说不定会吓得发疯。

影子居然还在笑，吃吃地笑着道："据说陆小凤是从来不会中毒的，现在怎么也中了毒？"

这一点陆小凤就想不通。

饮食中只要有一点毒，无论是哪一种，他都能立刻警觉。

影子又笑道："告诉你，这是大麻的叶子，我喜欢用它来烤肉吃，我吃了，就会觉得像神仙般快活，你吃了却会变得像条死狗。"他又解释，"刚才你嗅到烤肉的时候，已经把它的毒吸进去一点，所以等到你再吃那块肉时，就绝不会有警觉。"

陆小凤道："你是故意引我来的？"

影子摇摇头，道："那块肉却是我故意留下来的，否则就算是一匹马我也能吃下去。"

他好像对自己这句话觉得很欣赏——只有孤独已久的人才会有喃喃自语的习惯，只有这种人才会欣赏自己的说话。

他吃吃地笑了半天，才接着道："你若找不到那块肉，我也许会放你走的，不幸你找到了。"

陆小凤道："不幸？"

影子道："因为我不能让任何人知道我在这里。"

他忽然用一种无法形容的怪异身法跳过来，落到陆小凤身旁，点了陆小凤的几处穴道。

他的手看来就像是一只腐烂了的蛇皮手套，但是他的出手却绝对准确而有效。

比起他身上别的部分来，这只手还算是比较容易忍受的。

没有人能形容他的模样，不能、不敢，也不忍形容。

陆小凤的心神虽然完全处于一种虚无迷幻的情况中，可是看见了他这个人，还是忍不住要战栗呕吐。

影子冷笑道："现在你看见我了，你是不是觉得我很丑？"

陆小凤不能否认。

影子道："你若被人从几百丈高的山崖上推下来，又在烂泥里泡了几十天，你也会变成这个样子的。"他笑的声音比哭还悲哀，"我以前非但不比你丑，而且还是个美男子。"

陆小凤并没有注意他后面的这句话，只问："你被人从高崖上推下来，又在烂泥中泡了几十天，可是你还没有死？"

影子惨笑道："我也不知道我怎么会活下来，就好像是老天在帮我的忙，可是老天又好像是在故意要我受折磨。"

这个人能活到现在，的确是奇迹，这奇迹却只不过是些烂树叶造的。

沼泽中腐烂的树叶生出种奇异的霉菌，就好像奇迹般能治疗人们的溃烂伤痛。

影子道："我就靠烂泥中一些还没有完全腐烂的东西填肚子，过了几十天之后才能爬出来，以后我才发觉，那些烂泥好像对我的伤很有用，所以每到我的伤又开始要流脓的时候，我就到烂泥里去泡一泡，这么多年来，居然成了习惯。"

陆小凤终于明白，这个人的身子为什么能像蛇一样随意蠕动扭曲。

影子道："可是这种习惯实在不是人受的，幸好后来我又在无意中发现，大麻的叶子可以让我忘记很多痛苦，所以直到现在我还活着！"

生命的奇妙韧力，万物的奇妙配合，又岂是人类所能想象？

陆小凤长长吐出口气，眼前的事物已渐渐回复了原形。

他一直在集中自己的意志，只可惜现在药力虽已逐渐消失，穴道却又被制住。

他忽然问："你知道我叫陆小凤，你认得我？"

影子道："不认得，可是我见过你。"

陆小凤道："几时见过的？"

影子道："刚才。"

陆小凤动容道："你刚才见过我？"

影子道："你知道了我的秘密，我本该杀了你灭口，就因为我刚才见过你，所以你还活着。"

陆小凤更不懂："为什么？"

影子道："因为你总算还不是个坏人，并没有趁机欺负阿雪。"他的声音里忽然充满感情，"阿雪一直是个乖孩子，我不要她被人欺负。"

陆小凤吃惊地看着他，道："你是她的什么人？"

影子不肯回答这句话，却反问道："西门吹雪为什么要杀你？你跟他有什么仇？"

陆小凤迟疑着，终于决定说实话："他看见我跟他老婆睡在一张床上。"

影子闭上嘴，盯着他看了很久，忽然发出了奇怪的笑声，道："现在我总算明白你是为什么到幽灵山庄来的了。"

陆小凤道："我是为了避祸来的。"

影子道："你不是。"

影子道："你也不怕死，你到这里来，只不过为了要发掘出这地方的秘密。"

他说得很有把握："连阿雪那样的女人你都不动心，怎么会去偷西门吹雪的老婆？"

陆小凤叹了口气，道："我只问你一句话。"

影子道："问。"

陆小凤道："我若是奸细，老刀把子怎么会让我活到现在，他是个多么厉害的角色，你总该知道得比我清楚。"

影子忽然发抖，身子突然缩成了一团，眼睛里立刻充满悲愤、仇恨和恐惧。

陆小凤缓缓道："你当然知道，因为从高崖上把你推下来的人就是他！"

影子抖得更厉害。

陆小凤叹了口气，道："但是你可以放心，我绝不会把这秘密说出去的。"

影子忍不住问："为什么？"

陆小凤道："因为我真的很喜欢叶雪，我绝不会害她的父亲。"

影子又往后退缩了一步，声音已嘶哑，道："谁是她的父亲？"

陆小凤道："你。"

影子忽然倒了下去，躺在地上，连呼吸都已停顿。

可是他还没有死，过了很久，才叹息着道："不错，我是的，大家都以为我已死了，连他们兄妹都以为我已死了。"

陆小凤道："你至少应该让他们知道你还活着。"

影子又跳起来，道："你千万不能告诉他们，千万不能。"

陆小凤道："为什么？"

影子道："因为我无论如何都不能让他们看见我现在这样子，我宁可也……"他的声音突然停顿，将耳朵贴在地上，听了很久，压低声音道："千万不要说看见过我，我求求你。"

说到最后三个字时，他就已消失，这三个字中的确充满哀求之意。

又过了很久，陆小凤才听见脚步声，一个人正踏着落叶走过来。

陆小凤只希望来的是叶雪。

03

来的不是叶雪，是叶灵。

她看见陆小凤，自己也吃了一惊，但立刻就镇定下来。

这小姑娘显然比任何人想象中都冷静得多，也老练得多。

她问："我刚才听见这里有人在说话，你在跟谁说话？"

陆小凤道："跟我自己。"

叶灵笑了，眨着眼笑道："你几时变得喜欢自言自语的？"

陆小凤道："就在我发现朋友们都不太可靠的时候。"

叶灵道："你为什么要一个人躺在地上呢？"

陆小凤道："因为我高兴。"

叶灵又笑了，背负着双手，围着陆小凤走了两圈，忽然道："你自己点住自己的穴道，也是因为你高兴？"

陆小凤苦笑。

他不能不承认这小姑娘的眼力比别人想象中敏锐，可是他相信自己还是能对付她。

像他这样的人，要骗过一个小姑娘，当然并不是件太困难的事。

"这里的树叶和野菌大部分都有毒的，我无意中吃了一些，只好自己点住几处穴道，免得毒气攻心。"他忽然发现说谎也不太困难。

叶灵看着他，好像已相信了，却没有开口。

陆小凤又叹道:"我点了自己的穴道后,才想到一个很严重的问题,因为我已没法子再将穴道解开,现在幸好你来了,真是谢天谢地。"

叶灵还是盯着他,不说话。

陆小凤道:"我知道你一定能替我把穴道解开的,你一向很有本事。"

叶灵忽然道:"你等一等,我马上回来。"

说完了这句话,她就飞一样地走了,连头都没有回。

陆小凤呆住。

幸好叶灵一走,影子又忽然出现。

陆小凤松了口气,道:"你要我做的事,我全都答应,现在你能不能放我走?"

影子的回答很干脆:"不能。"

陆小凤道:"为什么?"

影子道:"因为我想看看阿灵究竟准备怎么样对付你。"他声音里带着笑道,"这小丫头从小是个鬼灵精,她玩的花样,有时连我都想不到。"

陆小凤想笑,却已笑不出,因为他也猜不出叶灵究竟想用什么法子对付他,他只知道这鬼丫头是什么事都能做得出的。

他正想再跟影子谈谈条件,影子却又不见了,然后他就又听见了落叶上的脚步声。

这次的脚步声比上次重,叶灵也比上次来得快,她手里拿着把不知名的药草,显然是刚采来的,一停下就喘息着道:"吃下去。"

陆小凤吃了一惊:"你要我把这些乱七八糟的野草吃下去?"

叶灵板着脸:"这不是野草,这是救命的药,是我辛辛苦苦去替你采来的。"

她又解释:"要解开你的穴道很容易,可是你穴道解开了后,万一毒气攻心,我岂非反而害了你么?所以我一定要先替你找解药。"

陆小凤道:"现在我中的毒好像已解了。"

叶灵道:"好像不行,要真的完全解了才行,反正这种药草对人只有好处,多吃一点也没关系。"

她的嘴在说话,陆小凤的嘴却已说不出话,因为他嘴里已被塞满了药草。

他忽然发现"良药苦口"这句话实在很有道理,不管这些药草对人有多大的好处,他都绝不想再尝试第二次。

好不容易总算将一把草全都咽下肚子,叶灵也松了口气,眨着眼道:"怎么样,好不好吃?"

陆小凤道:"唔,唔。"

叶灵道:"这是什么声音?"

陆小凤道:"这是羊的声音,我忽然觉得自己好像变成一只羊。"

叶灵也笑了,嫣然道:"我喜欢小绵羊,来,让我抱抱你。"

她居然真的把陆小凤抱了起来,她的力气还真不小。

陆小凤又吃了一惊,道:"你抱着我干什么?为什么还不把我穴道解开?"

叶灵道:"现在解药的力量还没有分散,这里又不是久留之地,我只有先把你抱走了。"

陆小凤道:"抱我到哪去?"

叶灵道:"当然是个好地方,很好很好的地方。"

陆小凤只有苦笑。

被一个几乎可以做自己女儿的小姑娘抱着走,这滋味总是不太好受的。

可是这小姑娘的胸膛偏偏又这么成熟,身上的气味偏偏又这么香。

陆小凤只好闭上眼睛,想学一学老僧入定,叶灵却忽然唱起歌来。

妹妹抱着泥娃娃,
要到花园去看花;
我叫泥娃娃听我话,
娃娃叫我小妈妈。

这儿歌有一半是陆小凤唱出来的,有一半是她自己编出来的,编得真绝。

陆小凤听了当然有点哭笑不得,就在这时,他又发现了一件更让他哭笑不得的事。

他忽然觉得不对了。

开始的时候,他还不知道究竟是什么地方不对,不知道还好些,知道了更糟——他忽然发现自己竟似已变成条热屋顶上的猫,公猫。

若是真的在热屋顶上也还好些,可惜他偏偏是在一个少女又香又软的怀抱里,这少女又偏偏是他连动都不能动的。

他再三警告自己:"她还是个小女孩,我绝不能想这种事,绝对不能……"

只可惜有些事你想也没用,就好像"天要下雨,老婆要偷人"一样,谁都拿它没办法。

陆小凤知道自己身体的某一部分发生了变化,一个壮年男人绝无法抑制的变化。

他只希望叶灵没有看见。

他绝不去看叶灵,连一眼都不敢看。

可是叶灵却偏偏在看着他,忽然道:"你的脸怎么红了?是不是在发烧?"

陆小凤只好含含糊糊地回答了一句,连他自己都听不清自己在说什么。

幸好叶灵居然没有追问,更幸运的是,他根本连动都不能动。

如果他的穴道没有被制住,现在会做出什么样的事来?

他连想都不敢去想。

叶灵忽然又道:"看样子一定是那些药草的力量已发作了。"

陆小凤忍不住道:"那些究竟是什么草?是救命的?还是要命的?"

叶灵道:"是要命的。"

她忽然停了下来,放下了陆小凤,放在一堆软软的草叶上。

陆小凤张开眼,才发现这是个山洞,叶灵的手叉着腰,站在他面前,笑得就像是个小妖精。

她眨着眼道:"现在你是不是觉得很要命?"

陆小凤苦笑道:"简直他妈的要命极了。"

叶灵道:"我知道有种药能把你治好。"

陆小凤道:"什么药?"

叶灵道:"我。"

她指着自己的鼻子:"只有我能把你治好。"

陆小凤瞪着她。

她实在已不是个小女孩了,应该大的地方,都已经很大。

陆小凤咬着牙,恨恨道:"这是你自己找的,怪不得我。"

叶灵道:"我不怪你,你又能怎么样?"

陆小凤不能怎么样,他根本连动都不能动——这一点他刚才还觉得很幸运，现在却已变成了很不幸。

他只觉得自己好像随时都可能会胀破。

叶灵看着他，吃吃地笑道："你知不知道这种事有时候真会要命的？"

陆小凤知道。

他相信现在天下已绝没有任何人能比他知道得更清楚。

更要命的是，他已看见了她的腿。

这小妖精的腿不知什么时候忽然就露在衣服外面了。

她的腿均匀修长而结实。

陆小凤的声音已仿佛是在呻吟："你是不是一定要害死我？"

叶灵柔声道："我很想救你，我本来就喜欢你，只可惜……"她用一根手指轻抚着陆小凤，"我也是个处女，也从来没有男人碰过我。"

这是她姐姐说过的话，她连口气都学得很像。

陆小凤忽然明白，叶雪那秘密的小天地，原来并没有她自己想象中那么秘密。

叶灵忽然冷笑，道："老实告诉你，你们在那里干什么，我全都看见了，看得清清楚楚。"

陆小凤道："那是你姐姐……"

叶灵大声道："她不是我姐姐，她是我天生的对头，只要是我喜欢的，她都要抢走。"

陆小凤道："我……"

叶灵又打断他的话，道："她明知道是我先看见你的，她也要抢，可是这一次我绝不让她了，你是我的，我要你嫁给我。"

她忽又笑了，笑得又甜蜜、又温柔："你要我嫁给你也行，无论你说什么我都答应。"

到了这种时候，陆小凤还有什么好说的？

山洞里黝黯而安静，暮色已渐临。

片刻安静后，叶灵就哭了，哭得也不知有多伤心，就好像受尽了委屈。

"你欺负我，你怎么能这样子欺负我？你害了我一辈子。"

究竟是谁在欺负谁？谁在害谁？

陆小凤只有苦笑，还不敢笑出来，不管怎么样，她总是个女孩子，而且真的是个从来也没有让男人碰过的女孩子。

一个男人如果对一个这样的女孩子做了他们刚才做过的事，这个男人还有什么好说的？

"你刚才答应过我的事，现在是不是就已经后悔了？"

"我没有。"

"你真的不后悔？"

"真的。"

她笑了，又笑得像是个孩子。

"走，我们回家去。"她拉住他的手，"从今天起，你就是个有家室的男人，只要你不去找别的女人，我一定会伺候皇帝一样伺候你。"

夕阳西下，暮色满山。

陆小凤忽然觉得很疲倦，他这一生中，几乎从来也没有这么样疲倦过。

这并不是因为那种要命的草，也不是因为那件要命的事。

这种疲倦仿佛是从他心里生出的，一个人只有在自己心里已准备放弃一切时，才会生出这种疲倦。

——也许我真的应该做个"住家男人"了。

在这艳丽的夕阳下，看着叶灵脸上孩子般的笑靥，他心里的确有这种想法。

——不管她做了什么事，总是为了喜欢我才做的。

她笑得更甜，他忍不住拉起了她的手，这时远方正响起一片钟声，幽灵山庄中仿佛又将有盛宴开始。

难道老刀把子已为他们准备好喜酒？

第十章

午夜悲歌

01

宴会还没有开始,因为大家还在等一个人,一个不能缺少的人。

陆小凤悄悄地走进去,叶灵微笑着跟在他身后,她笑得很愉快,他却有点愁眉苦脸的样子,只希望不要引起别人的注意。可是大家却偏偏在注意他,每个人的眼睛都在盯着他,表情都有点怪。

老刀把子盯着他,道:"你来迟了。"

陆小凤道:"我迷了路,我……"

老刀把子根本不听他说什么,道:"可是我知道你听见钟声一定会回来的,所以大家都在等你,已等了很久。"

陆小凤勉强笑了笑,道:"其实大家本来不必等我。"

老刀把子道:"今天一定要等。"

陆小凤道:"为什么?"

老刀把子道:"因为今天有喜事。"

陆小凤道:"谁的喜事?"

老刀把子道:"你的。"

陆小凤怔住。

他想不通这件事老刀把子怎么会现在就已知道?难道这本就是老

刀把子叫叶灵去做的？

叶灵没有开口，他也没有回头，更不敢正视坐在老刀把子身旁的叶雪。

叶雪一直低着头，居然也没有看他。

老刀把子道："这地方本来只有丧事，你来了之后，总算为我们带来了一点喜气。"

他的口气渐渐和缓，又道："大家也都很赞成这件事，你和阿雪本就是很好的一对。"

陆小凤吃了一惊："阿雪？"

老刀把子点点头，道："我已问过她，她完全听我的话，我想你一定也不会反对的。"

陆小凤又怔住。

他身后的叶灵却已叫了起来："我反对！"

每个人的脸色都变了，谁也想不到居然有人敢反对老刀把子。

叶雪也抬起头，吃惊地看着她妹妹。

叶灵已站出来，大声道："我坚决反对，死也要反对！"

老刀把子怒道："那么你最好就赶快去死！"

叶灵一点也不畏惧，道："我若去死，陆小凤也得陪我去死。"

老刀把子厉声道："谁说的？"

叶灵道："无论谁都会这么说的，因为我跟他已经是同生共死的夫妻。"

这句话更让人吃惊，叶雪的脸上忽然就已失去了血色："你已嫁给了他？"

叶灵昂起头，冷笑道："不错，我已嫁给了他，已经把所有的一切都给了他，这次我总算比你抢先了一步，他虽然不要你，可是他要了我。"

叶雪整个人都在颤抖，道："你……你说谎！"

叶灵挽起陆小凤的臂，道："你为什么不亲口告诉她？我说的每个字都是真话。"

她说的每个字都像是一根针，陆小凤用不着开口，大家也都已知道这件事不假。

叶雪忽然站起来，推开了面前的桌子，头也不回地冲了出去。

叶灵更得意，拉着陆小凤走到老刀把子面前，道："阿雪是你的干女儿，我也是的，你为什么不肯替我做主？"

老刀把子盯着她，目光刀锋般从竹笠中射出，冷冷道："你们真愿意做一辈子夫妻？"

叶灵道："当然愿意。"

老刀把子道："好，我替你做主，三个月后，我亲自替你们办喜事。"

叶灵道："为什么要等三个月？"

老刀把子厉声道："因为这是我说的，我说的话你敢不听？"

叶灵不敢。

老刀把子道："在这三个月里，你们彼此不许见面，三个月后，你们若是都没有变心，我就让你们成亲。"

他不让叶灵开口，又吩咐柳青青："这三个月我把陆小凤交给你！"

叶灵咬着牙，忽然也跺了跺脚，冲了出去，冲到门口，又回过头狠狠盯着陆小凤："你听着，只要你敢碰一碰别的女人，我就去偷一百个男人给你看，让你戴一百顶绿帽子。"

02

大堂里的宴会已散,柳青青叫她的小厨房准备了几样菜。

菜很精致,酒也很好,她一向是个很懂得生活情趣的女人。

她也很了解男人。

陆小凤不开口,她也就默默地在旁边陪着,陆小凤的酒杯空了,她就倒酒。

菜没有动,酒却消耗得很快。

陆小凤终于抬起头,凝视着她,忽然道:"你为什么不臭骂我一顿?"

柳青青道:"我为什么要骂你?"

陆小凤道:"因为我是个混蛋,因为我……"

柳青青不让他再说下去,柔声道:"你用不着为我难受,我年纪比你大,本就没有野心要嫁给你的,我只想做你的朋友。"她笑了笑,笑得风情万种,"只要你愿意,我甚至可以做你的情妇。"

陆小凤只有苦笑。

如果她真的臭骂他一顿,他也许反而会觉得好受些,就算给他几个耳光,他都不在乎。

柳青青又道:"可是我知道你一定不敢冒这种险的。"

陆小凤道:"冒什么险?"

柳青青道:"戴绿帽的危险,那小鬼一向说得出,做得到。"她又笑了笑,道,"其实她也不能算小鬼了,她今年已十七,我十七的时候已经嫁了人。"

陆小凤又开始在喝闷酒。

柳青青看着他喝了几杯，忽然问道："你是不是在想阿雪？"

陆小凤立刻摇头。

柳青青道："你不想她，我倒有点为她担心，她一向最好强，最要面子，今天在大家面前丢了这么大一个面子，恐怕……"

陆小凤忍不住问："恐怕怎么样？"

柳青青想说，又忍住，其实她根本用不着说出来，她的意思无论谁都不会不懂。

陆小凤却忽然冷笑，道："你若怕她会去死，你就错了。"

柳青青道："哦？"

陆小凤道："她绝不是那种想不开的女人，她跟我也没有到那种关系。"

柳青青没有争辩，她看得出陆小凤已有了几分酒意，也有了几分悔意。

他后悔的是什么？是为了他对西门吹雪做的事？还是为了叶雪？

无论谁拒绝了那么样一个女孩子，都会忍不住要后悔的。

也许他后悔的只不过是他和叶灵的婚事，他们实在不能算是很理想的一对。

柳青青心里叹息着，又为他斟满一杯，夜已很深了，太清醒反而痛苦，还不如醉了的好。

所以她自己也斟满一杯，突听外面有人道："留一杯给我。"

进来的居然是表哥，柳青青冷冷道："你从几时开始认为我会请你喝酒的？"

表哥的神色很奇特，呼吸很急促，勉强笑道："我本不是来喝酒的。"

柳青青道："你想来干什么？"

表哥道："来报告一件消息。"

柳青青道："现在你为什么要喝？"

表哥叹了口气，道："因为这消息实在太坏了。"

坏消息总是会令人想喝酒，听的人想喝，说的人更想喝。

柳青青立刻将自己手里一杯酒递过去，等他喝完才问道："什么消息？"

表哥道："叶雪已入了通天阁。"

柳青青脸上立刻也露出种很奇怪的表情，过了很久，才转身面对陆小凤，缓缓道："错的好像不是我，是你。"

"通天阁是个什么样的地方？"

"是间木头屋子，就在通天崖上，通天崖就是后面山头那块高崖。"

"我好像从来没有看见过。"

"你当然没有见过，这木屋本就是临时盖起来的。"

"那里面有什么？"

"什么都没有，只有棺材和死人。"

幽灵山庄真正的死人只有一个。

"盖这间木屋是为了要停放叶孤鸿的灵柩？"

"不是为了要停放，是为了要烧了它。"

陆小凤的心已沉下去。

表哥道："阿雪到那里去，好像就是为了准备要和她哥哥葬在一起，火葬！"

03

阴沉沉的夜色，阴森森的山崖，那间孤零零的木屋在夜色中看来，就像是死灰色的。

平台般的崖石下，站着三个人，海奇阔、管家婆、老刀把子。

山风强劲，三个人的脸色全都阴沉如夜色。

木屋的四周，已堆起了枯枝。

陆小凤让表哥和柳青青走过去参加他们，自己却远远就停下来。

他的心很乱，他必须先冷静冷静。

柳青青已经在问："她进去了多久？"

老刀把子道："很久了。"

柳青青道："谁先发现她在这里？"

老刀把子道："没有人发现，是她要我来的，她叫在这里守夜的人去叫我，因为她还有最后一句话要告诉我。"

柳青青道："她说什么？"

老刀把子握紧双拳，道："她要我找出真凶，为她哥哥复仇！"

柳青青道："她说这是她最后一句话？"

老刀把子点点头，脸色更沉重，黯然道："她已经准备死。"

柳青青道："你为什么不去劝她？"

老刀把子道："她说只要我上去，她就立刻死在我面前。"

柳青青没有再问，她当然也知道叶雪是个说话算数的人，而且从来不会因为任何事改变主意。

风更冷，仿佛隐约可以听见一阵阵哭泣声。

柳青青忍不住激灵灵打了个寒噤，道："我们难道就这样看着她死？"

老刀把子压低声音，道："我正在等你们来，你们也许能救她。"

柳青青道："你要我们偷偷溜上去？"

老刀把子道："你们两个人的轻功最高，趁着风大的时候上去，阿雪绝不会发觉。"

柳青青道："然后呢？"

老刀把子道："表哥先绕到后面去，破壁而入，你在前面门口等着，她看见表哥时，就算不出手也会争吵起来的，你就要立刻冲进去抱住她。"

柳青青沉吟着，道："这法子不好。"

老刀把子冷冷道："你能想得出更好的法子？"

柳青青想不出，所以她只有上去。

她的轻功果然不错，表哥也不比她差，事实上，两个人的确都已可算是顶尖高手，五六丈高的山崖，他们很容易就攀越上去。

木屋中还是一片黑暗死寂，叶雪果然没有发现他们的行动。

柳青青悄悄打了个手势，表哥就从后面绕了过去，然后就是"轰"的一响。

用易燃的木料搭成的屋子，要破壁而入并不难。

可是这"轰"的一响后，接着立刻就是一声惨呼，在这夜半寒风中听来，分外凄厉。

夜色中隐约仿佛有剑光一闪，一个人从山崖上飞落下来，重重跌在地上，半边身子鲜血淋漓，竟是表哥。

只听叶雪的声音从风中传来："花寡妇，你还不走，我就要你陪我一起死。"

她的声音又尖锐、又急躁："你最好回去告诉老刀把子，他若不想再多伤人命，最好就不要再叫人上来，反正我是绝不会活着走出这里的。"

用不着柳青青传话,每个人都已听见了她的话,每个字都听得很清楚。

老刀把子双拳紧握,目光刀锋般从竹笠后瞪着表哥,厉声道:"你是巴山顾道人的徒弟,你一向认为自己武功很不错,你为什么如此不中用?"

表哥握紧肩上的伤口,指缝间还有鲜血不停地涌出,额角上冷汗大如黄豆。

这一剑无疑伤得很重。

过了很久,他才能挣扎着开口说话:"她好像早就算准了我的行动,我一闯进去,她的剑已在那里等着了。"

老刀把子忽然仰面叹息,道:"我早就说过你们都不如她,游魂已死,将军重伤,我已少了两个高手,若是再少了她……"

他重重一跺脚,脚下的山石立刻碎裂。

就在这时,黑暗中忽然有人道:"也许我还有法子救她。"

来的是独孤美。

老刀把子道:"你有法子?什么法子?"

独孤美笑了笑,道:"可惜我是个六亲不认的人,当然绝不会无缘无故救人的。"

他笑得又卑鄙、又狡猾,老刀把子盯着他看了很久,才问:"你有什么条件?"

独孤美道:"我的条件很简单,我想要个老婆。"

老刀把子道:"你要谁?"

独孤美道:"叶家姐妹、花寡妇,随便谁都行。"

老刀把子道:"你的法子有效?"

独孤美道:"只要你答应,它就有效。"

老刀把子道："只要有效，我就答应。"

独孤美又笑了，道："我的法子也很简单，只要把陆小凤绑到崖上去，我可以证明他就是杀害叶孤鸿的真凶，因为当时我就在旁边看着，叶姑娘听了我的话，一定会忍不住要冲出来为她哥哥复仇，等到她亲手杀了陆小凤，当然就不会想死了。"

老刀把子静静地听着，忽然问道："陆小凤岂非是你带来的？"

独孤美笑道："那时我只不过偶然良心发现了一次而已，我有良心的时候并不多。"

老刀把子又沉默了很久，慢慢地点了点头，道："你这法子听来好像很不错。"

这句话刚说完，他已出手，轻轻一巴掌就已将独孤美打得烂泥般瘫在地上。

独孤美大叫："我这法子既然不错，你为什么要打我？"

老刀把子冷冷道："法子虽不错，你这人却错了。"

他第二次出手，独孤美就已叫不出，他的出手既不太快，也不太重，但却绝对准确有效。

陆小凤还是远远地站着，老刀把子忽然走过去，拍了拍他的肩，道："你跟我来！"

山坳后更黑暗，走到最黑暗处，老刀把子才停下，转身面对陆小凤，缓缓道："独孤美的法子本来的确很有效，我为什么不用？"

陆小凤道："因为你知道我不是真凶。"

老刀把子道："不对。"

陆小凤道："因为你也需要我？"

老刀把子道："对了。"

他们彼此都知道自己在对方面前完全不必说谎，因为他们都是很不容易被欺骗的人,这使得他们之间有了种几乎已接近友谊的互相谅解。

老刀把子道:"我已是个老人,我懂得良机一失,永不再来,所以……"

陆小凤道:"所以你需要我,因为你的机会已快要来了!"

老刀把子直视着他,缓缓道:"我也需要叶雪,因为我要做的是件大事,你们都已是我计划中不能缺少的人。"

陆小凤道:"你要我去救她?"

老刀把子点点头,道:"世上假如还有一个人能让她活下去,这人就是你。"

陆小凤道:"好,我去,可是我也有条件。"

老刀把子道:"你说。"

陆小凤道:"我要你给我二十四个时辰,在这期限中,无论我做什么你都不能干涉。"

老刀把子道:"我知道你做事一向喜欢用你自己的法子。"

陆小凤道:"从现在开始,我不要任何人逗留在能够看得见我的地方,只要你答应,两天之后,我一定会带她去见你。"

老刀把子道:"那时她还活着?"

陆小凤道:"我保证。"

老刀把子不再考虑:"我答应。"

04

人都已走了，山崖上空荡阴森，死灰色的木屋在黑暗中看来就像是孤寂的鬼魂。

陆小凤迎着风走过去，山风又湿又冷，这鬼地方为什么总是有雾？

还没有走得太近，木屋里已传出叶雪的声音，又湿又冷的声音："什么人？"

陆小凤道："你应该知道我是什么人，我看不见你，你却看得见我。"

沉寂很久后，回答只有一个字："滚！"

陆小凤道："你不想见我？"

回答还是那个字："滚。"

陆小凤道："你不想见我，为什么一直还在等我？"

木屋里又是一阵沉寂，陆小凤道："你知道我迟早一定会来的，所以你还没有死。"

他说得很慢，走得很快，忽然间就到了木屋门前："所以我现在就要推门走进去，这次我保证附近绝没有第二个人。"

他推开了门。

木屋里更阴森黑暗，只看见一双发亮的眼睛，眼睛里带着种无法描述的表情，也不知是悲痛？是伤感？还是仇恨？

陆小凤远远停下，道："你没有话对我说？"

哭泣早已停止，眼睛却又潮湿。

陆小凤道："其实你不说我也知道，你这么做并不是完全为了我，只不过因为你要的东西,从没有被人抢走过。"

黑暗中又有寒光闪起,仿佛是剑锋。

她是想杀了陆小凤?还是想死在陆小凤面前?

陆小凤掌心已捏起冷汗,这一刻正是最重要的关头,只要有一点错误,他们两个人中就至少有一个要死在这里。

他绝不能做错一件事,绝不能说错一个字。

黑暗中忽然又响起叶雪的声音:"我这么样做,只因为世上已没有一个人值得我活下去。"

陆小凤道:"还有一个人,至少还有一个。"

叶雪果然忍不住问:"谁?"

陆小凤道:"你父亲。"

他不让叶雪开口,很快地接着道:"你父亲并没有死,我昨天晚上还见过他。"

叶雪忽然冷笑,道:"你凭什么要我相信你这种鬼话?"

陆小凤道:"这不是鬼话,现在我就可以带你去找他。"

叶雪已经在犹豫:"你能找得到?"

陆小凤道:"十二个时辰内若找不到,我负责再送你回来,让你安安静静地死。"

叶雪终于被打动:"好,我就再相信你这一次。"

陆小凤松了口气,道:"你一定不会后悔的。"

忽然间,寒光一闪,冰冷的剑锋已迫在眉睫,叶雪的声音比剑锋更冷:"这次你再骗我,我就要你跟我一起死!"

黑暗的山谷,幽秘的丛林,对陆小凤来说,这一切都不陌生,就像是他身旁的女人一样,有时虽然很可怕,却又有种无法抗拒的吸引力。

这次他没有迷路。他回去的时候，已经准备再来。

叶雪默默地走在他身旁，苍白的脸，冰冷的眼神，显然已决心要跟他保持一段距离。

可是这种幽秘黑暗的山林里，无论什么事都会改变的。

他们已走了很久，风中又传来沼泽的气息，陆小凤忽然停下来，面对着她："昨天我就在这附近看见他的。"

叶雪道："现在他的人呢？"

陆小凤道："不知道。"

叶雪的手握紧。

陆小凤道："我只知道他在前面的沼泽里，可是我们一定要等到天亮再去找。"

他坐下来："我们就在这里等。"

叶雪冷冷地看着他，冷冷道："我说过，这次你若再骗我……"

陆小凤打断她的话："我从来没有骗过你，也许就因为我不肯骗你，所以你才恨我。"

叶雪转过头，不再看他，冷漠美丽的眼睛忽然露出倦意。

她的确已很疲倦，身心都很疲倦，可是她坚决不肯坐下去，她一定要保持清醒。

陆小凤却已躺在柔软的落叶上，闭起了眼睛。

他闭上眼睛后，叶雪就在瞪着他，也不知过了多久。她的嘴唇忽然开始发抖，然后整个人都在发抖，就仿佛忽然想起件很可怕的事。

她用力咬着嘴唇，尽力想控制自己，怎奈这地方实在太静，静得让人发疯，她想到的事恰巧又是任何女人都不能忍受的。

她忽然冲过去，一脚踢在陆小凤胁骨上，嘶声道："我恨你，我恨你……"

陆小凤终于张开眼，吃惊地看着她。

叶雪喘息着道:"昨天晚上你跟我妹妹一定就在这里,今天你又带我来,你……你……"

她的声音嘶哑,眼睛里似已露出疯狂之色,去扼陆小凤的咽喉。

陆小凤只有捉住她的手,她用力,他只有更用力。

两个人在柔软的落叶上不停翻滚挣扎,陆小凤忽然发现自己已压在她身上。

她的喘息剧烈,身子却比落叶更柔软,她已用尽了所有的力量。

然后她就忽然安静了下来,放弃了一切挣扎和反抗,等她再张开眼睛看陆小凤时,眼睛里已充满了泪水。

天地间如此安静,如此黑暗,他们之间的距离如此接近。

陆小凤的心忽然变得像是蜜糖中的果子般软化了,所有的痛苦和仇恨,在这一瞬间都已被遗忘。

泪水涌出,流过她苍白的面颊,他正想用自己干燥的嘴唇去吸干。

就在这时,从沼泽那边吹来的冷风中,忽然带来了一阵歌声。

悲怆的歌声,足以令人想起所有的痛苦和仇恨。

叶雪的呼吸停顿:"是他?"

陆小凤在心里叹了口气:"好像是的。"

叶雪又咬起嘴唇:"也许他知道我们已来了,正在叫我们去?"

陆小凤默默地站起来,拉起了她的手,就好像从水里拉起个几乎被淹死的人。

在他的感觉中,这个几乎被淹死的并不是叶雪,而是他自己。

05

除了烂泥外，沼泽里还有什么？腐烂的树叶和毒草、崩落的岩石、无数种不知名的昆虫和毒蛇、吸血的蚊蚋和蚂蟥……

在这无奇不有的沼泽里，你甚至可以找到成千上百种稀奇古怪的东西，而且可以保证绝没有一种不是令人作呕的。

可是在黑暗中看来，这令人作呕的沼泽却忽然变得有种说不出的美，除了那一阵阵连黑暗都掩饰不了的恶臭外，美得几乎就像是个神秘而宁静的湖泊。

悲歌已停止，陆小凤也没有再往前走。

他不得不停下来，因为他刚才已一脚踩在湿泥里，整个人都险些被吸了下去。

就像是罪恶一样，沼泽里仿佛也有种邪淫的吸力，只要你一陷下去，就只有沉沦到底。

叶雪的脸色更苍白："你说他这些年来一直都躲在这里？"

陆小凤点点头。

叶雪道："他怎么能在这地方活下去？"

陆小凤道："因为他不想死。"他的声音中也带着伤感，"一个人若是真的想活下去，无论多大的痛苦都可以忍受的。"

这是句很简单的话，但却有很复杂深奥的道理，只有饱尝痛苦经验的人才能了解。

黑暗中有人在叹息："你说得不错，却做错了，你不该带别人来的。"

嘶哑苦涩的声音听来并不陌生，叶雪的手已冰冷。

陆小凤紧握住她的手，道："这不是别人，是你的女儿。"

看不见人，听不见回应，他面对着黑暗的沼泽，大声接着道："你虽然不想让她看见你，但是你至少应该看看她，她已经长大了。"

影子的声音忽然打断他的话："她是不是还像以前那么样，喜欢一个人躲在黑房里，好让别人找不到她？"

这是她的秘密，她天生就有一双能在黑暗中视物的眼睛。

她喜欢躲在黑暗里，因为她知道别人看不见她，她却能看得见别人。

知道这秘密的人并不多，她身子忽然抽紧。

陆小凤道："你已听出他是谁？"

叶雪点点头，忽然大声道："你不让我看看你，我就死在这里。"

又是一阵静寂，黑暗中终于出现了一团黑影，竟是形式奇特的船屋，不但可以漂浮在沼泽上，还可以行走移动。

"你一定要见我？"

"一定。"叶雪回答得很坚决。

"陆小凤，你不该带她来的，真的不该。"

影子在叹息，没有人能比他更了解他女儿的骄傲和倔强。

"我可以让你再见我一面，但是你一定会后悔的，因为我已不是从前……"

叶雪大声道："无论你变成什么样子，你都是我爹，在我心里，你永远都不会变的，你永远都是天下最英俊，对我最好的男人。"

漂浮移动的船屋已渐渐近了，到了两丈之内，叶雪就纵身跃了上去。

陆小凤没有拦阻，他看得出他们父女之间必定有极深厚密切的感情。

他忽然想到自己的父母，想到他自己这一生中的孤独和寂寞。

一声惊呼，打断了他的思绪。

呼声是从船屋中传出来的，是叶雪的声音，船屋又漂走了，渐渐又将消失在黑暗中。

陆小凤失声道："你不能带她走。"

影子在笑："她既然是我女儿，我为什么不能带她走？"

笑声中充满了讥消恶毒之意。

陆小凤全身冰冷，他忽然发现了一件可怕的事：'你不是她的父亲！"

影子曼声而吟："渭水之东，玉树临风……"

陆小凤道："我知道你就是'玉树剑客'叶凌风，但你却不是她的父亲。"

影子大笑："不管我是她的什么人，反正我已将她带走，回去告诉老刀把子，他若想要人，叫他自己来要。"

笑声渐远，船屋也不见了，神秘的沼泽又恢复了它的黑暗宁静。

陆小凤木立在黑暗中，过了很久，忽然长长叹息，道："我不必回去告诉你，他说的话，你每个字都应该听得很清楚。"

他并不是自言自语，船屋远去的时候，他就知道老刀把子已到了他身后。

他用不着回头去看就已知道。

老刀把子果然来了，也长长叹息一声，道："他说的我全都听见，可是我一直跟你保持着很远的距离，也没有干涉你的行动。"

陆小凤道："我知道你是个言而有信的人。"

老刀把子道："你还知道什么？"

陆小凤霍然转身，盯着他："阿雪并不是叶凌风的女儿，是你的。"

老刀把子既不否认，也没有承认。

陆小凤道:"就因为叶凌风知道了这件事,所以你才要杀他。"

老刀把子笑了笑,笑声艰涩:"我想不到他居然没有死。"

陆小凤道:"他活着虽然比死更痛苦,却一直咬着牙忍受。"

老刀把子道:"因为他要复仇。"

陆小凤道:"可是他不敢去找你,只有用法子要你去找他,这地区他比你熟,而且又有阿雪做人质,他的机会比你好得多。"

老刀把子冷冷道:"我本来以为你绝不会上当,想不到结果还是受了别人利用。"

陆小凤道:"幸好我们的期限还没有到。"

老刀把子道:"你有把握在限期之前把她找回来?"

陆小凤道:"我没有把握,但我一定要去。"

老刀把子道:"你准备怎么去?像泥鳅一样从烂泥中钻过去?"

陆小凤道:"我可以做个木筏。"

老刀把子沉吟着,道:"你做的木筏能载得动两个人?"

陆小凤道:"只有两个人一起动手做的木筏,才能载得动两个人。"

老刀把子笑了:"看来你这个人倒真是从来不肯吃亏的。"

沼泽旁本有丛林,两个人一起动手,片刻间就砍倒了十七八棵树——不是用刀砍,是用手砍。

老刀把子道:"你来剥树上的枝叶,我去找绳子。"

陆小凤苦笑道:"跟你这种人在一起做事,想不吃亏都不行。"

他虽然明知道自己的差使比较苦,也只有认命,因为他不知道要到哪里去才能找得到绳子。

老刀把子也同样找不到,他刚俯下身,老刀把子的掌锋已切在他后颈,他也就像是一棵树般倒下去。

天色阴暗,还是有雾。

屋里没有人，床头的小几上有一樽酒，酒盏下压着张短笺："一时失手，误伤尊颈，且喜有酒，可以压惊，醒时不妨先作小饮，午时前后再来相晤。"

看完了这短笺，陆小凤才发现自己脖子痛得连回头都很难。

这当然不是老刀把子失手误伤的。可是老刀把子为什么要暗算他？为什么不让他去救叶雪？

这其中还有什么不可告人的秘密？他想不通，所以他干脆不想，拿起酒瓶，就往嘴里倒。

半瓶酒下肚，外面忽然有狗叫的声音，开始时只有一条狗，忽然间就已变成七八条，大狗小狗公狗母狗都有，叫得热闹极了。

这幽秘的山谷中，怎么会忽然来了这么多狗？

陆小凤忍不住要去看看，刚走过去推开门，又不禁怔住。

外面连一条狗都没有，只有一个人。

一个又瘦又干的黑衣人，脸色蜡黄，一双眼睛却灼灼有光。

陆小凤叹了口气，苦笑道："你究竟是人？还是狗？"

犬郎君道："既不是人，也不是狗。"

陆小凤道："你是什么东西？"

犬郎君道："我也不是东西，所以才来找你。"

陆小凤道："找我干什么？"

犬郎君道："你答应我一件事，我告诉你两个消息。"

陆小凤道："是好消息？还是坏消息？"

犬郎君笑了，道："从我嘴里说出来的，哪有好消息？"

陆小凤也笑了，忽然闪电般出手，用两根手指夹住了他的鼻子。

武林中最有价值的两根手指，江湖中最有名的无双绝技。

犬郎君根本无法闪避，就算明明知道这两根手指会夹过来，还是无法闪避。

陆小凤微笑道:"据说狗的鼻子最灵,没有鼻子的狗,日子一定不太好过的。"

犬郎君蜡黄色的脸已涨红,连气都透不过来。

陆小凤放开了手,道:"先说你的消息。"

犬郎君长长透了口气,道:"什么消息?"

陆小凤又笑了,忽然又闪电般出手,用两根手指夹住了一个鼻子。

犬郎君还是躲不开。

陆小凤又放开了手,微笑道:"你说是什么消息?"

这次犬郎君只有说实话,因为他已明白一件事——只要陆小凤出手,随时随刻都可以夹住他的鼻子,就好像老叫花子抓虱子一样容易。

"将军快死了,小叶不见了。"

这就是他说出来的消息,消息实在不好。

陆小凤道:"没有人知道小叶到哪里去了?"

犬郎君苦笑道:"连狗都不知道,何况人?"

陆小凤道:"将军呢?"

犬郎君道:"将军在等死。"

陆小凤道:"我知道自己出手的分量,我并没有要他死。"

犬郎君道:"除了你之外,这里还有别的人。"

陆小凤道:"别人杀了他,这笔账还是要算在我的头上?"

犬郎君道:"所以你应该明白我是好意,将军跟老刀把子一向有交情。"

陆小凤道:"所以我也应该答应你的事?"

犬郎君道:"我只不过要你走的时候带我走。"

陆小凤道:"就是这件事?"

犬郎君道:"对你来说,这是件小事,对我却是件大事。"

陆小凤道："好，我答应。"

犬郎君忽然跪下去，重重地磕了三个头，仰天吐出口气，道："只可惜我没有尾巴，否则我一见到你至少摇三次。"

陆小凤道："将军在哪里等死？"

犬郎君道："将军当然在将军府。"

将军府外一片丛林，犬郎君已走了，丛林中却有人像狗一样在喘息。

能喘息还是幸运的，将军的呼吸已停顿。

一个人喘息着，骑在他身上，用一双手扼住了他的咽喉。

这个人赫然竟是独孤美。

陆小凤冲过去，反手一掌将他打得飞了出去，将军面如金纸，心仿佛还在跳，眼还没有闭，乞怜地看着陆小凤，好像有话要说，一个人在临死前说出的话，通常都是很大的秘密。

可惜他连一个字都没有说出来，陆小凤俯下身时，他的心跳已停止。

独孤美还在喘息。

陆小凤一把揪起他，道："你们有仇？"

独孤美摇头。

陆小凤道："他要杀你？"

独孤美摇头。

陆小凤道："那么你为何要杀他？"

独孤美看着他，喘息渐渐平静，目光渐渐锐利，忽然反问道："你真的以为我就是'六亲不认'独孤美？"

无论谁都想不到他会忽然问出这句话，陆小凤也很意外："你不是？"

独孤美叹了口气，忽然又说出句令人吃惊的话："把我的裤子脱下来。"

陆小凤也盯着他看了很久，忽然笑了笑道："我从来没有脱过男人的裤子，可是这次我要破例了。"

独孤美已是个老人，他臀部的肌肉却仍然显得结实而年轻。

"你有没有看见上面的一个瘤？"

陆小凤当然不会看不见，这个瘤已大得足够让一里外的人都看得很清楚。

独孤美道："用这把刀割开它。"

一把刀递过来，刀锋雪亮。

陆小凤这一生中也不知做过多少离奇古怪的事，可是他接过这把刀时，还是忍不住迟疑了很久才能割下去。

鲜血飞溅，一颗金丸随着鲜血从割开了的肉瘤中迸出来。

独孤美道："再割开这个球。"

一刀割下去，才发现这金丸是用蜡做的，包着金纸，里面藏着块黄绢，上面写着："武当掌门座下第四名弟子孙不变，奉谕易容改扮，查访叛徒行踪，此谕。"

下面不但有武当掌教的大印，还有掌门石真人的亲笔花押。

独孤美道："这就是掌门真人要我在危急中用来证明身份的。"

陆小凤吃惊地看着他，终于叹了口气，道："看来你好像真的不是独孤美。"

孙不变道："未入武当前，我本是花四姑门下的弟子，花家的易容术妙绝天下，可是为了小心谨慎，我又投身到独孤美门下为奴，整整花了十个月工夫去学他的声容神态，直等到我自己觉得万无一失的时候才出手。"

陆小凤道："你杀了他？"

孙不变点点头，道："我绝不能让任何人再找到另一个独孤美。"

陆小凤道："你要查访的叛徒是谁？"

孙不变道："第一个就是石鹤。"

陆小凤道："现在你已找到他？"

孙不变道："那也多亏了你。"

陆小凤道："钟无骨是死在你手里的？"

孙不变道："他也是武当的叛徒，我绝不能让他活着。"

陆小凤目光闪动，道："玉树剑客叶凌风早年是不是也曾在武当门下？"

孙不变道："他跟钟无骨都是武当的俗家弟子，都是被先祖师梅真人逐出门墙的。"

梅真人是木道人的师兄，执掌武当门户十七年，才传给现在的掌门石雁。

孙不变道："我们研究很久，都认为只有用独孤美的身份作掩护最安全，只可惜……"

陆小凤道："只可惜你的秘密还是被将军发现了。"

孙不变苦笑道："大家都认为他受的伤很重，我也几乎被骗过，谁知躲在将军府养伤的那个人竟不是他，他一直都在盯着我。"

陆小凤道："你怎么会露出破绽的？"

孙不变道："他本是独孤美的老友，他知道独孤美早年的很多秘密，我却不知道，他用话套住了我，我只有杀了他灭口。"

陆小凤道："你为什么要将这秘密告诉我？"

孙不变道："现在时机危急，我已不能不说，我不但要你为我保守这个秘密，还要你助我一臂之力，这地方我已无法存身，一定要尽快赶回武当去。"

他勉强笑了笑，又道："我当然也早就看出了你不是出卖朋友的人，我始终不相信你真的会勾引西门吹雪的妻子，那一定是你们故意演的一出戏，因为你们也想揭破这幽灵山庄的秘密。"

陆小凤又盯着他看了很久，忽然长长叹息，道："可惜可惜，实在可惜。"

孙不变道："可惜什么？"

陆小凤道："可惜你看错了人。"

孙不变脸色已变，厉声道："你难道忘了是谁带你进来的？"

陆小凤冷冷道："我没有忘，我也没有忘记你在这两天已害过我三次，若不是老刀把子，我已死在你手里。"

孙不变道："难道你看不出那是我故意做给他们看的？"

陆小凤道："我看不出。"

孙不变盯着他，忽然也长长叹息，道："好，你很好。"

陆小凤道："我不好，一点也不好！"

孙不变道："那么你就该死！"

喝声中，他的人已扑起，指尖距离陆小凤胸膛还有半尺，掌心突然向前一吐，直打玄玑穴，用的正是武当小天星掌力，而且认穴奇准。

只可惜他的掌力吐出时，陆小凤的玄玑穴早已不在那里，人也已不在那里。

孙不变手掌一翻，玄鸟划沙，平沙落雁，北雁南飞，一招三式，这种轻灵绵密的武当掌法在他手里使出来，不但极见功力，变化也真快。

陆小凤叹道："石道人门下的弟子，果然了得。"

这两句话说完，孙不变的招式又全都落空，无论他出手多快，陆小凤好像总能比他更快一步。

武当掌法运用的变化，陆小凤知道的好像并不比他少。

他忽然停住手，盯着陆小凤，道："你也练过武当功夫？"

陆小凤笑了笑，道："我没有练过武当功夫，可是我有很多武当朋友。"

孙不变眼睛里又露出一线希望，道："那么你更该帮我逃出去。"

陆小凤道："只可惜你不是我的朋友，你救我一次，害我三次，现在我又让了你八招，我们的账早已结清了。"

孙不变咬了咬牙，道："好，你出手吧！"

陆小凤道："我本来就已准备出手！"

他用的居然也是武当的小天星掌力，掌心吐出，打的也是玄玑穴。

孙不变引臂翻身，堪堪避开这一掌，陆小凤的左掌却已切在他后颈的大血管上。

他倒下去时，还在吃惊地看着陆小凤。

陆小凤微笑道："你不知道我有两只手？"

孙不变当然知道，但他却想不到一个人的手竟能有这么快的动作。

06

老刀把子坐在他那张陈旧而宽大的木椅上，看着陆小凤，看来仿佛很愉快。

旧木椅就好像老朋友一样，总是能让人觉得很舒服、很愉快的。

只可惜陆小凤还是看不见他的脸。

孙不变就在他面前，他却连看都没有看一眼，他对陆小凤的兴趣显然比对任何人都浓厚。

陆小凤道："这个人是奸细，从武当来的奸细。"

老刀把子道:"你为什么不杀了他?"

陆小凤道:"我无权杀人,也不想杀人。"

老刀把子道:"那么你就该放了他。"

陆小凤很意外:"放了他?"

老刀把子淡淡道:"真正的奸细都早已死了,从来没有一个能在这里活过三天的。"

陆小凤道:"难道他不是?"

老刀把子道:"他当然是个奸细,却不是武当的奸细,是我的,很多年前我就送他到武当去卧底。"

陆小凤怔住。

老刀把子却在笑,笑得很愉快:"不管怎么样,你都该谢谢他。"

陆小凤道:"我为什么要谢他?"

老刀把子道:"就因为他,我才真正完全信任你。"

陆小凤道:"他也是你派去试探我的?"

老刀把子微笑道:"有些人天生就是奸细,你只能让他去做奸细做的事,而且永远不会失望。"

陆小凤道:"这个人就是天生的奸细?"

老刀把子道:"从头到尾都是的。"

陆小凤叹了口气,忽然一脚将孙不变踢得球一般滚了出去。

老刀把子也叹了口气道:"做奸细只有这一点坏处,这种人就好像驴子,时常都会被人踢两脚的。"

陆小凤道:"我只踢了一脚。"

老刀把子道:"还有一脚你准备踢谁?"

陆小凤道:"踢我自己。"

老刀把子道:"你也是奸细?"

陆小凤道:"我不是奸细,我只不过是条驴子,奇笨无比的笨驴子。"他显得很气愤，"因为想拼命去救人家的女儿，换来的却是一巴掌，而且刚好砍在我脖子上。"

老刀把子又叹了口气，道："其实你自己也该知道我绝不能让你去救她。"

陆小凤道："我不知道。"

老刀把子道："那沼泽里不但到处都有杀人的陷阱，而且还有流沙，一陷下去，就尸骨无存，我怎么能让你去冒险？"

陆小凤道："为什么不能？"

老刀把子道："因为我需要你，将军和钟无骨都已死了，现在你已是我的右臂，若是再失去这条右臂，我计划多时的大事，只怕就要成为泡影。"

陆小凤道："你的意思是不是说，现在你已少不了我？"

他说话的方式很奇特，也很谨慎，本来他只用六个字就可以说完的话，这次却用了十六个字。

老刀把子的回答却简单而干脆："是的。"

陆小凤笑了，就在他开始笑的时候，他身子已飞鹰般掠起，他的手就是鹰爪。

鹰爪的猎物却是老刀把子头上的竹笠。

老刀把子还是坐着没有动，他却抓空了。

就算是最灵敏狡猾的狐兔，也很难逃脱鹰爪的一抓，他的出手绝对比鹰爪更迅速准确。

可是他抓空了，因为老刀把子连人带椅都已滑了出去，就像是急流上的皮筏般忽然滑了出去，那沉重的木椅就好像已粘在他身上。

陆小凤叹了口气，身子飘落，他知道这一击不中，第二次更难得手。

老刀把子道："你想看看我？"

陆小凤苦笑道："你要我为你去死，至少应该让我看看你是什么人。"

老刀把子道："我不好看，我也不想要你为我死，这件事成功后对大家都有利。"

陆小凤道："若是不成呢？"

老刀把子淡淡道："你就算死了，也没有什么损失，你本来就已应该是个死人。"

陆小凤道："你创立这幽灵山庄，就是为了要找人来替你冒险？"

老刀把子道："到这里来的人，本来都已应该死过一次，再死一次又何妨？"

陆小凤道："死过一次的人，也许更怕死。"

老刀把子同意这一点："可是在这里躲着，跟死有什么分别？"

陆小凤叹了口气，他承认分别的确不大。

老刀把子刀锋般的目光在竹笠后盯着他："你愿不愿意在这里耽一辈子？"

陆小凤立刻摇头。

老刀把子道："除了我们外，这里还有三十七位客人，你好像都已见过，你看出了什么？"

陆小凤苦笑道："我什么都没有看出来。"

老刀把子显然很满意："你当然看不出的，因为大家的棱角都已被磨圆了，看起来都是很平凡庸碌的人。"

陆小凤道："可是他们……"

老刀把子道："能到这里来的，每个人都是好手，每个人都有段辉煌的历史，都跟你一样，不甘寂寞，谁也不愿意在这里耽一辈子。"

他的声音很愉快："大家唯一能重见天日的机会，就是做成这件事。"

陆小凤终于问道:"这件事究竟是什么事?"

老刀把子道:"你很快就会知道的。"

陆小凤道:"很快是什么时候?"

老刀把子道:"就是现在。"

这句话刚说完,外面已有钟声响起,老刀把子站起来,声音更愉快:"可是我们一定要先吃饭,今天中午这顿饭我保证你一定会满意的。"

07

菜很多,酒却很少,老刀把子显然希望每个人都保持清醒。

可是他自己却喝了用金樽装着的大半杯波斯葡萄酒,后来居然还添了一次。

这是陆小凤第一次看他喝酒。

"对他说来,今天一定是个大日子。"陆小凤心里在想,"为了等这一天,他一定已等了很久。"

大家都在低着头,默默地吃饭,却吃得很少,大部分都没有喝酒。

所以陆小凤就可以多喝一点,然后才能以愉快的眼神去打量这些人。

虽然大家穿的都是宽大保守的长袍,在大厅里阴暗的光线下看来,还是有几个人显得比较触目。

一个是长着满脸金钱癣的壮汉,两杯酒喝下去,就使得他脸上每块癣看来都像是枚发亮的铜钱。

一个是紫面长髯,看来竟有几分像是戏台上的关公。一个是脑满肠肥，肚子球一般凸出来。一个是相貌严肃，像是坐在刑堂上的法吏。一个满嘴牙都掉光了的老婆婆，吃得却比谁都多。

还有几个特别安静沉默的瘦削老人，他们令人触目，也许就因为他们的沉默。

除了柳青青外，年纪最轻的是个脸圆如盆，看来还像是孩童般的小矮子。年纪最大的，就是这几个安静沉默的黑衣老人。

陆小凤试探着，想从记忆中找出这些人的来历。他第一个想到的，当然就是"金钱豹"花魁。

这个人身材高大，酒喝得不比陆小凤少，动作仿佛很迟钝，满脸的癣使他看起来显得甚至有点滑稽。

可是等到他暗器出手时，就绝不会再有人觉得滑稽了。

江南花家是江湖中最负盛名的暗器世家，他就是花家嫡系子弟。

有人甚至说他的暗器功夫已可排名在天下前三名之内。

陆小凤也已注意到，他的酒喝得虽多，一双手却仍然很稳。

那个法吏般严肃的人，是不是昔年黑道七十二寨的刑堂总堂主"辣手追魂"杜铁心？

那老婆婆是不是"秦岭双猿"中的母猿？只为了一颗在传说中可以延年益寿的异种蟠桃，就割断了她老公"圣手仙猿"娄大圣的脖子。

那几个从来没有说过话的黑衣老人是谁？还有那圆脸大头的小矮子？

陆小凤没有再想下去，因为柳青青正在悄悄地拉他衣角，悄悄地问："你老婆呢？"

陆小凤怔了怔，才想起她问的是叶灵："听说她不见了。"

柳青青道："你想不想知道她在哪里？"

陆小凤道："不想。"

柳青青撇了撇嘴，故意叹息："男人果然没有一个好东西，可是我偏要告诉你。"她声音更低，"现在她一定在水里。"

陆小凤不懂："她怎么会在水里？你怎么知道她在水里？"

柳青青道："因为她偷了人家一件如意鱼皮水靠，和四对分水飞鱼刺才走的。"

陆小凤更吃惊，令他吃惊的有两件事：

——水靠和飞鱼刺不一定要在水里才有用，在沼泽的烂泥里也同样用得着。

叶灵是不是找她姐姐去了？她怎么会知道沼泽里发生的那些事？

——如意水靠和飞鱼刺是江湖中很有名的利器，属于一个很有名的人。

"飞鱼岛主"于还不但名动七海，在中原武林也很有名，不但水性极高，剑法也不弱。

这个人如果还没有死，如果也在这里，应该也很触目。可是陆小凤并没有发现他。

柳青青还在等他的反应，所以一直没有开口。

陆小凤沉吟着，终于问道："这件事老刀把子知不知道？"

柳青青笑了笑，道："这里好像还没有他不知道的事。"

——叶灵去找她姐姐，难道也是老刀把子授意的？否则她怎么会知道叶雪的行踪？

陆小凤没有再问别的，因为他忽然发现有个人已无声无息地到了他们身后。

他回过头，就看见了一张没有脸的脸，赫然正是那从不露面的勾魂使者。

大厅里气氛更沉重严肃，大家对这个没有脸的人仿佛都有些畏惧。

他没有坐下，只是动也不动站在老刀把子身后。

他腰上佩着剑。形式古雅的剑鞘上，有七个刀疤般的印子，本来上面显然镶着有珠玉宝石。

这是不是武当派中，唯有掌门人能佩带的七星宝剑！

就在这时，海奇阔忽然站起来，用洪钟般的声音宣布："天雷行动已开始！"

第十一章

天雷行动

01

天雷行动的计划中,分四个步骤——

第一步是:选派人手,分配任务。

第二步是:易容改扮,分批下山。

第三步是:集合待命,准备出击。

第四步才是正式行动。

现在开始进行的只不过是第一步,进行的过程已令人胆战心惊。

大厅中气氛的沉重和紧张已达到顶点,老刀把子才站起来。

"这世界上有很多人早就该死了,却没有人敢去制裁他们,有很多事早就该做了,却没有人敢去做,现在我们就是要去对付这些人,去做这些事。"

陆小凤发现这个人的确是个天生的首领,不但沉着冷静,计划周密,而且口才极好,只用几句话就已将这次行动解释得很清楚。

"我们的行动就像是天上的雷霆霹雳一样,所以就叫作天雷行动。"

广阔的大厅中只能听到呼吸声和心跳声,每个人都在等着他说下去。

老刀把子的声音停顿了很久，就好像暴风雨前那片刻静寂，又好像特地要让大家心里有个准备，好听那一声石破天惊的雷霆霹雳。

"我们第一次要对付的有七个人。"他又停顿了一下，才说出这七个人的名字，"武当石雁、少林铁肩、丐帮王十袋、长江水上飞、雁荡高行空、巴山小顾道人，和十二连环坞的鹰眼老七。"

本已很静寂的大厅，更死寂如坟墓，连呼吸心跳声都已停止。

陆小凤虽然早知道他要做的是件大事，可是每听他说一个字，还是难免吃一惊。

过了很久，才有人开始擦汗、喝酒，还有几个人竟悄悄躲到桌下去呕吐。

老刀把子的声音却更镇定："这次行动若成功，不但必能令天下轰动，江湖侧目，而且对大家都有好处。"他再次停顿，"我已将这次行动的每一个细节都计划好，本该绝对有把握成功的，只可惜每件事都难免有意外，所以这次行动还是难免有危险，所以我也不勉强任何人参加。"

他目光扫视，穿透竹笠，刀锋般从每个人脸上掠过："不愿参加的人，现在就可以站起来，我绝不勉强。"

大厅中又是一阵静寂，老刀把子又缓缓坐下，居然又添了半杯酒。

陆小凤也忍不住去拿酒杯，才发现自己的掌心已开始冒汗。

直到这时，还没有一个人站起来，却忽然有人问："不愿参加的人，以后是不是还可以留在这里？"

老刀把子的回答很确定："是的，随便你要留多久都行。"

问话的人又迟疑片刻，终于慢慢地站起来，肚子也跟着凸出。

陆小凤忽然想起这个人是谁了，在二十年前，江湖中曾经有四怪，一个奇胖，一个奇瘦，一个奇高，一个奇矮。

奇胖如猪的那个人就叫作朱菲，倒过来念就成了"肥猪"。

可是认得他的人，都知道他非但不是猪，而且十分能干，跟他交过手的人，更不会认为他是猪，因为他不但出手快，而且手也狠，一手地趟刀法"满地开花八十一式"，更是武林少见的绝技。

陆小凤知道这个人一定就是朱菲，却想不到第一个站起来的人会是他。

朱菲并不是胆小怕死的人。

"可是我不能去。"他有理由，"因为我太胖，目标太明显，随便我怎么样易容改扮，别人还是一眼就可以认出我。"

这理由很不错。甚至老刀把子都不能不承认，却又不禁觉得很惋惜。

朱菲的地趟功夫，江湖中至今无人能及，这种人才老刀把子显然很需要。

可是他只不过轻轻叹了口气，并没有说什么。

所以别的人也有胆子站起来——有了第一个，当然就会有第二个，然后就愈来愈多。

老刀把子一直冷冷地看着，不动声色，直到第十三个人站起来，他才耸然动容。

这个人相貌平凡，表情呆板，看来并不起眼。

可是一个人若能令老刀把子耸然动容，当然绝对不会是个平凡的人物。

老刀把子道："你也不去？"

这人面上毫无表情，淡淡道："你说不去的人站起来，我已站起来。"

老刀把子道："你为什么不去？"

这人道:"因为我的水靠和鱼刺全不见了。"

这句话说出来,陆小凤也不禁耸然动容,他实在想不到这个平凡呆板的人,就是昔年南海群剑中名声仅次于白云城主的六位岛主之一。

这个人竟是"飞鱼岛主"于还!

在陆上,白云城主是名动天下的剑客,在水里,他却绝对比不上于还。

老刀把子的这次任务,显然也很需要一个水性精熟的人。

只听"啵"的一声,他手里的酒杯突然碎了,粉碎。

也就在这时,一声惨呼响起,坐在杜铁心身旁的一个人刚站起来,又倒下去,整个人扑倒在桌上,压碎了一片杯盏,酒汁四溢。然后大家就看见一股鲜血随着酒汁溢出,染红了桌布。

杜铁心手里的一双筷子也早已变成红的,当然也是被鲜血染红的。

于还霍然回头:"你杀了他?"

杜铁心承认:"这还是我第一次用筷子杀人。"

于还道:"你为什么杀他?"

杜铁心道:"因为他知道的秘密已太多,他活着,我们就可能会死。"

他用沾着血的筷子夹了块干贝,慢慢咀嚼,连眼睛都没有眨。

"辣手无情"杜铁心,本来就是个杀人不眨眼的狠角色。

于还盯着他,缓缓道:"他知道多少秘密,我也同样知道,你是不是也要杀了我?"

杜铁心冷冷道:"是的。"

他还是连眼睛都没有眨:"不去的人,一个都休想活着走出这屋子。"

于还脸色变了，还没有开口，已有人抢着道："这话若是老刀把子说的，我也认命了，可是你……"

他没有说下去，因为旁边已忽然有根筷子飞来，从他左耳穿进，右耳穿出。

那个没有牙的老婆婆手里的筷子已只剩下一根，正在叹着气喃喃自语："双木桥好走，独木桥难行，看来我只好用手抓着吃了。"

她果然用手抓起块排骨来，用仅有的两个牙齿啃得津津有味。

"哗啦啦"一声响，那耳朵里穿着筷子的人也倒了下去，压碎了一片碗盏。

本来站着的人已有几个想偷偷坐下。

杜铁心冷冷道："已经站起来的，就不许坐下。"

朱菲忍不住道："这是谁的意思？"

杜铁心道："是我们大家的意思。"

朱菲迟疑着，终于勉强笑了笑，道："其实我并不是不想去，只可惜我太胖了，若是我要去，除非把我像面条一样搓细点。"

杜铁心道："好，搓他！"

那个圆脸大头的小矮子忽然跳起来，大声道："我来搓。"

他的头大如斗，身子却又细又小，站着的时候，就像是半截竹筷子插着个圆柿子，实在很滑稽可笑。

朱菲却笑不出，连脸色都变了，这个人站在他面前就像是个孩子，他却对这个人怕得要命。

看看他脸上的惊惧之色，再看看这个人的头，陆小凤的脸色也变了。

难道这个人就是西极群鬼中，最心黑手辣的"大头鬼王"司空斗？

他没有看错，朱菲果然已喊出了这名字："司空斗，这件事与你无关，你想干什么？"

司空斗道："我想搓你。"

他手里也有双筷子，用两只手夹在掌心，就好像已将这双筷子当作了朱菲，用力搓了几搓，掌心忽然一股粉末白雪般落下来。

等他摊开手掌，筷子已不见了，他竟用一双孩子的小手，将这双可以当作利剑杀人的筷子，搓成了一堆粉末。

朱菲的脸已扭曲，整个人都仿佛软了，瘫在椅子上，可是等到司空斗作势扑起时，他忽然往桌下一钻，双肘膝盖一起用力，眨眼间已钻过了七八张桌子，动作之敏捷灵巧，无法形容。

只可惜桌子并不是张张都连接着的，司空斗已飞身而起，十指箕张，看准了他一从桌下钻出，立刻凌空下击。

谁知朱菲的动作更快，右肘一挺，又钻入了对面的桌下。

只听"噗"的一声，司空斗十指已洞穿桌面，等他的手拔出来，桌上就多了十个洞。

朱菲索性赖在桌下不出来了，司空斗右臂一扫，桌上的碗盏全被扫落，汤汁酒菜都洒在一个人身上，一个安静沉默的黑衣老人。

司空斗反手一掌，正想将桌子震散，突听一个人道："等一等。"

一双筷子伸过来，尖端朝上，指着他的脉门，司空斗这一掌若是拍下去，这只手就休想再动了。

幸好他反应还算快，立刻硬生生地挫住了掌势。

四个黑衣老者还是安安静静地坐在那里，冷冷地看着他。

司空斗好像直到现在才看见他们，咧开大嘴一笑道："能不能劳驾四位把桌子下那条肥猪踢出来？"

身上溅了酒汁的黑衣老者冷冷道："不能。"

司空斗道："你想护着他？"

黑衣老者道："你不犯我，我不犯人。"

司空斗道："谁犯了你？"

黑衣老者道："你。"

司空斗不笑了："犯了你又怎么样？"

黑衣老者道："人若是犯我，就不是人。"

司空斗道："谁不是人？"

黑衣老者道："你。"

司空斗冷笑道："我本就不是人，是鬼。"

黑衣老者道："也不是鬼，是畜生。"

他冷冷地接着道："我不杀你，只杀畜生，杀一两个畜生，不能算开杀戒。"

司空斗双拳一握，全身的骨节都响了起来，圆盆般的脸已变成铁青色。

老刀把子忽然道："这个人我还有用，吴先生放他一马如何？"

黑衣老者沉吟着，终于点头，道："好，我只要他一只手。"

司空斗又笑了，大笑，笑声如鬼哭。

他左手练的是白骨爪，右手练的黑鬼爪，每只手上都至少有二十年苦练的功力，要他的一只手等于要他的半条命。

黑衣老者道："我就要你的左手。"

司空斗道："好，我给你！"

"你"字出口，双爪齐出，一只手已变得雪白，另一只手却变成漆黑。

他已将二十年的功力全都使了出来，只要被他指尖一触，就算是石人也得多出十个洞。

黑衣老者还是端坐不动，只叹了口气，长袖流云般卷出。

只听"咯"的一响，如拗断萝卜，接着又是一声惨叫。

司空斗的人已经飞了出去，撞上墙壁，当他滑下来就不能动了，双手鲜血淋漓，十指都已经被拗断。

黑衣老者叹了口气，道："我本来只想要你一只手的。"

另一个白发老者冷冷道："只要一只手，用不着使出七成力。"

黑衣老者道："我已有多年未出手，力量已捏不准了，我也高估了他。"

白发老者道："所以你错了，畜生也是一条命，你还是开了杀戒。"

黑衣老者道："是，我错了，我佛慈悲。"

四个人同时双手合十，口诵佛号，慢慢地站了起来，面对老刀把子："我等先告退，面壁思过三日，以谢庄主。"

老刀把子居然也站起来，道："是他自寻死路，先生何必自责？"

黑衣老者道："庄主如有差遣，我等必来效命。"

老刀把子仿佛松了口气，立刻拱手道："请。"

黑衣老者道："请。"

四个人同时走出去，步履安详缓慢，走到陆小凤面前，忽然停下。

白发老者忽然问道："陆公子可曾见到苦瓜上人？"

陆小凤道："去年见过几次。"

白发老者道："上人妙手烹调，做出的素斋天下第一，陆公子的口福想必不浅。"

陆小凤道："是的。"

白发老者道："那么他的身子想必还健朗如前。"

陆小凤道："是的。"

白发老者双手合十，道："我佛慈悲，天佑善人……"

四个人同时口诵佛号，慢慢地走了出去，步履还是那么安稳。

陆小凤的脚却已冰冷。

他终于想出了这四个人的来历，看到老刀把子对他们的恭谨神情，看到那一手流云飞袖的威力，看到他们佛家礼数，他才想起来的。

他以前一直想不出，只因为他们已蓄了头发，易了僧衣，他当然不会想到他们是出家的和尚，更想不到他们就是少林寺的五罗汉。

五罗汉本是嫡亲的兄弟，同时削发为僧，投入少林，现在只剩下四个人，因为大哥无龙罗汉已死了。

他们在少年时就已纵横江湖，杀人无数，人称"龙、虎、狮、象、豹"五恶兽，每个人的一双手上都沾满血腥。

可是他们放下屠刀，立地成佛，恶名昭彰的五恶兽，从此变成了少林寺的五罗汉，无龙、无虎、无狮、无象、无豹，只有一片佛心。

无龙执掌藏经阁，俨然已有护法长老的身份，却不知为了什么，一夕忽然大醉，翻倒烛台，几乎将少林的中心重地藏经阁烧成一片平地。

掌门方丈震怒之下，除了罚他面壁十年之外，还责打了二十戒棍，无龙受辱，含恨而死。手足连心，剩下的四罗汉的佛心全部化作杀机，竟不惜蹈犯天条，去刺杀掌门。

江湖中人只知道他们那一次行刺并未得手，却没有人知道他们生死下落，更没有人知道早已洗心革面的无龙罗汉，怎么会忽然大醉的？

这件事已成了武林中的疑案之一，正如谁也不知道石鹤怎么会被逐出武当的。

可是陆小凤现在却已知道，无龙的大醉，必定和苦瓜和尚有关——要吃苦瓜和尚那天下无双的素席，总是难免要喝几杯的。

他们刚才再三探问苦瓜和尚的安好，想必就是希望他还活着，他们才好去亲手复仇。

刚才无豹乍一出手，就令人骨折命毙，可见他心中的怨毒已积了多深。

他们最恨的却还不是苦瓜，而是少林，就正如石鹤恨武当，高涛恨凤尾帮一样。

巴山矿藏极丰，而且据说还有金砂，顾飞云当然想将顾家道观的产业，从他的堂弟小顾道人手中夺回来。

海奇阔在海上已不能立足，当然想从水上飞手里夺取长江水面的霸业。

杜铁心与丐帮仇深如海，那紫面长髯的老者，很可能就是昔年和高行空争夺雁荡门户的"百胜刀王"关天武。

老刀把子这一次行动，正好将他们的冤家对头一网打尽，他们当然会全力以赴。

可是这些人大都已是一派宗主的身份，平日很难相聚，他们的门户所在地，距离又很远，怎么能在一次行动中就将他们一网打尽？

老刀把子已经在解释："四月十三日是已故去的武当掌门梅真人的忌日，也是石雁接掌门户的十周年庆典，据说他还要在这一天，立下继承武当道统的长门弟子。"他冷笑着，接着道："到了那一天，武当山当然是冠盖云集，热闹得很，铁肩和王十袋那些人，也一定都是会中的贵宾。"

"我们是不是已决定在那一天动手？"这句话陆小凤本来也想问的，杜铁心却抢先问了出来。

老刀把子点点头，道："所以我们一定要在四月十二日之前，就赶到武当去。"

可是他们这些人若是同时行动，用不着走出这片山区，就一定已轰动武林。

这次行动绝对机密，绝不能打草惊蛇。

"所以我们不但要分批去，而且每个人都要经过易容改扮。"

这些事老刀把子早已有了极周密的计划。

管家婆道:"行事的细节,由我为各位安排,完全用不着各位操心。"

老刀把子道:"我可以保证,负责各位易容改扮的,绝对是天下无双的好手,虽不能将各位脱胎换骨,改造成另外一个人,却绝对可以让别的人看不出各位的本来面目。"

现在唯一的问题是:"我们怎么样将兵刃带上山去?"

没有人能带兵刃上武当山,所有的武器都要留在觧剑池旁的解剑岩上。

老刀把子道:"但是我也可以保证,在那天晚上出手之前,每个人都可以到雪隐去找到一件自己称手的兵刃。"

娄老太太刚啃完一条鸡腿,就抢着问:"雪隐在哪里?"

老刀把子笑道:"雪隐就是隐所,也就是厕所的意思。"

娄老太太又问:"明明是厕所,为什么偏偏要叫雪隐?"

老刀把子道:"这是方外人用的名词,它的来历有两种说法。"

——"雪"就是雪窦山的明觉禅师,"隐"是杭州的灵隐寺,因为雪窦曾经在灵隐寺司厕职,所以寺刹即以雪隐称厕。

——因为福州的神僧雪峰义存,是在打扫隐所中获得大悟的,故有此名。

娄老太太还想再问,管家婆已送了盘烧鸡过去,让她用鸡腿塞住她自己的嘴。

要怎样才能塞住于还那些人的嘴?他们知道的秘密岂非已太多了?

这些人的脸上已全无血色,因为他们自己也知道处理这种事通常只有一种法子!

只有死人才不会泄露秘密。

要想在死中求活,通常也只有一种法子:"你要杀我灭口,我就先杀了你!"

于还突然跃起,就像是条跃出水面的飞鱼。

他的飞鱼刺有五对,叶灵只偷了四对,剩下的一对就在他衣袖里,现在已化作了两道闪电,直打老刀把子。

老刀把子没有动,他身后的石鹤却动了,七星皮鞘中的长剑已化作飞虹。

飞虹迎上了闪电,"叮、叮"两声响,闪电突然断了,两截钢刺半空中落了下来,飞虹也不见了,剑光已刺入于还的胸膛。

他看看手里剩下的两截飞鱼刺,再看看从前胸直刺而入的剑锋,然后才抬起头,看着面前这个没有脸的人,好像还不能相信这是真的。

石鹤也在冷冷地看着他,忽然问道:"我这一剑比叶孤城的天外飞仙如何?"

于还咬着牙,连一个字都没有说,扭曲的嘴角却露出种讥嘲的笑意,仿佛是在说:"叶孤城已死了,你就算比他强又如何?"

石鹤懂得他的意思,握剑的手突然转动,剑锋也跟着转动。

于还的脸立刻扭曲,忽然大吼一声,扑了上来,一股鲜血飙出,剑锋已穿胸而过。

陆小凤不忍再看,已经站起来的,还有几个没有倒下,他不能看着他们一个个死在眼前。

他悄悄地站起来,悄悄地走了出去。

雾又湿又冷,他深深地吸入了一口,将冷雾留在胸膛里。他必须冷静。

"你不喜欢杀人?"

这是老刀把子的声音,老刀把子也跟着他走了出来,也在呼吸着这冷而潮湿的雾气。

陆小凤淡淡道:"我喜欢喝酒,可是看别人喝酒就是另外一回事了。"

他没有回头去看老刀把子,但是他听得出老刀把子声音里带着笑意,显然对他的回答觉得很满意。

老刀把子已在说:"我也不喜欢看,无论什么事,自己动手去做总比较有趣些。"

陆小凤沉默着,忽然笑了笑,道:"有些事你却好像并不喜欢自己动手。"

老刀把子道:"哦?"

陆小凤道:"你知道叶灵偷了于还的水靠和飞鱼刺,你也知道她去干什么,但你却没有阻止。"

老刀把子承认:"我没有。"

陆小凤道:"你不让我去救叶雪,你自己也不去,为什么让她去?"

老刀把子道:"因为我知道叶凌风绝不会伤害她的。"

陆小凤道:"你能确定?"

老刀把子点点头,声音忽然变得嘶哑:"因为她才是叶凌风亲生的女儿。"

陆小凤又深深吸了口气,好像完全没有注意到他声音里露出的痛苦和仇恨:"还有一件事,你好像也不准备自己动手。"

老刀把子在等着他说下去。

陆小凤道:"你是不是要石鹤去对付武当石雁,虎豹兄弟们对付少林铁肩?"

老刀把子道:"那是他们自己的仇恨,他们本就要自己去解决。"

陆小凤道:"杜铁心能对付王十袋?"

老刀把子道:"这些年来,他武功已有精进,何况还有娄老太太做他的助手。"

陆小凤道："小顾道人应该不是表哥的对手，水上飞对海奇阔你买谁赢？"

老刀把子道："长江是个肥地盘，水上飞已肥得快飞不动了，无论是在陆上还是在水里，我都可以用十对一的盘口，赌海奇阔赢。"

陆小凤道："可是关天武却已败在高行空手下三次。"

老刀把子道："那三次都有人在暗中助了高行空一臂之力。"

陆小凤道："是什么人？"

老刀把子冷笑道："你应该想得到的，高行空纵横长江，武当掌门的忌日，干他什么事？他为什么要巴巴地赶去？"

难道是武当弟子在暗中出手的？雁荡的门户之争，武当弟子为什么要去多管闲事？

陆小凤并不想问得太多，又道："那么现在剩下的就只有鹰眼老七了，就算管家婆管不住他，再加上一个花魁就足足有余。"

老刀把子道："花魁还有别的任务，高涛也用不着帮手。"

陆小凤道："所以主要的七个人都已有人对付，而且都已十拿九稳。"

老刀把子道："十拿十稳。"

陆小凤笑了笑，道："那么你准备要我干什么？去对付那些扫地洗碗的火工道人？"

老刀把子道："我要你做的事，才是这次行动的成败关键。"

陆小凤道："什么事？"

老刀把子也笑了笑，道："现在你知道的已够多了，别的事到四月十二的晚上，我再告诉你。"他拍了拍陆小凤的肩，"所以今天晚上你不妨轻松轻松，甚至可以大醉一场，因为你明天可以整整睡上一天。"

陆小凤道："我要等到后天才下山？"

老刀把子道："你是最后一批下山的。"

陆小凤道:"我那批人里面还有谁?"

老刀把子道:"管家婆、娄老太太、表哥、钩子,和柳青青。"他又笑了笑,道:"好戏总是要等到最后才登场的,你们当然要留在最后。"

陆小凤淡淡道:"何况有他们跟着我,我至少不会半途死在别人手里。"

老刀把子的笑声更愉快,道:"你放心,就算你在路上遇见了西门吹雪,他也绝对认不出你。"

陆小凤道:"因为要为我易容改扮的那个人,是天下无双的妙手。"

老刀把子笑道:"一个人若能将自己扮成一条狗,你对他还有什么不放心的?"

他说的是犬郎君。

犬郎君的任务就是将每个人的容貌改变得让别人认不出来。

任务完成了之后?

——我只不过要你走的时候带我走。

陆小凤终于明白了他的意思,他当然已看出自己的危机。

老刀把子仰面向天,长长吐出口气,耕耘的时候已过去,现在只等着收获,他仿佛已能看见果实从枝头长出来。

一颗颗果实,就是一颗颗头颅。

陆小凤忽然转脸看着他,道:"你呢?所有的事都有人做了,你自己准备做什么?"

老刀把子道:"我是债主,我正准备等着你们去替我把账收回来。"

陆小凤道:"武当欠了石鹤一笔账,少林欠了虎豹兄弟,谁欠你的?"

老刀把子道:"每个人都欠我的。"他又拍了拍陆小凤的肩,微笑着道,"你岂非也欠了我一点?"

陆小凤也长长吐出口气,可是那团又冷又潮湿的雾,却好像还留在他胸膛里。

他知道无论谁欠了老刀把子的债,迟早都要加倍奉还的。他只怕自己还不起。

02

犬郎君躺在床上,眼睁睁看着屋顶。

他实在很想睡一下,他已经闭上眼睛试过很多次,却偏偏睡不着。

狡兔死,走狗烹。现在他就觉得自己好像已经在锅里,锅里的汤已经快煮沸了,他怎么睡得着?

夜深人静,窗子上突然"咯"的一响,一个人风一般掠入了窗户,是陆小凤。

犬郎君还没有出声,陆小凤已掩住了他的嘴:"这栋屋子里只有你一个人?"

只有他一个人,谁也不愿住在一栋到处挂满了狗皮和人皮的屋子里,谁也受不了炉子上的铜锅里散发出的那一阵阵胶皮恶臭气。

易容改扮并不是别人想象中那么轻松愉快的事,想做一张完好无缺的人皮面具,不但要有一双灵巧稳定的手,还得要有耐心。

陆小凤已被那一阵阵恶臭熏得皱起了眉,忍不住道:"你在煮什么?"

犬郎君道:"煮牛皮胶,人皮面具一定要用牛皮胶贴住才不会掉。"

陆小凤道："人皮面具？你真的用人皮做面具？"

犬郎君道："一定要用人皮做的面具贴在脸上，才能完全改变一个人脸上的轮廓，而且每一张人皮面具都要先依照那个人的脸打好样子。"他忽然对陆小凤笑了笑，道，"我也照你的脸形做好了一张。"

陆小凤苦着脸道："也是人皮的？"

犬郎君道："货真价实的人皮。"

陆小凤道："你一共做了多少张？"

犬郎君道："三十一张。"他又补充着道，"除了老刀把子外，每个人都有一张。"

老刀把子为什么不必易容改扮？难道他到了武当还能戴着那篓子般的竹笠？

陆小凤道："这些人经过易容后，脸上是不是还留着一点特殊的标志？"

犬郎君道："一点都没有。"

陆小凤道："如果大家彼此都不认得，岂非难免会杀错人？"

犬郎君道："绝不会。"

陆小凤道："为什么？"

犬郎君道："因为每一批下山的人的任务都不同，有的专对付武当道士，有的专对付少林和尚，只要这组人能记住彼此间易容后的样子，就不会杀到自己人身上来了。"

陆小凤沉吟着，忽然压低声音，道："你能不能在每批人脸上都留下一点特别的记号？譬如说，一点麻子，或者是一颗痣。"

犬郎君看着他，眼睛里带着一种奇怪的表情，过了很久，才悄悄地问："你有把握能带我一起走？"

陆小凤道："我有把握。"

犬郎君吐出口气,道:"你答应了我,我当然也答应你。"

陆小凤道:"你准备怎么做?"

犬郎君眨了眨眼,道:"现在我还没有想出来,等我们一起走的时候,我再告诉你。"

这里每个人好像跟老刀把子一样,除了自己外,绝不信任何人。有时他们甚至连自己都不信任。

犬郎君忽又问道:"花寡妇是不是跟你一批走?"

陆小凤道:"大概是的。"

犬郎君道:"你想让她变成什么样子?是又老又丑?还是年轻漂亮?"

陆小凤道:"愈老愈好,愈丑愈好。"

犬郎君道:"为什么?"

陆小凤道:"因为没有人相信陆小凤会跟一个又老又丑的女人在一起的,所以也没有人会相信我就是陆小凤。"

犬郎君道:"所以她愈老愈丑,你就愈安全,不但别人认不出你,你自己也可以不动心。"他眨着眼笑道,"这几天你的确要保持体力,若是跟一个年轻漂亮的寡妇在一起,要保持体力就很不容易了。"

陆小凤看着他,冷冷道:"你知道你的毛病是什么?"

犬郎君摇摇头。

陆小凤道:"你的毛病就是太多嘴。"

犬郎君赔笑道:"只要你带我走,这一路我保证连一个字都不说。"

陆小凤道:"就算你想说,我也有法子让你说不出来。"

犬郎君忍不住问:"你有什么法子?"

陆小凤道:"我是个告老归田的京官,不但带着好几个跟班随从,还带着一条狗。"他微笑着,又道,"你就是那条狗,狗嘴里当然是说不出人话来的。"

犬郎君瞪着他看了半天,终于苦笑,道:"不错,我就是那条狗,只求你千万不要忘记,我这条狗只能吃肉,不啃骨头。"

陆小凤道:"可是你最好也不要忘记,不听话的狗非但要啃骨头,有时还要吃屎。"

他大笑着走出去,忽又回头:"叶雪和叶灵本应该在第几批走的?"

犬郎君道:"我也不知道,老刀把子给我的名单上,根本没有她们姐妹的名字。"

夜更深。

陆小凤在冷雾中坐下来,心里在交战——现在是到沼泽中去找她们姐妹?还是去大醉一场?

他的选择是大醉一场。

03

就算不去找她们,也不是一定要醉的,可是他醉了,烂醉如泥。

他为什么一定要醉?

难道他心里有什么不可告人的苦衷?

四月初三,下午,多雾。

陆小凤醒来时,只觉得头疼如裂,满嘴发苦,而且情绪十分低落,就好像大病一场。

他醒了很久才睁开眼,一睁开眼就几乎跳了起来。

娄老太太怎么会坐到他床头来的?而且还一直在盯着他?

他揉了揉眼睛，才看出这个正坐在他床头咬蚕豆的老太婆并不是娄老太太，可是也绝不会比娄老太太年轻多少。

"你是谁？"

他忍不住要问，这老太太的回答又让他大吃一惊。

"我是你老婆。"老太太咧开干瘪了的嘴冷笑，"我嫁给你已经整整五十年，现在你想不认我做老婆也不行了。"

陆小凤吃惊地看着她，忽然大笑，笑得在床上直打滚。

这老太太竟是柳青青，他还听得出她的声音。

"你怎么会变成这样子的？"

"因为那个王八蛋活见了鬼，我想要年轻一点，他都不答应。"

柳青青用力咬着蚕豆，恨恨道："现在我变成这个样子，你是不是很高兴？"

陆小凤故意眨了眨眼，道："我为什么要高兴？"

柳青青道："因为你本来就希望我愈老愈好，愈丑愈好，因为你本来就一直在逃避我，好像生怕我活活地把你吞下去。"

陆小凤还是装不懂："为什么要逃避你？"

柳青青道："你若不是在逃避我，为什么每天都喝得像死人一样？"她冷笑着，又道，"其实我也知道你不敢碰我，可是我又有点奇怪，要你每天晚上跟我这么样一个老太婆睡觉，你怎么受得了？"

陆小凤坐了起来，道："我为什么要每天晚上跟你睡觉？"

柳青青道："因为你是告老归田的京官，我就是你老婆，而且是个出名的醋坛子。"

陆小凤说不出话来了。

柳青青道："我还有个好消息告诉你，我们的儿子也一直跟在我们身边的。"

陆小凤又吃了一惊："我们的儿子是谁？"

柳青青道:"是表哥。"

陆小凤忽然倒了下去,直挺挺地倒在床上,连动都不会动了。

柳青青大笑,忽然扑在他身上,吃吃地笑道:"我的人虽老,心却不老,我还是每天都要的,你想装死都不行。"

陆小凤苦笑道:"我绝不装死,可是你若要我每天都跟你这么样一个老太婆做那件事,我就真的要死了。"

柳青青道:"你可以闭起眼睛来,拼命去想我以前的样子。"她已笑得喘不过气,"何况你们男人不是常常喜欢说,只要闭起眼睛来,天下的女人就都是一样的。"

现在陆小凤总算明白自作自受是什么意思了。

这个洞本来是他自己要挖的,现在一头栽进去的,偏偏就是他自己。

04

犬郎君来的时候,柳青青还在喘息。

看着一个老掉了牙的老太太,少女般地躺在一个年轻男人身旁喘息,如果还能忍得住不笑出来,这个人的本事一定不小。犬郎君的本事就不小。

他居然没有笑出来,居然能装作没有看见,可是等到陆小凤站起来,他却忽然向陆小凤挤了挤眼睛,好像在问:"怎么样?"

陆小凤简直恨不得将他这双眼珠挖出来,送给柳青青当蚕豆吃。

幸好他还没有动手,门外已有个比柳青青和娄老太太加起来都老的老太婆伸进头来,赔着笑道:"老爷和太太最好赶紧准备,我们天一亮就动身。"

这个人当然就是管家婆。

又有谁能想得到，昔年不可一世的凤尾帮内三堂的高堂主，竟会变成这副样子？

陆小凤又觉得比较愉快了，忽然大声道："我那宝贝儿子呢？快叫他进来给老夫请安。"

看起来好像又年轻了二十岁的表哥，只好愁眉苦脸地走进来。

陆小凤板着脸道："在京里做官的人，家规总是比较严的，就算在路上，也马虎不得，所以你以后每天都要来跟我磕头请安，你知不知道？"

表哥只有点头。

陆小凤道："既然知道，还不赶紧跪下去磕头？"

看着表哥真的跪了下去，陆小凤的心情更好了，不管怎么样，做老子总比做儿子愉快得多。

这一路上他当然也不会寂寞，除了老婆外，他还有个儿子，有个管家，有个管家婆。

他甚至还有一条狗。

"不能带这条狗去！"

海奇阔断腕上的钩子已卸下来，光秃秃的手腕在没有用衣袖掩盖着的时候，显得笨拙而滑稽。

他的表情却很严肃，态度更坚决："我们绝不能带他去。"

陆小凤道："这也是老刀把子的命令？"

海奇阔道："当然是。"

陆小凤道："你是不是准备杀了他？"

海奇阔道："是。"

现在犬郎君的任务已结束，他们已用不着对他有所顾忌。

陆小凤道:"谁动手杀他?"

海奇阔道:"我。"

陆小凤道:"你不用钩子也可以杀人?"

海奇阔道:"随时都可以。"

陆小凤道:"好,那么你现在就先过来杀了我吧。"

海奇阔脸色变了:"你这是什么意思?"

陆小凤淡淡道:"我的意思很简单,他去,我就去,他死,我就死。"

他当然不能死。

海奇阔看看表哥,表哥看看管家婆,管家婆看看柳青青。

柳青青看看犬郎君,忽然问道:"你是公狗?还是母狗?"

犬郎君道:"是公的。"

柳青青道:"有些狗晚上喜欢睡在主人的床旁边,你呢?"

犬郎君道:"我喜欢睡在门口,而且一睡就像死狗一样,什么都听不见。"

柳青青笑了:"只要不是母狗,随便你想带多少去,我都不反对。"

陆小凤道:"有没有人反对的?"

海奇阔叹了口气,道:"没有。"

管家婆立刻道:"半个人都没有。"

陆小凤看看表哥:"你呢?"

表哥笑了笑,道:"我是个孝子,我比狗还听话十倍。"

所以我们的陆大爷就带着四个人和一条狗,浩浩荡荡地走出了幽灵山庄。

这已是他第二次离开这地方,他知道自己这一次是绝不会再回来了。

第十二章

鬼　屋

01

四月初五，晴。

陆小凤正对着一面擦得很亮的铜镜微笑。

看到镜子里的人居然不是自己，这种感觉虽然有点怪怪的，却很有趣。

镜子里这个老人当然没有本来那么英俊，看起来却很威严，很有气派，绝不是那种酒色过度，一条腿已进了棺材的糟老头。

这一点无疑使他觉得很愉快，唯一的遗憾就是不能洗脸。

所以他只能用干毛巾象征性在脸上擦了擦，再痛痛快快地漱了口，再转过头看看床上的老太婆。

他摇着头叹气道："犬郎君的确应该让你年轻一点的，现在你看来简直像我的妈。"

柳青青咬着牙，恨恨道："是不是别人随便把你弄成个什么样的人，你都一样能够自我陶醉的？"

陆小凤笑了，大笑。

这时，那条听话的狗已摇着尾巴进来了，孝顺的孩子也已赶来磕头请安。

陆小凤更愉快，他笑道："今天你们都很乖，我请你们到'三六九'去吃火腿干丝和小笼汤包去。"

"三六九"的汤包小巧玲珑，一笼二十个，一口吃一个，吃上个三五笼也不嫌多。

连陆大爷的狗都吃了三笼，可是他的管家婆却只能站在后面侍候着。

在京里做官的大老爷们，规矩总是比别人大的。

店里的跑堂在旁边看着只有摇头，用半生不熟的苏州官话搭讪着道："看来能在大老爷家里做条狗也是好福气的，比好些人都强得多了。"

陆小凤正在用自己带来的银牙签剔着牙，嘴里啧啧地直响，忽然道："你既然喜欢它，为什么不带它出去遛遛，随便在外面放泡野屎，回来老爷有赏。"

跑堂的迟疑着，看看管家和管家婆："这位管家老爷不去？"

陆小凤道："他不喜欢这条狗，所以这条狗就喜欢咬他。"

跑堂的害怕了："这位老爷喜不喜欢咬别人的？"

陆小凤从鼻孔里哼了一声，道："别人就算请它咬，它还懒得张口哩。"

大老爷的夫人也在旁边开了腔："我们这条狗虽然不咬人，也不啃骨头，可就是有点喜欢吃屎，你最多只能让它舔一舔，千万不能让它真的吃下去，它会闹肚子的。"

跑堂的只有赔笑着，拉起牵狗的皮带，小心翼翼地带着这位狗老爷散步去了。

管家看看管家婆，管家婆看看孝子，孝子看看老太太。

老太太微笑道："你放心，你老子这条狗是乖宝贝，绝对不会跑的，而且它就算会跑，也跑不了。"

孝子忍不住问："为什么？"

老太太道："因为你也要跟着它去，它拉屎的时候，你也得在旁边等着。"

表哥果然听话得很，站起来就走。

陆小凤笑了，微笑着道："看来我们这个儿子倒真是孝子。"

陆小凤有个毛病，每天吃早点之后，好像都一定要去方便方便。他的酒喝得太多，所以肠胃不太好。

老太太就算是个特大号的醋坛子，盯人的本事再大，至少老爷在方便的时候，她总不能在旁边盯着的。

可是一条狗要盯着一个人的时候，就没有这么多顾忌了，不管你是在方便也好，是不方便也好，它都可以跟着你。

所以陆小凤每次要方便的时候，犬郎君都会摇着尾巴跟进去。

今天也不例外。

陆小凤一蹲下去，他就立刻压低声音道："那个跑堂的绝不是真的跑堂。"

没有反应，陆小凤根本不睬他。

犬郎君道："他的轻功一定很高，我从他的脚步声就可以听得出来。"

还是没有反应。就像大多数人一样，陆小凤在方便的时候，也是专心一意，全神贯注的。

犬郎君又道："而且我看他一定还是易容的高手，甚至比我还高。"

陆小凤忽然道："你知不知道你是个什么？你是个妖怪。"

犬郎君怔了怔："妖怪？"

陆小凤道："一条狗居然会说话，不是妖怪是什么？"

犬郎君道："可是……"

陆小凤不让他说下去，又问道："你知不知道别人怎么对付妖怪的？"

犬郎君摇摇头。

陆小凤冷冷道："不是活活地烧死，就是活活地打死。"

犬郎君连一个字都不敢再说，就乖乖地摇着尾巴溜了。

陆小凤总算轻松了一下，对他来说，能一个人安安静静地坐下来，就算是坐在马桶上，也算是种享受，而且是种很难得的享受，因为他忽然有了个会盯人的老婆。

他出去的时候，才发现柳青青已经在外面等着，而且像已等了很久，地上的蚕豆壳已有一大堆。

陆小凤忍不住道："你是喜欢看男人方便？还是喜欢嗅这里的臭气？"

柳青青道："我只不过有点疑心而已。"

陆小凤道："疑心什么？"

柳青青道："疑心你并不是真的想方便，只不过想借机避开我，跟你的狗朋友说悄悄话。"

陆小凤道："所以你就坐在外面听我是不是真的方便了？"

柳青青笑道："现在我才知道，这种声音实在不太好听。"

陆小凤叹了口气，苦笑道："幸好他是条公狗，若是母狗，那还了得？"

柳青青淡淡道："若是条母狗，现在他早已是条死狗了。"

02

四月初六,时晴多云。

管家婆的簿子上记着:

> 早点在城东奎元馆吃的,其间又令人遛狗一次,来回约半个时辰。
>
> 遛狗的堂倌姓王,当地土生土长,干堂倌已十四年,已娶妻,有子女各一。
>
> 此人已调查确实,绝无疑问。

这簿子当然是要交给老刀把子看的。

海奇阔却反对:"不行,不能这么写。"

管家婆道:"为什么不能?"

海奇阔道:"我们根本就不该带这条狗来,更不该让他找别人去遛狗,老刀把子看了,一定会认为其中有问题。"

管家婆道:"你准备怎么办?"

海奇阔冷笑,道:"这条狗若是条死狗,岂非就没问题了?"

管家婆道:"你不怕陆小凤?"

海奇阔道:"活狗已经变成了死狗,就好像生米已煮成熟饭一样,他能把我怎么样?"

管家婆吐出口气,道:"却不知这条活狗,要等到什么时候才会变成死狗?"

海奇阔道:"快了。"

管家婆道:"明天你去遛狗?"

海奇阔叹了口气,道:"这好像还是我生平第一次做这种事。"

管家婆道:"是不是最后一次?"

海奇阔道:"是的,绝对是的。"

四月初七,晴。

海奇阔已牵着狗走了很远,好像没有回头的意思。

表哥跟在后面,忍不住道:"你几时变成这样喜欢走路的?"

海奇阔道:"刚才。"

表哥道:"现在你准备走到哪里去?"

海奇阔道:"出城去。"

表哥道:"出城去干什么?"

海奇阔道:"一条狗死在路上,虽然是件很平常的事,狗皮里若是忽然变出个人来,就完全是另外一件事了。"

表哥道:"这种事当然是绝不能让别人看见的。"

海奇阔道:"所以我要出城去。"

他紧紧握着牵狗的皮带,表哥的手也握住了衣袂下的剑柄。

这条狗不但听得懂人话,而且还是个暗器高手,如果狗没有死在人手里,人反而死在狗手里了,那才真的是笑话。

谁知这条狗居然连一点反应都没有。

表哥道:"你知不知道狗肚子里在打什么鬼主意?"

海奇阔道:"我只知道这附近好像已没有人了。"

表哥道:"简直连条人影都没有。"

海奇阔忽然停了下来,看着这条狗,叹息着道:"犬兄犬兄,我们也曾在一起吃过饭,喝过酒,总算也是朋友,你若有什么遗言后事,也不妨说出来,只要我们能做的,我们一定替你做。"

狗在摇尾巴，汪汪地直叫。

海奇阔道："你摇尾巴也没有用，我们还是要杀了你。"

表哥道："可是我保证绝不会把你卖到挂着羊头的香肉店去。"

海奇阔还在叹着气，醋钵般大的拳头已挥出，一拳打在狗头上。

拳头落下，立刻听见了骨头碎裂的声音。

这条狗狂吠一声，居然还能撑起来，表哥的剑却已刺入了它的脖子。

鲜血飞溅，海奇阔凌空掠起，等他落下来时，活狗就已变成了死狗。

海奇阔松了口气，笑道："看来杀狗的确比杀人轻松得多。"

表哥却沉着脸，忽然冷笑道："只怕我们杀的真是条狗。"

海奇阔吃了一惊，立刻俯下身，想剥开狗皮来看看。

狗皮里面也是狗，这条狗竟不是犬郎君。

海奇阔脸色变了，道："我明明看见的。"

表哥道："看见什么？"

海奇阔道："看见犬郎君钻进这么样一张狗皮里去，就变成了这么样一条狗。"

表哥冷冷道："狗有很多种，同种的狗样子都差不多的。"

海奇阔道："那么犬郎君到哪里去了？这条狗又是怎么来的？"

表哥道："你为什么不去问陆小凤？"

厕所外面居然又有人在等着，陆小凤刚走到门口，连裤带都没有系好，就看见了海奇阔。

海奇阔的样子，看来就像是已经憋不住了，一泡屎已拉在裤裆里。

陆小凤叹了口气，喃喃道："为什么我每次方便的时候，外面都有人在排队，难道大家都吃错了药，都在拉肚子？"

海奇阔咬着牙，恨恨道："我倒没有吃错药，只不过杀错了人。"

陆小凤好像吃了一惊，道："你杀了谁？"

海奇阔道："我杀了一条狗。"

陆小凤道："你杀的究竟是人？还是狗？"

海奇阔道："我杀的那条狗本来应该是个人的，谁知它竟真的是条狗，狗皮里面也没有人。"

陆小凤又叹了口气，道："狗就是狗，狗皮里面当然只有狗肉和狗骨头，当然不会有人！"他叹息着，拍了拍海奇阔的肩，"最近你一定太累了，若是还不好好地去休息休息，说不定真会发疯的。"

海奇阔看样子好像真的要被气疯了，忽然大叫道："犬郎君呢？"

陆小凤淡淡道："他既不是我儿子，又不是我的管家，我怎么知道他在哪里？"

海奇阔道："可是一定要带他下山来的却是你。"

陆小凤道："我只不过说要带条狗下山，并没有说要带犬郎君。"他又拍了拍海奇阔，微笑道，"现在你虽然杀了我的狗，可是我并不想要你偿命，不管怎么样，一个好管家总比一条狗有用得多，何况，我也不忍让管家婆做寡妇。"

海奇阔已气得连话都说不出。

陆小凤终于已系好裤带，施施然走了，走出几步又回头，带着笑道："这件事你一定要告诉老刀把子，他一定会觉得很有趣的，说不定还会重重地赏你一样东西。"

他笑得实在有点不怀好意："你想不想得出他会赏你样什么东西呢？"

海奇阔已想到了。

不管那是样什么东西，都一定是很重很重的，却不知是重重的一拳,还是重重的一刀。

海奇阔忽然大笑,道:"我总算想通了。"

陆小凤道:"想通了什么?"

海奇阔道:"我杀的既然是条狗,死的当然也是条狗,不管那是条什么样的狗都一样,反正都已是条死狗。"他眨了眨眼,微笑道,"连人死了都是一样的,何况狗?"

陆小凤也大笑,道:"看来这个人好像真的想通了。"

四月初八,晴时多云偶阵雨。

今天管家婆簿子上的记载很简单:"赶路四百里,狗暴毙。"

03

四月初九,阴。

没有雨,只有阴云,一层层厚厚的阴云掩住了日色,天就特别黑得早。

荒僻崎岖的道路上渺无人烟,除了乱石和荒草外,什么都看不见。

"我们怎么会走到这里来了?"

"因为赶车的怕错过宿头,所以要抄近路。"

"这条是近路?"

"本来应该是的,可是现在……"管家婆叹了口气,苦笑道,"现在看来却好像是迷了路。"

现在本来已到了应该吃饭的时候,他们本来已应该洗过脸,漱过口,换上了干净舒服的衣裳,坐在灯光辉煌的饭馆里吃正菜前的冷盘。

可是现在他们却在一个完全陌生的地方迷了路。

"我饿了，饿得要命。"柳青青显然不是个能吃苦的人，"我一定要吃点东西，我的胃一向不好。"

"假如你真的一定要吃点东西，就只有像羊一样吃草。"

柳青青皱起了眉："车上难道连一点吃的都没有？"

"非但没有吃的，连水都没有。"

"那我们怎么办？"

"只有一个办法。"

"什么办法？"

"饿着。"

柳青青忽然推开门，跳下车："我就不信没有别的办法，我去找。"

"找什么？"

"无论什么样的地方都有人住的，这附近一定也有人家。"柳青青说得好像很有把握，其实心里连一点把握都没有。

可是她肯去找，她不能不去找。因为她不能吃苦，不能挨饿。

无论你要找的是什么，只有肯去找的人，才会找得到。

世上本就有很多事都是这样子的——第一个发明车辆的人，一定是懒得走路的人，就因为人们不愿吃苦，所以人类的生活才会进步。

她肯去找，所以她找到了。

山坳后的山坡下，居然真的有户人家，而且是很大的一户人家。

事实上，你无论在任何地方都很难找到这么大一户人家。

在黑暗中看来，山坡上的屋顶就像是阴云般一层层堆积着，宽阔的大门最少可以容六匹马并驰而入。

可是门上的朱漆已剥落，门也是紧闭着，最奇怪的是，这么大的一户人家，竟几乎完全看不见灯火。

据说一些无人的荒野中，经常会有鬼屋出现的，这地方难道就是栋鬼屋？

"就算真的是鬼屋，我也要进去看看。"柳青青只怕挨饿，不怕鬼。

她已经在敲门，将门上的铜环敲得比敲锣还响，门里居然还是完全没有回应。

她正准备放弃的时候，门却忽然开了，开了一线，一线灯光照出来，一个人站在那灯光后的黑暗中，冷冷地看着她。

阴森森的灯光，照花了她的眼睛，等到她看清这个人时，就再也不敢再看第二眼。

这个人实在不像一个人，却也不像鬼，若说他是人，一定是个泥人，若说他是鬼，也只能算是个用泥塑成的鬼。

他全身上下都是泥，脸上、鼻子上、眉毛上，甚至连嘴里都好像被泥塞住。

幸好他还会笑。

看见柳青青脸上的表情，他就忽然大笑了起来，笑得脸上的干泥"噗落噗落"往下直掉。

无论是人是鬼，只要还会笑，看来就比较没有那么可怕了。

柳青青终于壮起胆子，勉强笑道："我们迷了路……"

她只说了一句，这人就打断了她的话："我知道你们迷了路，若不是迷了路的人，怎会跑到这鬼地方来？"他笑得很愉快，"可是老太太你用不着害怕，这里虽然是个鬼地方，但我却不是鬼，我不但是个人，而且还是个好人。"

柳青青忍不住问道："好人身上怎么会有这么多泥？"

这人道："无论谁挖了好几天蚯蚓，身上都会有这么多泥的。"

柳青青怔了怔："你在挖蚯蚓？"

这人点点头，道："我已经挖了七百八十三条大蚯蚓。"

柳青青更吃惊："挖这么多蚯蚓干什么？"

这人道："这么多还不够，我还得再挖七百一十七条才够数。"

柳青青道："为什么？"

这人道："因为我跟别人打赌，谁输谁就得挖一千五百条蚯蚓，少一条都不行。"

柳青青道："你输了？"

这人叹了口气，道："现在虽然还没有输，可是我自己知道已经输定了。"

柳青青看着他，眼睛已看得发直："用这种法子来打赌倒是真特别，跟你打赌的那个人，一定是个怪人。"

这人道："不但是个怪人，而且是个混蛋，不但是个混蛋，而且是个大混蛋。"

陆小凤一直远远地站着，忽然抢着道："不但是个大混蛋，而且是特别大的一个。"

这人立刻同意："一点也不错。"

陆小凤道："他若是混蛋，你呢？"

这人又叹了口气，道："我好像也是的。"

陆小凤还想再说什么，柳青青却已抢着道："你不是混蛋，你是个好人，我知道你一定肯让我们在这里借宿一宿的。"

这人道："你想在这地方住一晚？"

柳青青道："嗯。"

这人道："你真的想？"

柳青青道："当然是真的。"

这人吃惊地看着她，就好像比看见一个人在烂泥里挖蚯蚓还吃惊。

柳青青忍不住道:"我们迷了路,附近又没有别的人家,所以我们只有住这里,这难道是件很奇怪的事?"

这人点点头,又摇摇头,喃喃道:"不奇怪,一点也不奇怪。"

他嘴里虽然在说不奇怪,自己脸上的表情却奇怪得很。

柳青青又忍不住问:"这地方难道有鬼?"

这人道:"没有,一个也没有。"

柳青青道:"那么你肯不肯让我们在这里住一晚?"

这人又笑了:"只要你们真的愿意,随便要在这里住多久都没有关系。"

他转过身,走入荒凉阴森的庭院,嘴里喃喃自语,仿佛在说:"怕只怕你们连半个时辰都耽不下去,因为从来也没有人能在这里耽得下去。"

04

前面的一重院落里有七间屋子,每间屋子里都有好几盏灯。灯里居然还有油。

这个人居然将每间屋子里的每盏灯都点亮了,然后才长长吐出口气:"无论什么样的地方,只要一点起灯,看来好像就会立刻变得好多了。"

其实这地方本来就不太坏,虽然到处都积着厚厚的一层灰,可是华丽昂贵的装潢和家私并没有破烂,依稀还可以想见当年的风采。

柳青青试探着问道:"你刚才是不是在说,从来也没有人能在这里耽得下去?"

这个人承认。

柳青青当然要问:"为什么?"

这人道:"因为这里有样东西从来也没有人能受得了。"

柳青青再问道:"是什么东西?在哪里?"

这人随手一指,道:"就在这里。"

他指着的是个水晶盒子,就摆在大厅正中的神案上。

磨得非常薄的水晶,几乎完全是透明的,里面摆着的仿佛是一瓣已枯萎了的花瓣。

"这是什么花?"

"这不是花,也不是你所能想象得到的任何东西。"

"这是什么?"

"这是一个人的眼睛。"

柳青青的眼睛张大了,瞳孔却在收缩,情不自禁退了两步。

"什么人的眼睛?"

"一个女人,一个很有名的女人,这个女人最有名的地方,就是她的眼睛。"

"为什么有名?"

"因为她的眼睛是神眼,据说她不但能在黑暗中绣花,而且还能在三十步外用绣花针打穿一只蚊子的头。"

"你说的是神眼沈三娘?"

"除了她还有谁?"

"是谁把她的眼睛摆在这里的?"

"除了她的丈夫还有谁?"

"她的丈夫是不是那个'玉树剑客'叶凌风?"

"是的,江湖中也只有这么样一个叶凌风,幸好只有一个。"

柳青青握紧了双手,手心已湿了。

她是不是也知道叶凌风和老刀把子之间的恩怨纠缠?他们被带到

这里来，是无意间的巧合？还是冥冥中有人在故意安排？

挖蚯蚓的人一张脸完全被泥盖着，谁也看不出他脸上的表情。

可是他的声音已有些嘶哑："这里一共有九十三间屋子，每间屋子里都有这样一个水晶盒子。"

每间屋子里都有？

柳青青立刻冲进了第二间屋子，果然又看见了一个完全相同的水晶盒。

盒子里摆着的，赫然竟是只干枯了的耳朵。

挖蚯蚓的人幽灵般跟在她身后："沈三娘死了后，叶凌风就将她分成了九十三块……"

柳青青忍不住叫了起来："他为什么要这样做？"

挖蚯蚓的人叹了口气，道："因为他太爱她，时时刻刻都想看到她，无论走到哪里都想看到她，哪怕只能看见一只眼睛、一只耳朵也好。"

柳青青咬紧牙，几乎已忍不住要呕吐。

陆小凤忽然问道："据说沈三娘的表哥就是武当的名剑客木道人？"

挖蚯蚓的人点点头。

陆小凤道："据说他们成亲，就是木道人做的大媒。"

挖蚯蚓的人道："不错。"

陆小凤道："叶凌风这么样做，难道不怕木道人对付他？"

挖蚯蚓的人道："木道人想对付他的时候，已经太迟了，沈三娘死了还不到三个月，他自己也发了疯，自己一头撞死在后面的假山上，脑袋撞得稀烂。"

一个人若是连脑袋都撞得稀烂，当然就没有人能认得出他的本来面目，也就没有人能证明死的那个人究竟是谁了。

柳青青总算已喘过气来,立刻问道:"他死了之后,别人为什么还不把这些盒子搬走?"

挖蚯蚓的人道:"因为想搬这些盒子的人,现在都已经躺在盒子里。"

柳青青道:"什么样的盒子?"

挖蚯蚓的人道:"一种长长的、用木头做的,专门装死人的盒子,大多数人死了后,都要被装在这种盒子里。"

柳青青勉强笑了笑,道:"那至少总比被装在这种水晶盒子里好得多。"

挖蚯蚓的人道:"只可惜也好不了太多。"

柳青青道:"为什么?"

挖蚯蚓的人道:"因为被一双鬼手活活捏死的滋味并不好受。"

柳青青道:"可是你刚才还说这地方连一个鬼都没有的?"

挖蚯蚓的人道:"这地方一个鬼是没有的,这地方至少有四十九个鬼,而且都是冤死鬼。"

柳青青道:"这地方本来一共有多少人?"

挖蚯蚓的人道:"四十九个。"

柳青青道:"现在这些人已全都死光了?"

挖蚯蚓的人道:"假如每天都有只眼睛在水晶匣子里瞪着你,你受不受得了?"

柳青青道:"我受不了,我一定会发疯。"

挖蚯蚓的人道:"你受不了,别人也一样受不了,所以每个人都想把这些盒子搬走,可是无论什么人,只要一碰到这些盒子,舌头立刻就会吐出半尺长,一眨眼的工夫就断了气,就像这样子。"

他自己也把舌头伸出来!伸得长长的,他脸上全是黑泥,舌头却红如鲜血,只有被活活扼死的人才会变成这样子。

柳青青立刻转过头，不敢再看他一眼，却还是忍不住问道："你呢？你没有动过这些盒子？"

挖蚯蚓的人摇摇头，又点点头，他舌头还是伸得长长的，根本没法子说话。

柳青青道："这里的人岂非已死光了，你怎么还活着？难道你不是人？"

挖蚯蚓的人忽然从怀里伸出手，将一条黑黝黝的东西往柳青青抛了过去，这些东西竟是活的，又温又软又滑，竟是活生生的蚯蚓。

柳青青惊呼一声，几乎吓得晕了过去。

她并不是那种很容易被吓晕的女人，可是这些又湿又软又滑的蚯蚓，有谁能受得了？

等她躲过了这些蚯蚓，挖蚯蚓的人竟已不见了，灯光闪了两闪，屋子里的灯也忽然熄灭。

她回过头，陆小凤他们居然全都不在这屋子里。

幸好隔壁一间屋子里有灯，她冲过去，这屋里的灯也灭了。

再前面的一间屋里虽然还有灯，可是等她冲过去时，灯光也熄灭。

这七间灯火明亮的屋子，忽然之间，就已变得一片黑暗。

忽然之间，她什么都已看不见，连自己伸出去的手都已看不见。

——那只眼睛是不是还在水晶盒子里瞪着她？

——那四十九个舌头吐得长长的冤死鬼，是不是也在黑暗中看着她？

她看不见他们。她不是神眼。

——那该死的陆小凤死到哪里去了？

"老头子，死老头子，姓陆的，你还不快出来！"她大喊，没有回应。

连一个人的回应都没有，管家婆、钩子、表哥，也全都不知溜到哪里去了。

——难道他们全都被那双看不见的鬼手活活扼死？

——难道这根本就是个要命的圈套？

她想冲出去，三次都撞在墙上，她全身都已被冷汗湿透。

最后一次跌倒时，她的腿已软了，几乎连爬都爬不起来。黑暗中却忽然有只手伸过来，拉起了她。

——是不是陆小凤？

不是。冰冷干枯的手，指甲最少有一寸长。

她忍不住又放声大呼："你是谁？"

"你看不见我的，我却能看见你。"黑暗中有人在吃吃地笑，"我是神眼。"

这是女人的声音。这只手难道是从水晶盒子里伸出来的？

笑声还没有停，她用尽全身力气扑过去。

她扑了个空，那只冰冷干枯的手，却又从她背后伸了过来，轻抚着她的咽喉。

她并不是那种很容易就会被吓晕的人，可是现在她已晕了过去。

05

四月初十，晴。

柳青青醒来时，阳光正照在窗户上。

窗户在动，窗外的树木也在动——就像飞一样地往后退。

她揉了揉眼睛，忽然发现自己又到了马车上，陆小凤正坐在她对面，笑嘻嘻地看着她。

她咬了咬嘴唇，很疼。

这不是梦。她跳了起来,瞪着陆小凤。

陆小凤微笑道:"早。"

柳青青道:"早?现在是早上?"

陆小凤笑道:"其实也不算太早,昨天晚上你睡得简直像死人一样。"

柳青青咬着牙,道:"你呢?"

陆小凤道:"我也睡了一下。"

柳青青忽然跳起来,扑过去,扑在他身上,扼住了他的脖子,狠狠道:"说,快说,这究竟是怎么回事?"

陆小凤道:"什么事?"

柳青青道:"昨天晚上的事。"

陆小凤叹了口气,道:"我正想问你,你是怎么回事?好好的为什么要一头撞到墙上去,把自己撞昏了?"

柳青青叫了起来,道:"我没有疯,为什么要撞自己的头?"

陆小凤苦笑道:"连你自己都不知道,我怎么会知道!"

柳青青道:"我问你,屋子里那些灯,怎么会忽然一起灭了的?"

陆小凤道:"灯里没有油了,当然会灭!"

柳青青道:"那个挖蚯蚓的人呢?"

陆小凤道:"灯灭了,他当然要去找灯油。"

柳青青道:"他找到没有?"

陆小凤道:"就因为他找到了灯油,我们才能找到你。"

柳青青道:"他真的是个人?"

陆小凤道:"不但是人,而且还是个好人,不但找到了灯油,还煮了一大锅粥,我们每个人都吃了好几碗。"

柳青青怔住,怔了半天,才问道:"灯灭的时候,你们在哪里?"

陆小凤道:"在后面。"

柳青青道:"我在前面,你们到后面去干什么?"

陆小凤道:"你在前面,我们为什么一定也要在前面,我们又不是你的跟屁虫,为什么不能到后面去看看?"

柳青青忽又大喊:"管家的,管家婆,乖儿子,你们全进来。"

车子停下,她叫的人也全都过来了,她将刚才问陆小凤的话又问了一遍,他们的回答也一样。

他们也不懂,她为什么好好的要把自己一头撞晕。

柳青青几乎又气得快晕过去了,忍不住问道:"难道你们全都没有看见那只手?"

管家婆道:"什么手?"

柳青青道:"扼住我脖子的鬼手。"

陆小凤忽然笑了笑,道:"我看见了。"他笑得很神秘,"不但看见了,而且还把它带了回来。"

柳青青眼睛里立刻发出了光:"在哪里?"

陆小凤道:"就在这里。"

他微笑着,从身上拿出一段挂窗帘的绳子,绳子上还带着好几个一寸长的钩子,就像是指甲一样的钩子:"这是不是缠在你脖子上的鬼手?"

柳青青说不出话来。

海奇阔忽然大笑道:"想不到大名鼎鼎的江南女侠柳青青,居然会被一段绳子吓得晕过去。"

陆小凤道:"其实你应该想得到的。"

海奇阔道:"为什么?"

陆小凤道:"因为她是个女人,而且年纪也不算小。"

他叹息着,苦笑道:"女人到了她这种年纪,总难免会疑神疑鬼的。"

06

四月十一日，晴。

黄昏。

从昨天早上到现在，柳青青说的话加起来还没有她平常一顿饭的时候说得多。

她的脸色也很不好看，不知道是因为惊魂未定，还是因为行动的时候已经快到了。

现在他们距离武当已只有半天的行程，老刀把子却一直没有消息，也没有给他们最后的指示，所以不但她变了，别的人也难免有点紧张。谁也不知道这次行动他们能有多少成把握？

石雁、铁肩、王十袋、高行空……这些人几乎已可算是武林中的精英。

何况，除了这七个人之外，还不知有多少高手也已到了武当山。

"你想西门吹雪会不会去？"

"他可能不会去。"

"为什么？"

"因为他在找陆小凤，他绝对想不到陆小凤敢上武当。"

说这句话的人正是陆小凤自己。他这么样说，也许只不过因为他自己心里希望如此。

黄昏时的城市总是最热闹的，他们的车马正穿过闹市。

"就算西门吹雪不会去，木道人却一定会在那里，近年来他虽然已几乎完全退隐，可是像册立掌门这种大事，他总不能置身事外的。"

"当然。"

"木道人若到了,木松居士想必也会去,就只这两个人,已不是容易对付的。"

"我想老刀把子一定已有了对付他们的法子,否则他为什么一直都没有把他们列入这个计划里?"

"不管怎么样,现在我们都不该想这件事。"陆小凤又开了口。

"我们应该想什么?"

"想想应该到哪里吃饭去。"

表哥、管家婆、海奇阔,此刻全都在车上,本来好像都想说话的,却忽然同时闭上了嘴,六只眼睛一起盯在对街的一家酒楼门口。车马走得很慢,就在他们经过时,正有三个人走入了酒楼。

一个人赤面秃顶,目光灼灼如鹰,一个人高如竹竿,瘦也如竹竿,走起路来一摇三晃,好像一阵风就能将他吹倒。

还有个人扶着这两人的肩,仿佛已有了几分醉态,却是个白发苍苍的道人。

这三个人陆小凤全认得,表哥、管家婆、海奇阔也全都认得。

目光如鹰的,正是十二连环坞的总瓢把子"鹰眼"老七。

连路都走不稳的,却是以轻功名动大江南北的"雁荡山主"高行空。

那个已喝得差不多了的老道士,就正是他们刚刚还在谈起的武当名宿木道人。

表哥的眼睛虽然在盯着他们,心里却只希望车马快点走过去。

谁知陆小凤却忽然道:"叫车子停下来。"

表哥吓了一跳:"为什么?"

陆小凤道:"因为我们就要在这家酒楼吃饭。"

表哥更吃惊:"你不认得那三个人?"

陆小凤道:"我认得他们,可是他们却不认得我了。"

表哥道:"万一他们认出来了怎么办?"

陆小凤道:"他们现在若能认出我们,到了武当也一样认得出。"

表哥想了想,终于有点明白他的意思:"你是想试试他们,是不是能认得出我们来?"

陆小凤淡淡道:"反正我们总得这么冒一次险的,现在被他们认出来,至少总比到了武当才被认出来的好。"

这句话刚说完,柳青青已在用力敲着车厢,大声道:"停车。"

直到这时为止,大家显然都认为陆小凤这想法不错,所以没有一个人反对。

因为这时他们还没有走上酒楼。等他们走上去时,后悔已来不及了,最后悔的一个人,就是陆小凤。

第十三章

最后指示

01

这酒楼的装潢很考究,气派也很大,可是生意并不太好。

现在虽然正是晚饭的时候,酒楼上的雅座却只有三桌客人。

高行空他们并不是三个人来的,酒楼上早已先到了一个人在等着他们。

这人高大威武,相貌堂堂,看气派,都应该是武林中的名人。

可是陆小凤却偏偏不认得他,甚至连见都没有见过。武林中的名人,陆小凤没有见过的并不多。

人最多的一桌,也是酒喝得最多的一桌,座上有男有女。

男的衣着华丽,看来不是从扬州那边来的盐商富贾,就是微服出游的京官大吏,女的姿容冶艳,风流而轻佻,无疑是风尘中的女子。

人最少的一桌只有一个人。

一个白衣人,白衣如雪。

看见这个人,陆小凤的掌心就沁出了冷汗,他实在想不到会在这里遇见这个人,否则就算有人在后面用鞭子抽他,他也绝不会上来的。

既然已上了楼,再下去就来不及了。

陆小凤只有硬着头皮找了个位子坐下,柳青青冷冷地看着他,几乎可以看见一粒粒汗珠已透过他脸上的人皮面具冒了出来。

白衣人却连眼角都没有看他们。

他的脸铁青。

他的剑就在桌上。

他喝的是水,纯净的白水,不是酒。

他显然随时随地都在准备杀人。

木道人在向他打招呼,他也像是没有看见,这位名重江湖的武当名宿,竟仿佛根本就没有被他看在眼里。

他根本就从未将任何人看在眼里。

木道人却笑了,摇摇头喃喃笑道:"我不怪他,随便他怎么无礼,我都不怪他。"

那高大威武的老人忍不住问:"为什么?"

木道人道:"因为他是西门吹雪!"

天上地下,独一无二的西门吹雪。

天上地下,独一无二的剑。

只要他手里还有剑,他就有权不将任何人看在眼里。

也许他现在眼里只看见陆小凤一个人。

仇恨就像种奇异的毒草,虽然能戕害人的心灵,却也能将一个人的潜力全部发挥,使他的意志更坚强,反应更敏锐。何况,这种一剑刺出,不差毫厘的武士,本就有一双鹰隼般的锐眼。

现在他虽然绝对想不到陆小凤就在他眼前,但陆小凤只要露出一点破绽,就绝对逃不过他这双锐眼。

菜已经点好了,堂倌正在问:"客官们想喝什么酒?"

柳青青立刻抢着道:"今天我们不喝酒,一点都不喝。"

酒总是容易令人造成疏忽的，任何一点疏忽，都足以致命。

可是酒也能使人的神经松弛，心情镇定。

陆小凤道："今天我们不喝一点酒，我们要喝很多。"他微笑着拍了拍表哥的肩，"今天是我的乖儿子的生日，吉日怎可无酒？你先给我们来一坛竹叶青。"

柳青青狠狠地盯着他，他也好像完全看不见，微笑着又道："天生男儿，以酒为命，妇人之言，慎不可听，来，你们老两口也坐下来陪我喝几杯。"

管家婆和海奇阔也只好坐下来，木道人已经在那边抚掌大笑，道："好一个'妇人之言，慎不可听'，听此一言，已当浮三大白。"

酒来得真快，喝得更快。三杯下肚，陆小凤神情就自然得多了，眼睛里也有了光。

现在他总算已走出了西门吹雪的阴影，仿佛根本已忘了酒楼上还有这么样一个人。

西门吹雪剑锋般锐利的目光，却忽然盯到他身上。

木道人也在看着他，忽然举杯笑道："这位以酒为命的朋友，可容老道士敬你一杯？"

陆小凤笑道："恭敬不如从命，老朽也当回敬道士三杯。"

木道人大笑，忽然走过来，眼睛里也露出刀锋般的光，盯着陆小凤，道："贵姓？"

陆小凤道："姓熊，熊虎之熊。"

木道人道："萍水相逢，本不该打扰的，只是熊兄饮酒的豪情，像极了我一位朋友。"

柳青青心已在跳了，陆小凤居然还是笑得很愉快，道："道长这位朋友在哪里？"

木道人道："远在天边，近在眼前。"

柳青青一颗心已几乎跳出腔子，陆小凤杯中的酒也几乎溅了出来。

木道人却又仰面长叹，接着道："天忌英才，我这位朋友虽然已远去西天，可是此间有酒，又有故人，他的一缕英魂，说不定又已回到我眼前。"

柳青青松了口气，陆小凤也松了口气，因为他们都没有去看西门吹雪。

西门吹雪苍白的脸似已白得透明，一只手已扶上剑柄。

忽然间，窗外响起"锵"的一声龙吟。

只有利剑出鞘时，才会有这种清亮如龙吟般的响声。

西门吹雪的瞳孔立刻收缩。

就在这同一刹那间，夜空中仿佛有厉电一闪，一道寒光，穿窗而入，直刺西门吹雪。

西门吹雪的剑在桌上，犹未出鞘，剑鞘旁一只盛水的酒杯却突然弹起，迎上了剑光。

"叮"的一响，一只酒杯竟碎成了千百片，带着千百粒水珠，冷雾般飞散四激。

剑光不见了，冷雾中却出现了一个人。

一个黑衣人，脸上也蒙着块黑巾，只露出一双灼灼有光的眸子。

桌上已没有剑，剑已在手。

黑衣人盯着他，道："拔剑。"

西门吹雪冷冷道："七个人已太少，你何必一定要死？"

黑衣人不懂："七个人？"

西门吹雪道："普天之下，配用剑的人，连你只有七个，学剑到如此，并不容易。"他挥了挥手，"你走吧。"

黑衣人道："不走就死？"

西门吹雪道："是。"

黑衣人冷笑，道："死的只怕不是我，是你。"

他的剑又飞起。

木道人皱起了眉："这一剑已不在叶孤城的天外飞仙之下，这个人是谁？"

只有陆小凤知道这个人是谁。

他又想起了在幽灵山庄外的生死交界线上，那穿石而入的一剑。

石鹤，那个没有脸的人。他本来就一心想与西门吹雪一较高低的。

又是一声龙吟，西门吹雪的剑已出鞘。

没有人能形容他们两柄剑的变化和迅速。

没有人能形容他们这一战。

剑气纵横，酒楼上所有的杯盘碗盏竟全都粉碎，剑风破空，逼得每个人呼吸都几乎停顿。

那四个衣着华丽的老人，居然还是面不改色，陪伴在他们身旁的女孩子，却已莺飞燕散，花容失色。

忽然间，一道剑光冲天飞起，黑衣人斜斜蹿出，落在他们桌上。

西门吹雪的剑光凌空下击，黑衣人全身都已在剑光笼罩下。他已失尽先机，已退无可退。

谁知就在这时，这块楼板竟忽然间凭空陷落了下去——桌子跟着落了下去，桌上的黑衣人落了下去，四个安坐不动的华衣老人也落了下去。

酒楼上竟忽然陷落了一个大洞，就像是大地忽然分裂。

西门吹雪的剑光已从洞上飞到，这变化显然也大出他意料之外。

他正想穿洞而下，谁知这块楼板竟忽然又飞了上来。"嚓"一声，恰巧补上了这个洞。

桌子还在这块楼板上,四个华衣老人也还是动也不动地坐在那里。

这块楼板竟像是被他们用脚底吸上来的,桌上的黑衣人却已不见了。

剑光也不见了,剑已入鞘。

西门吹雪冷冷地看着他们,冷酷的目光中,也有了惊诧之色。

高行空、鹰眼老七、木道人,也不禁相顾失色。

现在他们当然都已看出来,这四个华衣老人既不是腰缠万贯的盐商富贾,也不是微服出游的京官大吏,而是功力深不可测的武林高手。

他们以内力压断了那块楼板,再以内力将那块楼板吸上来,功力达到这一步的,武林中有几人?

西门吹雪忽然道:"三个人。"

华衣老者们静静地看着他,等着他说下去。

西门吹雪道:"能接住我四十九剑的人,只有三个人。"

刚才那片刻之间,他竟已刺出了七七四十九剑。

他杀人的确从未使出过四十九剑。

华衣老者年纪最长的一个终于开口,道:"你看他是其中哪一个?"

西门吹雪道:"都不是。"

华衣老者道:"哦?"

西门吹雪冷冷道:"这三人都已有一派宗主的身份,纵然血溅剑下,也绝不会逃的。"

华衣老者淡淡道:"那么他就一定是第四个人。"

西门吹雪道:"没有第四个。"

华衣老者道:"阁下手中还有剑,为何不再试试,我们是否能接得住阁下的四十九剑?"

西门吹雪道："纵然能接得住，你们四人恐怕最多也只能剩下三个。"

华衣老者道："你呢？"

西门吹雪闭上了嘴。要对付这四个人，他的确没有把握。

华衣老者们也闭上了嘴。要对付西门吹雪，他们也同样没有把握。

跟着他们来的四个艳装少女中，一个穿着翠绿轻衫的忽然叫了起来。

"舅舅。"她大叫着冲向陆小凤，"我总算找到你了，我找得你好苦。"

陆小凤怔住。

他一向是个光棍，标准的光棍，可是现在不但忽然多了个儿子出来，又忽然做了别人的舅舅。

这少女已跪倒在他面前，泪流满面地道："舅舅你难道已不认得我了？我是小翠，你嫡亲的外甥女小翠。"

陆小凤忽然一把搂住她："我怎么会不认得你，你的娘呢？"

小翠好像已被抱得连气都透不出来，喘息着道："我的娘也死了。"

陆小凤道："你怎么会跟那些老头子到这里来的？"

小翠道："我……我没法子，他们……他们……"一句话未说完，已放声大哭了起来。

陆小凤忽然跳起来，冲到华衣老人们的面前，破口大骂："你们为什么要欺负她？否则她怎么会哭得如此伤心？"

他揪住一个老人的衣襟："看你们的年纪比我还大，却来欺负一个孤苦伶仃的小女孩，你们是不是人？我跟你们拼了。"

他用力拉这老人，小翠也赶过来，在后面拉他，忽然间，"哗啦啦"一声响,这块楼板又陷落了下去,三个人跌作一团。

西门吹雪似也怔住。

刚才他面对着的,很可能就是他这一生中最可怕的对手。

可是现在忽然之间,他面对着的已只不过是个大洞。

他只有走。

走过木道人面前时,他忽然又停下来,道:"你好。"

木道人也怔了怔,开怀大笑,道:"好,我很好,想不到你居然还认得我。"

西门吹雪道:"可曾见到陆小凤?"

木道人不笑了,叹息着道:"我见不着他,谁都见不着他了!"

西门吹雪冷笑!

木道人转开话题,道:"你是不是也到武当去?"

西门吹雪道:"不去!"

木道人道:"为什么?"

西门吹雪道:"我有剑,武当有解剑岩。"

木道人道:"你的剑从不肯解?"

西门吹雪道:"是的。"

那高大威武的老人忽然冷笑道:"你也不敢带剑上武当?"

西门吹雪冷冷道:"我只敢杀人,只要你再说一个字,我就杀了你。"

没有人再说一个字。

西门吹雪的手中仍有剑。

他带着他的剑,头也不回地走下了楼,头也不回地走了出去。

陆小凤还在跟那些华衣老者纠缠,他却连看都不再看他一眼。

闹市灯火依旧。

看着他走上灯火辉煌的长街,看着他走远,高大威武的老人才叹了口气，道："这世上难道真的只有三个人能接住他四十九剑？"

木道人道："真的。"

老人道："有没有人能解下他的剑？"

木道人道："没有。"

高行空道："难道他真的已天下无敌？"

高大威武的老人忽然笑了，道："也许没有人能解下他的剑，但却有个人能杀了他！"

高行空、鹰眼老七同时抢着问道："谁？"

高大威武的老人笑得仿佛很神秘，缓缓道："只要你们有耐心等着，这个人迟早总会出现的！"

02

忽然就发生的冲突，又忽然结束，别的人看来虽莫名其妙，他们自己心里却有数。

西门吹雪一走，陆小凤也就走了，华衣老者们当然不会阻拦他，大家都好像根本没有发生过任何事一样。

现在陆小凤又舒舒服服地坐到他那辆马车上，车马又开始往前走。

他那穿着翠绿轻衫，长得楚楚动人的外甥女，就坐在他对面，脸上的泪痕虽未干，却连一点悲哀的表情都没有，眼睛里还带着笑意，仿佛觉得这件事很有趣。

陆小凤好像也觉得这件事很有趣，忽然道："你是我嫡亲的外甥女？"

小翠道："嗯。"

陆小凤道："你妈妈就是我的妹妹？"

小翠道："嗯。"

陆小凤道："现在她已经死了？"

小翠道："嗯。"

陆小凤道："现在你是不是要带我们到你家去？"

小翠道："嗯。"

陆小凤道："你家里还有些什么人？"

小翠忽然笑了笑，道："还有些你一定会喜欢的人。"

陆小凤道："你怎么知道我会喜欢什么人？"

小翠眨着眼睛："我当然知道。"

陆小凤道："有些人是多少人？"

小翠道："不少。"

她也笑得很神秘，忽然把头伸到窗外，大声吩咐赶车的："从前面那条巷子向左转，右边第三间红门就到了。"

铺着青石板的巷子，两边高墙内一棵棵红杏开得正好，墙内的春色已浓得连关都关不住了。

右边第三间红门本来就是开着的，门楣上挂着好几盏粉红色的宫灯。

小翠一走进去就大声地喊："大家快出来，我们的舅舅来了。"

她的叫声还没有停，院子里就有十七八个女孩子拥了出来。

她们都很年轻，就像是燕子般轻盈美丽，又像是麻雀般吱吱喳喳吵个不停。

年轻的女孩子谁不喜欢舅舅呢？

她们都拥到陆小凤身旁，有的拉手，有的牵衣角，一个个都在叫："舅舅。"

陆小凤又怔住:"她们都是我的外甥女?"

小翠点点头,道:"你喜不喜欢她们?"

陆小凤只有承认:"喜欢,每一个我都喜欢。"

小翠笑了:"我就知道你一定会喜欢她们的。"

她又去警告那些女孩子:"可是你们却要小心点,我们这个舅舅什么都好,就是有点不太老实,抱着你的时候,简直让人连气都喘不过来。"

女孩子们笑得更娇,吵得更厉害了:"你是不是已经被他抱过?"

"舅舅不公平,抱过她,为什么不抱我?"

"我也要舅舅抱。"

"我也要。"

陆小凤左顾右盼,很有点想要去左拥右抱的意思,柳青青冷眼旁观,正准备想个法子让他清醒清醒,莫要乐极生悲。

谁知小翠的动作居然比她还快,已拉住陆小凤的手,冲出了重围。

女孩子们又大叫:"你叫我们出来的,为什么又把舅舅拉走?他又不是你一个人的舅舅?"

陆小凤立刻同意:"既然大家都是我的外甥女,我也该陪陪她们才是。"

小翠不理他,一直将他拉入了后面的长廊,才松开手,似笑非笑地用眼角瞟着他:"看来你的野心倒真不小,那些野丫头都是母老虎,你难道不怕她们拆散你这把老骨头!"

这已经很不像外甥女对舅舅说话的样子,她究竟是什么人?为什么要认陆小凤做舅舅?把陆小凤拉到这里来干什么?

陆小凤眨了眨眼睛,故意问道:"你是不是想单独跟我在一起?"

小翠又笑了,吃吃地笑着道:"我可没有这么大的胆子,刚才你就差点把我全身骨头都抱碎了，若是单独跟你在一起，那还得了？"

陆小凤道："有时我也会很温柔的，尤其是在旁边没有人的时候。"

小翠故意叹了口气，道："难怪别人说你是老色狼，居然连自己的外甥女都要打主意。"

陆小凤道："谁说我是老色狼？"

小翠道："一个人说的。"

陆小凤道："谁？"

小翠道："当然也是个你一定会很喜欢的人，我保证你一看见他，立刻就会将别人的话全都忘了。"

陆小凤眼睛又亮了，立刻问道："这个人在哪里？"

小翠指了指走廊尽头处的一扇门，道："他就在那屋里等着你，已等了很久了，你还不快去？"

陆小凤道："你呢？"

小翠又吃吃地笑道："我这个红娘只管送信，可不管带人进洞房。"

长廊里也挂着好几盏粉红色的宫灯，灯光比月色更温柔。

那些野丫头居然没有追进来，柳青青居然也没有追进来。

门是虚掩着的。

门里静悄悄的听不见人声。

——究竟是谁在里面等着他？里面是个温柔陷阱？还是个杀人的陷阱？

陆小凤正在迟疑着，小翠已在后面用力推了他一把，将他推进了这扇门。

屋里的灯光更温柔，锦帐低垂，珠帘摇曳，看来竟真有几分像是洞房的光景。

现在新郎已进了洞房，新娘子呢？

帐子里也寂无人声，好像并没有人，桌上却摆着几样菜、一壶酒。

菜都是陆小凤最喜欢吃的，酒也是最合他口味的竹叶青。

这个人无疑认得他，而且还很了解他。

——是不是叶灵已赶到他前面来了，故意要让他吓一跳？

——若不是叶灵，还有谁知道他就是陆小凤？

他将自己认得的每个女人都想了一遍，觉得都不可能。

于是他索性不想了，正准备坐下将刚才还没有吃完的晚饭补回来，帐子里忽然有人道："今天你不妨开怀畅饮，无论想要谁陪你喝都行了，就算喝醉了也无妨，明天我们没有事。"

陆小凤叹了口气，刚才那些粉红色的幻想，一下子全都变成了灰色的。

灰扑扑的衣服，灰扑扑的声音。

这是老刀把子的声音。

陆小凤叹息着，苦笑道："你明明有很多法子可以跟我见面，为什么偏偏要我空欢喜一场？"

老刀把子道："因为我现在跟你说的话，绝不能让第二个人听见。"

他的人终于出现了，穿的果然是那套灰扑扑的衣裳，头上当然也还是戴着那顶篓子般的竹笠，跟这地方实在一点也不相配。

陆小凤连酒都已喝不下去，苦笑道："你是不是准备把我骂得狗血淋头？"

老刀把子道："刚才你做的事确实很危险，若不是我早已有了安排,不但木道人很可能认出你,西门吹雪只怕也认出了你。"

他的声音居然很和缓:"可是现在事情总算已过去,总算没有影响大局。"

陆小凤却忍不住要问:"刚才的事你已全都知道?难道刚才你也在那里?"

老刀把子道:"我不在,可是我知道。"

陆小凤又叹了口气,道:"我最佩服你的一点,倒并不是因为你什么事都知道。"

老刀把子道:"你最佩服的是哪一点?"

陆小凤道:"你居然想得出要无虎无豹那些老和尚带着女人去喝酒,就凭这一点,我想不佩服你都不行。"

狎妓冶游的人们,竟是昔日的少林高僧,这种事除了老刀把子,有谁能想得到?

所以西门吹雪他们纵然觉得他们武功形迹可疑,也绝不会怀疑到他们就是死而复活的无虎兄弟。

江湖之中,本就有很多身怀绝技,深藏不露的风尘异人。

老刀把子淡淡道:"就因为别人想不到,所以这件事才不致影响大局。"

陆小凤道:"可是等到四月十三那一天,他们又在武当出现时……"

老刀把子道:"那时他们已变成了上山随喜的游方道士,没有人会注意他们的。"

陆小凤道:"我呢?那天我变成了什么样的人?"

老刀把子道:"你是个火工道人,随时都得在大殿中侍奉来自四方的贵客。"

陆小凤苦笑道:"这倒真是个好差事。"

老刀把子道："那一天武当山上冠盖云集，绝对没有人会注意到一个火工道士的。"

陆小凤道："我真正的差事是什么？是对付石雁？还是对付木道人？"

老刀把子道："都不是，我早已有了对付他们的人。"

陆小凤道："那么我呢？你找我来，总不会是特地要我去侍候那些客人的？"

老刀把子道："你当然还有别的事要做，这计划的成败关键，就在你身上。"

陆小凤忍不住喝了杯酒，想到自己肩上竟负着这么大的责任，他忍不住又喝了一杯。

他实在有点紧张。

老刀把子居然也倒了杯酒，浅浅啜了一口，才缓缓道："我要你做的事并不是杀人，我只不过要你去替我拿一个账簿。"

陆小凤道："谁的账簿？"

老刀把子道："本来是梅真人的，他死了之后，就传到石雁手里。"

陆小凤想不通："堂堂的武当掌门，难道也自己记账？"

老刀把子道："每一笔账都是他们亲手记下的。"

陆小凤试探着问道："账上记着的当然不是柴米油盐。"

老刀把子道："不是。"

陆小凤更好奇："上面记的究竟是什么？"

老刀把子居然将杯中酒一饮而尽，才沉声道："账上记的是千千百百人的身家性命。"

陆小凤道："是哪些人？"

老刀把子道："都是些有身份的人，有名的人，有钱的人。"

249

陆小凤更不懂:"他们的身家性命,和石雁的账簿有什么关系?"

老刀把子道:"这本账簿上记着的,就是这些人的隐私和秘密。"

陆小凤道:"见不得人的秘密?"

老刀把子点点头,道:"石雁若是将这些秘密公开了,这些人非但从此不能立足于江湖,只怕立刻就要身败名裂,死无葬身之地!"

陆小凤长长叹了口气,道:"堂堂的武当掌门,总不该做出挟人隐私的事。"

老刀把子冷冷道:"他们的确不该做的,可是他们偏偏做了出来。"

他的声音忽然充满怨毒:"若不是因为他们总是以别人的隐私作为要挟之手段,石鹤怎么会在接掌武当门户的前夕自毁面目?顾飞云、高涛、柳青青、钟无骨等这些人,他们的秘密,又怎么会被人知道?"

陆小凤又不禁吐出口气,道:"这些秘密都是梅真人和石雁说出来的?"

老刀把子恨恨道:"因为他们要挟不遂,他们就一定要将这人置之于死地,就算这个人已洗心革面,想重新做人,也已绝无机会。"

陆小凤道:"可是你给了他们一个机会。"

老刀把子道:"我只给了他们一次机会,不是一个机会。"

陆小凤道:"那有什么不同?"

老刀把子道:"他们是想重新做人,不是做死人。"

——活在幽灵山庄中的人,和死又有什么分别?

——只有毁了那账簿,他们才真正有重新做人的机会。

老刀把子握紧双手,道:"这才是我这次行动的最大目的,我们只许成功,不许失败!"

"噗"的一声,酒杯在他掌中粉碎,一丝鲜血从指缝间流了出来。

陆小凤看着这一丝鲜红的血，忽然变得沉默了起来，因为他心里正在问自己——

老刀把子这件事，是不是做得正确？

如果是正确的，一个正直的人，是不是就应该全力帮助他完成这件事！

武当是名门正宗，梅真人和石雁一向受人尊敬，他从未怀疑过他们的人格。

可是现在他对所有的事都已必须重新估计。

老刀把子盯着他，仿佛想看出他心底最深处在想什么。

陆小凤究竟在想什么？谁知道？

老刀把子缓缓道："我很了解，你若不是真的愿意去做一件事，谁也没法子勉强你，所以你一定要了解这件事的真相。"

陆小凤忽然问道："既然你的目的是为了救人，为什么还要杀人？"

老刀把子道："我要杀的，只是一些非杀不可的人！"

陆小凤道："王十袋、高行空、水上飞，这些人都非杀不可？"

老刀把子冷笑："我问你，只凭梅真人和石雁的亲信弟子，怎么能查得出那么多人的隐私和秘密？"

陆小凤道："难道你要杀的这些人，都是他们的密探？"

老刀把子点点头，道："因为这些人本身也有隐私被他们捏在手里。"

陆小凤也握紧了双手，终于问道："那本账簿在哪里？"

老刀把子道："就在石雁头上戴着的道冠里。"

陆小凤的心沉了下去。

武当石雁少年时就已是江湖中极负盛名的剑客，近年来功力修为更有精进，平时虽然绝少出手，据一般估计，他的剑法已在木道人之上。

西门吹雪说的三个人其中无疑是有他。

武当掌门的道冠,不但象征着武当一派的尊严,本身就已是无价之宝,何况道冠中还藏着有那么大的秘密。

老刀把子道:"我也知道要从他头上摘下那顶道冠来并不容易。"

那又岂非是不容易,那简直难如登天摘月。

陆小凤道:"我们为什么一定要在他戴着这道冠时动手?"

老刀把子道:"因为那是我们唯一的机会。"

他有很充足的理由解释:"因为除了他自己之外,谁也不知道平时这顶道冠藏在哪里。"

陆小凤长长叹了口气,道:"我做不到。"

那一天武当道观的大殿中,灯火通明,高手如云,要在众目睽睽之下,从武当掌教真人的头上摘下他的道冠来,这种事有谁能做得到?

老刀把子道:"只有你,你一定能做到。"

陆小凤道:"就算我能摘下来,也绝对没法子带着它在众目睽睽下逃出去。"

老刀把子道:"不是在众目睽睽之下,你出手时,没有人能看见你。"

陆小凤道:"为什么看不见?"

老刀把子道:"因为那时大殿内外七十二盏长明灯一定会同时熄灭。"

——灯里的油干了,灯自然会熄灭。

老刀把子道:"我们至少已试验了八百次,算准了灯里的油若只有一两三钱,就一定会在他宣布继承人的时候燃尽,我们在武当的内线,到时一定会使每盏灯里的油都只有一两三钱。"

这计划实在周密。

陆小凤道:"可是大殿中一定有点着的蜡烛。"

老刀把子道:"这一点由花魁负责,他满天花雨的暗器手法,已无人能及。"

现在这计划几乎已天衣无缝。

灯灭时大殿中骤然黑暗,大家必定难免惊惶,就在这片刻之间,陆小凤要出手夺道冠,石鹤杀石雁,无虎兄弟杀铁肩,表哥杀小顾道人,管家婆杀鹰眼老七,海奇阔杀水上飞,关天武杀高行空,杜铁心杀王十袋。

老刀把子道:"无论他们是否能得手,等到灯火再亮时,他们就都已全身而退。"

只要一击不中,就全身而退。

老刀把子道:"你也一样,纵然道冠不能得手,你也一定要走,因为在那种情况中,无论任何人都绝没有第二次出手的机会。"

他又补充着道:"无论你是否得手,都要立刻赶回来这里,灯亮之后,大家都一定只会去照顾已负了伤的友伴同门,谁都不会注意到大殿中已少了些什么人,更不会有人追踪。"

何况那时根本还没有人知道这件事究竟是怎么会发生的。

陆小凤又不禁长长叹了口气,道:"我佩服你!"

他这一生中,也不知插手过多少件阴谋,绝没有任何一次能比得上这一次。

这计划几乎已完全无懈可击。

可是他还有几点要问:"我们为什么不先杀了石雁,再取他顶上道冠?"

老刀把子道:"因为我们没有一击就能命中的把握。"

这件事却只许成功,不许失败,这件事的确已耗尽了他的一生心血。

陆小凤又问:"若没有我,我的差使谁做?"

老刀把子道:"叶雪!"

陆小凤苦笑道:"为什么会是她?"

老刀把子道:"她轻功极高,又是天生夜眼,在石雁骤出不意之下,她至少有七八成得手的机会。"

他忽然用手握住了陆小凤的手:"你却有九成机会,甚至还不止九成,我知道你也有在黑暗中明察秋毫的本事,而且你还有这一双天下无双的手。"

他握着这只手,就好像在握着件无价的珍宝。

陆小凤却在看着他的手。

他的手瘦削、稳定、干燥,手指长而有力。

若是握住了一柄合手的剑,这只手是不是比西门吹雪的手更可怕?

这个人究竟是谁?

现在陆小凤若是反腕拿住他的脉门,摘下他头上的竹笠,立刻就可以知道他是谁了。

成功机会就算不大,至少也该试一试。但是陆小凤没有试。

这使得他对自己很愤怒,忽然大声问道:"你难道从来都没有想到过她的死活?"

老刀把子道:"你说的是谁?"

陆小凤道:"是你的女儿,叶雪!"

老刀把子淡淡道:"想了也没有用的事,又何必去想?"

陆小凤道:"你知不知道她的母亲死了之后还被……"

老刀把子立刻打断了他的话,目光刀锋般在竹笠里怒视着他:"你可以要我替你做任何事,但是你以后千万不要在我面前再提起这个女人。"

——为什么？

——沈三娘是叶凌风的妻子，却为他生了一个女儿，她对不起的是叶凌风，并不是他。

——他为什么如此恨她？

陆小凤想不通，想了很久都想不通。

老刀把子的愤怒很快就被抑制："明天白天没有事，随便你想干什么都无妨，后天凌晨之前，我会安排你到武当去。"

他站起来，显然已准备结束这次谈话："那里香火道人的总管叫彭长净，你到了后山，无论什么事他都会替你安排的。"

陆小凤道："然后呢？"

老刀把子道："然后你就只在那里等着。"

陆小凤道："等灯灭的时候？"

老刀把子道："不错，等灯灭的时候。"

他走出去，又回过头："从现在开始，你就完全单独行动，用不着再跟任何人联络，也不再有人来找你。"

陆小凤苦笑道："从现在开始，连我老婆儿子都已见不到了。"

老刀把子道："但是你不会寂寞的，你还有很多外甥女。"

第十四章

香火道人

01

四月十三日,黎明前。武当后山一片黑暗,过了半山后,风中就已有了寒意。

静夜空山,一缕缕白烟从足下升起,也不知是云?还是雾?

远远看过去,依稀已可见那古老道观庄严巍峨的影子。

到了这里,带路的人就走了:"你在这里等着,很快就会有人来接应你。"

陆小凤并没有多问,也不想知道这个人是谁,今天虽然是个大日子,他的精神并不太好。

他的外甥女实在太多。

幸好他并没有等多久,黑暗中就有人压低了声音在问:"你来干什么的?"

这是他们约定的暗号,回答应该是:"来找豆子,十三颗豆子。"

黑暗中果然立刻出现了一个人,陆小凤再问:"你是谁?"

"彭长净。"

彭长净看来竟真的有点像是颗豆子,圆圆的,小小的,眼睛很亮，动作很灵敏，很快地打量了陆小凤两眼，就板着脸道："你喝过酒？"

陆小凤当然喝过酒，喝得还不少。

彭长净道："这里不准喝酒、不准说粗话、不准看女人，走路不准太快，说话不准太响。"

陆小凤笑了："这里准不准放屁？"

彭长净沉下脸，冷冷道："我不知道你以前是干什么的，我也不想知道，到了这里，你就得守这里的规矩。"

陆小凤不笑了，也已笑不出。他知道他又遇见了一个很难对付的人。

彭长净道："还有一件事你最好也记住。"

陆小凤道："什么事？"

彭长净道："到了山上，你就去蒙头大睡，千万不要跟人打交道，万一有人问起你，你就说是我找你来帮忙的。"

他想了想，又道："我的师弟长清是个很厉害的人，万一你遇上他，说话更要小心。"

陆小凤道："我一定会很小心、很小心的。"

彭长净道："好，你跟我来。"

他不但动作灵敏，轻功也很不错。

陆小凤实在没想到一个火工道人的总管，竟有这么好的身手。

彭长净却更意外，陆小凤居然能跟得上他，无论他多快，陆小凤始终都能跟他保持同样的一段距离。

老刀把子显然没有将陆小凤的来历身份告诉他。

除了老刀把子自己之外，每个人知道的好像都不太多。

所以其中就算有一两个人失了风，也不至于影响整个计划。

天还没有亮，后山的香积厨里已有人开始工作，淘米、生火、洗菜、熬粥，每个人都在默默地做自己的事，很少有人开口说话。

这位彭总管对他属下的火工道人们，想必比对陆小凤更不客气。

香积厨后面，有两排木屋，最旁边的一间，屋里堆着一篓篓还没有完全晒干的腌萝卜，屋角摆着张破旧的竹床。

彭长净道："你就睡在这里。"

陆小凤忍不住要问："睡到什么时候？"

彭长净道："睡到我来找你的时候，反正这里有吃的。"

陆小凤吃了一惊："吃这些腌萝卜？"

彭长净冷冷道："腌萝卜也是人吃的。"

陆小凤叹了口气，苦笑着喃喃道："我只怕萝卜吃多了会放屁。"

彭长净道："你可以不吃，就算饿一天，也饿不死人的。"

他已准备走了："你还有什么不明白的事？"

陆小凤道："只有一件事。"

彭长净道："你说。"

陆小凤道："我只奇怪你为什么不改行做牢头去？"

问完了就往竹床上一躺，用薄被盖住了头，死人也不管了。

只听房门"砰"的一声响，彭长净只有把气出在这扇木板门上。

陆小凤笑了。

对付这种人，你只有想法子气气他，只要有一点机会能让他生气，就千万不要错过，最好能让他气得半死。

可是这床棉被却已先把陆小凤臭得半死，他伸出头来想透口气，腌萝卜的气味也并不比这床被好多少，只有鼻子不通的人，也许还能在这里睡得着。

东方的曙色，已将窗纸染白，然后阳光就照上了窗棂。

他眼睁睁地看着屋里这扇唯一的窗户，叫他就这样躺在这里，再眼睁睁地等着太阳落下去，那简直要他的命。何况，现在肚子又饿得要命，要他吃腌萝卜，更要他的命。

有了这么多要命的事，他如果还能耽得下去，他就不是陆小凤。

就算彭长净说的话是圣旨，陆小凤也不管的，好歹也得先到厨房里找点东西吃。

山上既然来了这么多贵宾，香积厨里当然少不了有些冬菇香菌之类的上素。

他虽然宁可吃大鱼大肉，可是偶尔吃一次素，他也不反对。

他只不过反对挨饿。他认为每个人都应该有免于饥饿匮乏的自由。

太阳已升得很高，香积厨里的人正在将粥菜点心放进一个个涂着红漆的食盒里，再分别送出去。

早点虽然简单些，素菜还是做得很精致，显然是送给贵客们吃的。

陆小凤正准备想法子弄个食盒，带回他那小屋去享受，突听一个人大声道："你过来。"

说话的人是中年道士，阴沉沉的一张马脸，看样子，就很不讨人欢喜。

陆小凤东看看，西看看，前看看，后看看，前后左右都没有别人。

这马脸道士叫的就是他。

他只有走过去。

临时被找来帮忙的火工道人好像不止他一个，这道士并没有盘问他的来历，只不过要他把一个最大的食盒送到"听竹小院"去，而且要赶快送去。

陆小凤提起食盒就走,他看见摆进食盒里的是一碟油焖笋,一碟扁尖毛豆,一碟冬菇豆腐,一碟罗汉上斋,还有一大锅香喷喷的粳米粥。

这些东西都很合他的口味,他实在很想先吃了再说。

如果他真的这么样做,他也不是陆小凤了。

陆小凤做事,并不是完全没有分寸的,他并不想误了大事。

这食盒里的菜既然精致,住在听竹小院里的当然是特别的贵客。

现在唯一的问题是,他根本不知道听竹小院在哪里。

他正想找个样子比较和气的人问问,却看见了个样子最不和气的人。

彭长净正在冷冷地盯着他,忽然压低声音问:"你知不知道听竹小院里住的是什么人?"

陆小凤摇摇头。

彭长净道:"是少林铁肩。"

陆小凤手心已好像冒汗。

他认得铁肩,这老和尚不但有一双锐眼,出家前还是一个名捕,黑道上的勾当,他没有一样不精的,最精的据说就是易容,连昔年江湖中的第一号飞贼"千面人",都栽在他手里。

彭长净冷冷道:"他若看出你易容改扮过,你就完了。"

陆小凤苦笑道:"我能不能不去?"

彭长净道:"不能。"

陆小凤道:"为什么?"

彭长净道:"因为派给你这件差使的人,就是宋长清,他已经在注意你。"

幸好听竹小院并不难找,依照彭长净的指示走过碎石小径,就可以看见一片青翠的竹林。

他走过去的时候，有个人正在他前面，一身蓝布衣服已洗得发白，还打着十七八个大补丁。

他认得这个人，用不着看到这个人的脸，就可以认得出。

丐帮的规矩最大，丐帮弟子背后背着的麻袋，叫作品级袋。

你若有了七袋弟子的身份，就得背七口麻袋，多一口都不行，少一口也不行，简直比朝廷命官的品级分得还严。

七袋弟子已是丐帮中的执事长老，帮主才有资格背九口麻袋。

走在陆小凤前面的那个人，背后的麻袋竟有十口。

丐帮建立数百年来，这是唯一的例外，因为这个人替丐帮立的功勋实在太大，而却又偏偏功成身退，连帮主都不肯做。

为了表示对他的尊敬和感激，丐帮上上下下数千弟子，每个人都将自己的麻袋剪下一小块，连缀成一个送给他，象征他的尊荣权贵。

这个人就是王十袋。

陆小凤低下了头，故意慢慢地走。

王十袋今年已近八十，已是个老得不能再老的老江湖，江湖中的事，能瞒过他的已不多。

陆小凤实在不愿被他看见，却又偏偏躲不了，他显然也是到听竹小院中去的，有很多朋友已经在那里等着他，他的朋友都是身份极高的武林名人。

木道人、高行空，和鹰眼老七都在，还有那高大威猛的老人——这人究竟是什么身份？

一个修饰整洁，白面微须的中年道者，正是巴山小顾。

一个衣着朴素，态度恬静，永远都对生命充满了信心和爱心的年轻人，却是久违了的花满楼。

没有人能看得出他是瞎子,他自己仿佛也忘了这件事。

他虽然不能用眼睛去看,可是他能用心去看,去了解,去同情,去关怀别人。

所以他的生命永远是充实的。

陆小凤每次看见他的时候,心里都涌起了一阵说不出的温暖。

那不仅是友情,还有种发自内心的尊敬。

云房中精雅幽静,陆小凤进去的时候,他们正在谈论木道人那天在酒楼上看见的事。

对这个话题陆小凤无疑也很有兴趣,故意将每件事都做得很慢,尽量不让自己的脸去对着这些人。

他们对他却完全没有注意,谈话并没有停顿。

"西门吹雪说的是真话。"木道人的判断一向都很受重视,"能接得住他一轮快攻,绝不会超出三个人。"

"你也看不出那黑衣蒙面剑客的来历?"问话的是巴山小顾。

他自己也是剑法名家,家传七七四十九手回风舞柳剑,与武当的两仪神剑、昆仑的飞龙大九式,并称为玄门三大剑法。

"那人的出手轻灵老练,功力极深,几乎已不在昔年老顾之下。"木道人目中带着深思之色,"最奇怪的是,他用的竟仿佛是武当剑法,却又比武当剑法更锋锐毒辣。"

"你看他比你怎么样?"这次问话的是王十袋,只有他才能问出这种话。

木道人笑了笑:"我这双手至少已有十年未曾握剑了。"

"你的手不会痒?"

"手痒的时候我就去拿棋子和酒杯。"木道人笑道,"那不但比握剑轻松愉快,而且也安全得多。"

"所以那天你就一直袖手旁观。"

"我只能袖手旁观,我手里不但有酒杯,还提着个酒壶。"

"你说的那位以酒为命的朋友是谁?"

"那人据说是个告老还乡的京官,我看他却有点可疑。"鹰眼老七抢着说。

"可疑?"

"他虽然尽量作出老迈颠顸的样子,其实脚下的功夫却很不弱,一跤从楼上跌下去,居然连一点事都没有,看他的样子,就像是我们一个熟人。"

听到这里,陆小凤的一颗心几乎已跳出腔子,只想赶紧开溜。

"你看他像谁?"

"司空摘星。"

陆小凤立刻松了口气,又不想走了。

他们又开始谈论那四个行迹最神秘的老头子。

"那四个人非但功力都极深,而且路数也很接近。"木道人苦笑着道,"像那样的人,一个已很难找,那天却忽然同时出现了四个,简直就像是忽然从天上掉下来的。"

高行空沉吟着,缓缓道:"更奇怪的是,他们的神情举动看来都差不多,就连面貌好像都有点相似,就好像是兄弟。"

"兄弟?"铁肩皱了皱眉,"像这样的兄弟,我只知道……"

他没有说下去,他一向不是个轻易下判断的人,他的身份地位,也不能轻易下判断。

可是在座的这些老江湖们,显然已听出了他的意思:"你说的是虎豹兄弟?"

铁肩没有承认,也没有否认。

木道人又笑了:"就算他们还在人世,也绝不会带着'满翠楼'的姑娘去喝酒的。"

"满翠楼的姑娘？"王十袋抢着道，"你对这种事好像蛮内行的，你是不是也去过满翠楼？"

"我当然去过。"木道人悠然而笑，"只要有酒喝，什么地方我都去。"

王十袋也大笑："这老道说话的口气，简直就跟陆小凤一模一样。"

话题好像已转到陆小凤身上。

陆小凤又准备开溜。

鹰眼老七忽然道："还有件事我更想不通。"

木道人道："什么事？"

鹰眼老七道："一个告老还乡的京官，怎么会忽然变成了火工道士？"

陆小凤手脚冰冷，再想走已太迟。

鹰眼老七已飞身而起，挡住了他的去路，冷冷道："你不能走。"

陆小凤好像很吃惊："我为什么不能走？"

鹰眼老七道："因为我想不通这件事，只有你能告诉我。"

高行空也跳了起来："不错，他就是那位以酒为命的朋友，他怎么会到这里来的？"

幽雅的云房，忽然充满杀气。

无论谁做了十二连环坞的总瓢把子，一个月中总难免要杀三五个人的。

高行空阴鸷冷酷，也是江湖中有名的厉害人物。

只要他们一开始行动，就有杀机。

他们一前一后，已完全封死了陆小凤的退路，陆小凤就算能长出十对翅膀来，也很难从这屋子里飞出去。

只不过世上假如还有一个人能从这屋里逃出去，这个人一定就是陆小凤。

他忽然大笑："我好像输了。"

鹰眼老七冷冷道："你输定了。"

陆小凤道："我生平跟别人打赌不下八百次，这一次输得最惨。"

鹰眼老七道："打赌，赌什么？"

陆小凤道："有个人跟我赌，只要我能在这屋里耽一盏茶工夫，还没有被人认出来，他就输给我一顿好酒，否则他从此都要叫我混蛋。"

鹰眼老七冷笑。

他根本不信那一套，却还是忍不住要问："跟你打赌的这个人是谁？"

陆小凤道："他自己当然也是个混蛋，而且是个特大号的混蛋。"

鹰眼老七道："谁？"

陆小凤道："陆小凤。"

这名字说出来，大家都不禁耸然动容："他还没有死？"

陆小凤道："死人怎么会打赌？"

鹰眼老七道："他的人在哪里？"

陆小凤抬起头，向对面的窗户招了招手，道："你还不进来？"

大家当然都忍不住要朝那边去看，他自己却趁机从另一边溜了。

两边窗子都是开着的，他箭一般蹿了出去，一脚踹在屋檐上。

屋檐塌下来的时候，他又已借力掠出五丈。

后面有人在呼喝，每个人的轻功都很不错，倒塌的屋檐虽然能阻拦他们一下子，他们还是很快就会追出来的。

陆小凤连看都不敢回头去看。

道观的建筑古老高大而空阔，虽然有很多藏身之处，他却不敢冒险。

今天已是十三，该到的人已全都到了，到的人都是高手。

无论藏在哪里，都可能被人找到，无论被谁找到，要想脱身都很难。

他当然也不能逃下山去，今天的事，他既不能错过，也不愿错过。

三五个起落后，对面已有人上了屋脊，后面当然也有人追了过来。

接着，左右两边也出现了人影，前后左右四路包抄，他几乎已无路可走。

他只有往下面跳。

下面的人仿佛更多，四面八方都已响起了脚步声。

他转过两三个屋角，忽然发现前面有个人在冷冷地看着他，马脸上全无表情，竟是彭长净的师弟，火工道人的副总管长清。

陆小凤吃了一惊，勉强笑道："你好。"

长清冷冷地道："我不好，你更不好，我只要大叫一声，所有的人都会赶到这里来，就算你能一下子打倒我，也没有用。"

陆小凤苦笑道："你想怎么样？"

长清道："我只想让你明白这一点。"

陆小凤道："我已经明白了。"

长清道："那么你就最好让我把你抓住，以后对你也有好处。"

陆小凤叹了口气，道："好吧，反正我迟早总是逃不了的，倒不如索性卖个交情给你。"

长清眼睛亮了，一个箭步蹿过来。

陆小凤道："你下手轻一点好不好？"

长清道："好。"

这个字是开口音，他只说出这个字，已有样东西塞入他嘴里，他挥拳迎击，胁下的穴道也已被点住。

陆小凤已转过前面的屋角，他只有眼睁睁地看着。

可是他知道陆小凤是逃不了的，因为再往前转，就是大殿。

当今武当的掌门人，正在大殿里。

02

大殿前是个空旷宽阔的院子，谁也没法子藏身，大殿里光线阴暗，香烟缭绕，人世间所有的纠纷烦恼，都已被隔绝在门槛外。

陆小凤竟蹿了进去。他显然早已准备藏身在这里。

他知道人们心里都有个弱点，藏身在最明显的地方，反而愈不容易被找到。

现在早课的时候已过，大殿中就算还有人，也应该被刚才的呼喝惊动。

他实在想不到里面居然还有人。

一个长身玉立的道人，默默地站在神案前，也不知是在为人类祈求平安，还是在静思着自己的过错。

他面前的神案上，摆着一柄剑。

一柄象征着尊荣和权力的七星宝剑。

这个人竟是石雁。

陆小凤更吃惊，脚尖点地，身子立刻蹿起。

大殿上的横梁离地十丈。

没有人能一掠十丈。

他身子蹿起，左足足尖在右足足背上一点，竟施展出武林中久已绝传的"梯云纵"绝顶轻功。

他居然掠上了横梁。

石雁还是默默地站在那里，仿佛已神游物外。

陆小凤刚刚松了口气，王十袋、高行空、鹰眼老七、巴山小顾都已闯了进来。

"刚才有没有人进来过？"

石雁慢慢地转过身，道："有。"

这个"有"字听在陆小凤耳里，几乎就像是罪犯听见了他已被判决死刑。

"人在哪里？"

"就在这里。"石雁微笑着，"我就是刚才进来的。"

人都已走了，连石雁都走了。

如果武当的掌门人说这里没有人来过，那么就算有人看见陆小凤在这里，也一定认为是自己看错了。

有很多人都认为武当掌门的话，甚至比自己的眼睛还可靠。

石雁当然绝不会说谎，以他的耳目，难道真不知道有人进来过？

陆小凤忽然想起了孩子们捉迷藏的游戏。

——一个孩子躲到叔叔椅子背后，另一个孩子来找，叔叔总是会说："这里没有人。"

石雁并不是他的叔叔，为什么要替他掩护？

陆小凤没有去想。

横梁上灰尘积得很厚，他还是躺了下去，希望能睡一下。

现在他已绝不能再露面了，只有在这里等，"等灯灭的时候"。

等到那一瞬到来，他在横梁上还是同样可以出手。

所以他才会选择这地方藏身，这里至少没有腌萝卜的臭气。

只可惜他还是睡不着。他怕掉下去。

不但怕人掉下去，也怕梁上的灰尘掉下去，他简直连动都不敢动。

等到他想到饿的时候，就开始后悔了，后悔自己为什么不老老实实地耽在那屋子里？腌萝卜的味道其实并没有他想象中那么臭的。

这时大殿中又有很多人进来，打扫殿堂，安排座椅，还有人在问："谁是管灯油的？"

"是弟子长慎。"

"灯里的油加满了没有？"

"加满了，今天清早，弟子就已检查过一遍。"

问话的人显然已很满意，长慎做事想必一向都很谨慎。

奇怪的是，武当弟子怎么会被老刀把子收买了的？他对于武当的情况，为什么会如此熟悉？

陆小凤也没有去想。

最近他好像一直都不愿意动脑筋去想任何事。

打扫的人大多都走了，只留下几个人在大殿里看守照顾。

又过了很久，陆小凤就听见他们在窃窃私议，议论的正是那个扮成火工道人的"奸细"。

"我实在想不通，这里又没有什么秘密，怎么会有奸细来？"

"也许他是想来偷东西的。"

"偷我们这些穷道士？"

"莫忘记这两天山上来的都是贵客。"

"也许他既不是小偷，也不是奸细。"

"是什么？"

"是刺客！来刺那些贵客的。"

"现在我们还没有抓住他？"

"还没有。"

"我想他现在一定早就下山了,他又不是呆子,怎么会留在山上等死?"

"倒霉的是长净,据说那个人是他带上山来的,现在十二连环坞的总瓢把子正亲自追问他的口供。"

据说鹰眼老七的分筋错骨手别有一套,在他的手下,连死人都没法子不开口。

长净会不会将这秘密招供出来?他知道的究竟有多少?

陆小凤正在开始担心,忽然又听见脚步声响,两个人喘息着走进来,说出件惊人的消息:"彭长净死了!"

"怎么死的?"

"二师叔他们正在问他口供时,外面忽然飞进了一根竹竿,活活地把他钉死在椅子上。"

"凶手抓住了没有?"

"没有,太师祖已经带着二师叔他们追下去了。"

陆小凤叹了口气,这结果他并不意外。

杀人灭口,本就是他们的一贯作风。

只不过用一根竹竿就能将人活活钉死在椅子上的人并不多,就连表哥和管家婆他们都绝没有这么深的功力。

除了他之外,还有谁也已潜入了武当?

无虎兄弟和石鹤绝不敢这么早就上山,来的难道是老刀把子?

他是用什么身份作掩护的?

难道他也扮成了个火工道士?

下面忽然又有人问:"长净死了,跟我们又没什么关系,你何必急着赶来报消息?"

"跟你虽然没关系,跟长慎师兄却有关系……"

"我明白了。"另外一个人打断了他的话,"长争死了,长清也受了罚,长慎师兄当然就变成了我们的总管,你是赶来报喜的。"

看来这些火工道人们的六根并不清净,也一样会争权夺利。

陆小凤心里正在叹息,忽然听到一阵尖锐奇异的声音从外面卷了进来。

连他都听不出这是什么声音,只觉得耳朵被刺得很难受。

就在这一瞬间,大殿里已响起一连串短促凄厉的惨呼声:"是你……"

一句话未说完,所有的声音又突然断绝。

陆小凤忍不住悄悄伸出头去看了一眼,手足已冰冷。

大殿里本来有九个人,九个活生生的人,就在这一瞬间,九个人都已死了。

九个人的咽喉都已被割断,看来无疑都是死在剑锋下的。

一剑就已致命!

武当的弟子们武功多少总有些根基,却在一瞬间就已被人杀得干干净净。

刚才那奇异尖锐的声音,竟是剑锋破空声。

好快的剑!好狠的剑!就连纵横天下的西门吹雪都未必能比得上。

凶手是谁?

他为什么要杀这些无足轻重的火工道人?

"是为了长慎!"陆小凤忽然明白,"他算准了长净一死,别人一定会找长慎问话,所以先赶来杀了长慎灭口。"

杀长净的凶手当然也是他。

这个人竟能在武当的根本重地内来去自如,随意杀人,他究竟是什么身份?

"是你……"

长慎临死前还说出了这两个字,显然是认得这个人的,却也想不到这个人会是杀人的凶手。

陆小凤又不禁开始后悔,刚才响声一起,他就该伸出头来看看的。

也许这就是他唯一能看到这人真面目的机会,良机一失,只怕就永不再来了。

死人已不会开口。

无论鹰眼老七的分筋错骨手多厉害,死人也不会开口。

所以计划一定还是照常进行。

所以陆小凤还是只有等。

等天黑,等灯亮,再等灯灭。

等待的滋味实在不好受。

第十五章

梁上君子

01

四月十三，黄昏。天渐渐黑了，大殿里灯火已燃起。

横梁上却还是很阴暗，阳光照不到这里，灯火也照不到，世上本就有很多地方是永远都没有光明。

有些人也一样。难道陆小凤已变成了这种人，他这一生难道已没有出头的机会，只能像老鼠般躲在黑暗中，躲避着西门吹雪？

也许他还有机会，也许这次行动就是他唯一的机会，所以他绝不能失手。可是他并没有把握。

谁能有把握从石雁头上摘下那顶道冠来？他连一个人都想不出。

大殿里又响起了脚步声，走在最前面的一个人脚步虽然走得很重，脚步声却还是很轻。因为他全身的气脉血液都已贯通，他虽然也是血肉之躯，却已和别人不同。他身子里已没有渣滓。

陆小凤忍不住将眼睛贴着横梁，偷偷地往下看，一行紫衣玄冠的道人鱼贯走入大殿，走在最前面的，竟是木道人。

他和木道人相交多年，直到此刻，才知道这位武当名宿的功力，比任何人想象中都要高得多。

石雁还没有来，主位上的第一张交椅是空着的，木道人却只能坐在第二张椅子上。

虽然他德高望重，辈分极尊，可是有掌门人在时，他还是要退居其次。

这是武当的规矩，也是江湖中的规矩，无论谁都不能改变。

大厅里灯火辉煌，外面有钟声响起，木道人降阶迎宾，客人们也陆续来了。

每个人的态度都很严肃，鹰眼老七他们的神情凝重，显然还不能忘记今天白天发生的那些事。

那高大威猛的老人也到了，座位居然还在十二连环坞的总瓢把子之上。

他又是什么身份？为什么从来不在江湖中露面？此刻为什么又忽然出现了？

陆小凤一直盯着他，心里总觉得自己应该认得这个人，却又偏偏不认得。

大殿中摆的椅子并不多，够资格在这里有座位的人并不多。

客人们来的却不少，没有座位的人只有站着。

铁肩、石雁、王十袋、水上飞、高行空、巴山小顾、鹰眼老七，他们身后都有人站着，每个人都可能就是在等着要他们的命。

这些人之中，有哪些是已死过一次又复活了的？谁是杜铁心？谁是关天武？谁是娄老太太？

陆小凤正在找。他们易容改扮过之后的面貌，除了老刀把子和犬郎君外，只有陆小凤知道。

犬郎君已将他们每个人易容后的样子都画出来交给了陆小凤——在第一流的客栈里，厕所总是相当大的，除了方便外，还可以做很多事。

海奇阔杀的那条狗，既然真是条狗，犬郎君到哪里去了？这秘密是不是也只有陆小凤知道?

他很快就找到了他们,甚至连那个没有脸的石鹤,现在都已有了张脸。

他们显然都在紧紧盯着自己的目标,只等灯一灭,就蹿过去出手。

唯一没有人对付的,好像只有木道人,是不是因为他久已不问江湖中的事,老刀把子根本就没有将他当作目标?陆小凤没有再想下去,因为这时候他自己的目标也出现了。

戴着紫金道冠的武当掌门真人,已在四个手执法器的道童护卫中,慢慢地走了出来。

这位名重当代的石雁道长,不但修为功深,少年时也曾身经百战,他的剑法、内力、和修养,都已很少有人能比得上。可是现在他看来竟似很疲倦、很衰老,甚至还有点紧张。

石雁的确有点紧张。

面对着这么多嘉宾贵客,他虽然不能不以笑脸迎人,可是心里却觉得紧张而烦躁。近十年来,他已很少会发生这种现象。今天他心里仿佛有种不祥的预感,知道一定会有些不幸的事发生。

"也许我的确已应该退休了。"他在心里想,"去找个安静偏僻的地方,盖两间小木屋,从此不再问江湖中的是非,也不再见江湖中的人。"

只可惜到现在为止,这些还都是幻想,以后是不是真的能及时从江湖上的是非恩怨中全身而退,连他自己都没有把握,若不能把握时机,很可能就已太迟。

每当他紧张疲倦时,他就会觉得后颈僵硬,偏头痛的老毛病也会发作。

尤其现在，他还戴着顶分量很重的紫金道冠，就像是锅盖般压在他头上。

嘉宾贵客们都已站起来迎接他。虽然他知道他们尊敬他，只不过因为他是武当的掌门。

虽然他并不完全喜欢这些人，却还是不能不摆出最动人的笑容，向他们招呼答礼。

——这岂非也像做戏一样？

——你既然已被派上这角色，不管你脖子再硬，头再疼，都得好好地演下去。

大殿里灯火辉煌。在灯光下看来，铁肩和王十袋无疑都比他更疲倦、更衰老。

其实他们都已应该退休归隐了，根本不必到这里来的。

他并不想见到他们，尤其是王十袋——"明明是个心胸狭窄，睚眦必报的人，却偏偏要作出游戏风尘、玩世不恭的样子。"

——还有那总是喜欢照镜子的巴山小顾，他实在应该去开妓院的，为什么偏偏要出家？

——世界上为什么有这许多人都不能去做自己真正想做的事？

典礼已开始进行，每一个程序都是石雁已不知做过多少次的，说的那些话，也全都不知是他已说过多少次的。无论他心里在想什么，都绝不会出一点错误，每件事都好像进行得很顺利。

接着他就要宣布他继承人的姓名了。他用眼角看着几个最重要的弟子，愈有希望的，就显得愈紧张。

假如他宣布的姓名并不是这几个人，他们会有什么表情？别人会有什么反应？

那一定很有趣。想到这一点，他嘴角不禁露出了笑意，几乎忍不住要笑出来。

可是他很快就抑制了自己，正准备进行仪式中最重要的一节。

就在这时，大殿里有盏永不熄灭的长明灯，竟忽然灭了。

他心里立刻生出警兆，他知道自己那不祥的预感已将灵验。

几乎就在这同一刹那间，大殿内外的七十二盏长明灯，竟突然全都熄灭。

几缕急锐的风声响起，神龛香案上的烛火也被击灭。灯火辉煌的大殿，竟突然变得一片黑暗。

黑暗中突然响起一连串惨呼，一道更强锐的风声，从大殿横梁上往他头顶吹了过来，吹动了他的道冠，竟仿佛是夜行人的衣袂带风声。他伸手去扶道冠时，道冠已不见了。

"锵"的一响，他腰上的七星剑也已出鞘，却不是他自己拔出来的。

他身子立刻掠起，只觉得胁下肋骨间一阵冰冷，仿佛被剑锋划过。

这件事几乎也全都是在同一刹那间发生的。

大多数人根本还不知道这是怎么回事，当然更不知道应该怎么应变。

那些凄厉的惨呼声，使得这突来的变化显得更诡秘恐怖。

惨呼声中，竟似还有铁肩和王十袋这些绝顶高手的声音。

然后就听见了木道人在呼喝："谁有火折子？快燃灯。"

他的声音居然还很镇定，但石雁却听得出其中也带着痛苦之意。难道他也受了伤？

虽然只不过是短短的一瞬时光，可是每个人感觉中，都好像很长。

灯终于亮了，大家却更吃惊，更恐惧。谁也不能相信自己眼睛里看见的事，这些事却偏偏是真的——

铁肩、王十袋、巴山小顾、水上飞、高行空、鹰眼老七，还有武当门下几个最重要的弟子，竟都已倒了下去，倒在血泊中。王十袋腰上甚至还插着一把剑，剑锋已直刺入他要害里，只留下一截剑柄。

木道人身上也带着血迹，虽然也受了伤，却还是最镇定。

"凶手一定还在这里，真相未明之前，大家最好全都留下来。"

事变非常，他的口气也变得很严肃："无论谁只要走出这大殿一步，都不能洗脱凶手的嫌疑，那就休怪本门子弟，要对贵客无礼了。"

没有人敢走，没有人敢动。这件事实在太严重，谁也不愿沾上一点嫌疑。

奇怪的是，留在大殿里的人，身上都没有兵刃，杀人的刀剑是哪里来的？到哪里去了？

石雁伤得虽不重，却显得比别人更悲哀、愤怒、沮丧。

木道人压低声音，道："凶手绝不止一个人，他们一击得手，很可能已趁着刚才黑暗时全身而退了，但却不可能已全都退出武当。"

石雁忍不住道："既然大家都得留在大殿里，谁去追他们？"

木道人道："我去。"他看了看四下待命的武当弟子，"我还得带几个得力的人去。"

石雁道："本门弟子，但凭师叔调派。"

木道人立刻就走了，带走了十个人，当然全都是武当门下的精英。

看着他匆匆而去，石雁眼睛里忽然露出种很奇怪的表情。

那高大威猛的老人已悄悄到了他身后，沉声道："果然如此。"

石雁点点头，忽然振作起精神，道："事变非常，只得委屈各位在此少候，无垢先带领本门弟子，将死难的前辈们抬到听竹院去，无镜、无色带领弟子去巡视各地，只要发现一件兵刃，就快报上来。"

高大威猛的老人道："你最好让他们先搜搜我。"

石雁苦笑道:"你若要杀人,又何必用刀剑?"

老人道:"那么我也想陪你师叔去追凶。"

石雁道:"请。"

老人拱了拱手,一拧腰,就已箭一般蹿出。

群豪中立刻有人不满:"我们不能走,他为什么能走?"

"因为他的身份和别人不同。"

"他是谁?"

"他就是那……"

一声骚动,淹没了这人的声音,两个紫衣道人大步奔入,手里捧着柄长剑,赫然竟是武当掌门人的七星剑。可是他佩带的另一件宝物紫金冠,却已如黄鹤飞去,不见影踪了。

第十六章

人皮面具

01

四月十三，午夜。

夜凉如水。

此时此刻，只有一个人知道紫金冠在哪里，这个人当然就是陆小凤。

他也不知从哪里买了顶特大号的范阳毡笠戴在头上，遮住了他大半边脸。

紫金冠就在他头上，也被毡笠盖住了。

这是他用他那两根无价的手指从石雁头上摘下来的，他总算又没有失手。

可是就在他刚才出手的那一瞬间，他全身的衣衫都已湿透。

他知道这次行动已完全成功，掠出大殿时，他就听见铁肩他们的惨呼声。

现在他身上衣服早已干了，他已在附近的暗巷中兜了好几个圈子，确定了后面绝没有跟踪的人，然后才从后院的角门溜入满翠楼。

后园中静悄悄的，听不见人声，也看不见灯光。

"那些人难道还没有回来？"

他正想找个人问问，忽然听见六角亭畔的花丛里有人轻轻道："在这里。"

这是柳青青的声音。

看见陆小凤的时候，她的表情很奇怪，又像是惊讶，又像是欢喜："你也得手了？"

陆小凤点点头，道："别人呢？"

柳青青道："大家差不多都已回来了，都在等老刀把子。"

她咬着嘴唇，用眼角瞟着陆小凤："可是我真想不到这次真会成功的。"

陆小凤道："为什么想不到？"

柳青青道："因为我总有点疑心你，尤其是犬郎君的那件事，还有那个替你遛狗去的堂倌，叶家那个挖蚯蚓的人……"

陆小凤笑了："这只能证明一件事，证明你的疑心病至少比别人大十倍。"

柳青青也笑了，刚拉起他的手，花丛里忽然有道灯光射出来。

小翠正在灯光后瞪着他们："好呀，大家都在下面等，你们却躲在这里拉着手说悄悄话。"

陆小凤直到现在才知道，他们聚会的密室，竟是在这一丛月季花下。

这计划的每一个细节虽然早就全都安排好了，可是不到最后关头，除老刀把子外，还是没有人能完全知道。

直到现在，还是没有人能看见他的面目。

可是他一定很快就会来了。

宽大的地室，通风的设备良好，大家的呼吸却还是很急促。

参加这次行动的人，现在都已到齐，竟完全没有意外的差错，也没有伤损。

只是当时那一瞬间的紧张和刺激,却绝不是很快就会平静的,大家还是显得很兴奋,几乎没有人开口说话的。

有些人衣襟上还带着血,想必是因为出手时太用力,刺得太猛,有的人甚至连脸上都被溅上了血迹。

他们本该高兴的,因为他们今天晚上做的事,无疑必将会改变天下武林的历史和命运。

"这里为什么没有酒?大功已告成了,我们为什么还不能喝两杯庆祝庆祝?"

"因为老刀把子还没有回来。"

"他为什么还没有回来?"

"因为他还有很多事要做。"声音来自地室外,"他还要替你们阻挡追兵,清点战果。"

老刀把子终于出现了,战果无疑很辉煌,连他的声音都已因兴奋而显得有些嘶哑。

然后他就正式宣布:"一击命中,元凶尽诛,天雷行动,完全成功!"

02

慎重周密的计划,迅速准确的行动,只要能做到这两点,无论什么事都会成功的。

但是老刀把子却好像忘记了一件事。

他并没有问陆小凤是否得手,怎么会知道这次行动已完全成功?除非灯亮后他还在大殿里,已看见紫金冠不在石雁头上。

陆小凤忍不住道:"你是不是忘了问我要样东西?"

他忽然摘下毡笠,紫金冠立刻在灯下散发出辉煌美丽的光彩。

老刀把子却只看了一眼,道:"我不急。"

陆小凤笑了:"你当然不急,因为你要的本就不是这顶紫金冠,而是那把七星剑。"

这些话他不想说的,却忽然有了种忍不住要说出来的冲动:"我去摘紫金冠时,石雁一定会伸手到头上去扶,你才有机会夺他腰下的剑。"

老刀把子冷冷地看着他,等着他说下去。

陆小凤道:"那秘密虽然一直都在剑柄里,石雁却从来没有用它要挟过任何人,但你却还是不放心,因为那其中最大的一个秘密,就是你的秘密,所以你一定要亲手夺他的剑,绝不让这秘密再经过第二个人的手。"

老刀把子居然并不否认:"可是他的手一直都扶在剑柄上,所以我才用得着你,以后他一定会认为这次行动的主谋就是你。"

陆小凤道:"为什么?"

老刀把子道:"因为你刚才出手,一定很用力,紫金冠上一定已被你捏出了两个指痕,能用两根手指摘下他头上道冠的人,除了陆小凤外,世上只怕还没有第二个,这就是最好的证据。"

陆小凤叹了口气,道:"原来你不但要我去分散他的注意力,还要我去替你背黑锅。"

老刀把子道:"这就叫一石二鸟之计。"

这一点才是整个计划中最后的关键,陆小凤直到现在才完全明白。

他只有苦笑:"但我还是不明白,你既然已夺下他的剑,为什么不索性杀了他?"

老刀把子道："因为他反正已活不长了。"

陆小凤吃惊道："为什么？"

老刀把子道："因为他已得了绝症，他的寿命最多只有两三个月。"

陆小凤道："这就难怪他急着要提前册立继承他的人了。"

老刀把子冷冷道："只可惜现在能够担当重任的武当弟子，都已死在我们手里。"

陆小凤盯着他，道："所以他现在只能将掌门之位传给你。"

老刀把子的手突然握紧，冷笑道："你是个聪明人，这些话你本不该说出来的。"

陆小凤苦笑道："只可惜我忍不住要说。"

老刀把子忽然大声道："娄金氏，关天武，杜铁心，高涛，海奇阔，顾飞云。"

他叫出一个人的名字，这个人立刻就站了出来，瞪着陆小凤。

老刀把子冷冷道："你看这六个人能不能制得住你？"

陆小凤道："只要两三个就足够了。"

老刀把子冷笑道："你难道还要他们出手？"

陆小凤道："我不想要他们出手。"

老刀把子道："那么你为什么不束手就缚？"

陆小凤道："因为我知道他们绝不会出手的。"

老刀把子厉声道："拿下他！"

他叫的声音虽大，这六个人却好像忽然变了聋子，连动都不动。

老刀把子瞳孔收缩。

陆小凤却笑了，他微笑着道："现在他们若是出手，只会去拿一个人。"

老刀把子道："谁？"

陆小凤道:"你!"

六个人果然同时转身,面对着老刀把子,同时道:"你难道还要等我们出手?"

老刀把子全身僵硬:"若没有我,现在你们连尸骨都已烂光了,你们竟敢背叛我?"

陆小凤抢着道:"他们并不想背叛你,只怪你自己做错了事。"

地室中居然一直都很安静,除了柳青青和小翠外,每个人都显得出奇镇定,这些惊人的变化,竟似早就在他们意料之中。

难道这些人已全背叛了他?

老刀把子的手握得更紧,道:"我做错了什么事?"

陆小凤道:"你的计划周密巧妙,却有个致命的漏洞。"

老刀把子不信。

他的确无法相信,这计划他已反复思虑过无数次。

陆小凤道:"这计划中最巧妙的一点,就是你派出来参加这次行动的本就都是死人,你再将他们改扮成另外一个根本不存在的人,江湖中当然没有人会注意他们的行动。"

他笑了笑:"只可惜这一点偏偏也就是你计划中最大的漏洞。"

老刀把子不懂。

这些话的确并不是很容易就能让人听懂的。

陆小凤道:"你若将高涛扮成水上飞,犬郎君的易容术纵然妙绝天下,还是有人认出他来的,至少水上飞的朋友和亲人认得出。"

他拍了拍"管家婆"的肩:"可是你将他扮成了这样子,世上根本就没有这么样一个人存在,当然也就没有人能认得出他。"

这些话说得就比较容易让人听懂了。

老刀把子当然也懂,这本是他计划中最基本的一个环节。

陆小凤道:"可是你忽略了一点。"

老刀把子忍不住问:"哪一点?"

陆小凤又指了指"管家婆"的脸:"高涛能扮成这样子,别人当然也能扮成这样子。"

老刀把子承认。

只要有一张制作精巧的人皮面具,再加上一个易容好手,任何人都能扮成这样子。

陆小凤道:"高涛扮成这样子,没有人能认得出他,别人若扮成这样子,当然也是没有人能认得出来的。"

因为世上根本就没有这么样一个人存在,所以也没有人会去注意他,连老刀把子都不例外。

老刀把子的手突然开始发抖,道:"难道这个人已不是高涛?"

陆小凤道:"你总算明白我的意思了。"

这"管家婆"也笑了笑,用力撕下脸上一张人皮面具,竟是个年纪并不太大的女人。

这个人当然不是高涛。

陆小凤笑道:"这位姑娘就是昔年公孙大娘的好姐妹,也是我的好朋友,我一时找不到高涛那样不男不女的管家婆,只好找她来帮忙了。"

老刀把子怔住。

陆小凤道:"你能将高涛扮成这样子,我当然也能请人将她扮成这样子。"

老刀把子恨恨道:"是不是犬郎君出卖了我?"

陆小凤点点头,道:"因为他也是人,并不是狗,连狗被逼急了也会跳墙,何况人?"

老刀把子道:"他还没有死?"

陆小凤道:"他若死了,我们怎么能将这位姑娘扮得和那管家婆一模一样,连你都看不出?"

老刀把子道:"这张面具也是高涛脸上的?"

陆小凤道:"是从他脸上剥下来的。"

老刀把子道:"高涛呢?"

陆小凤道:"他管的事太多了,已经应该休息休息。"

柳青青忽然道:"就是那天晚上,在叶凌风的山庄里,你做的手脚?"

现在她才想到,那天晚上灯灭了的时候,为什么找不到他们的人。

陆小凤已趁着黑暗,将高涛、顾飞云、海奇阔制住,将另外三个人改扮成他们的样子,而且是用同一张人皮面具,经同一人的手改扮的。

柳青青道:"那天犬郎君也在?"

陆小凤道:"他一直都在那里等着。"

他微笑着道:"我们下山的第二天,我已叫人找了条同样的狗来,乘着遛狗的时候便将他调了包。"

狗的样子都差不多的,除了很亲近它的人之外,当然更不会有人能分辨得出。

柳青青叹道:"我早就觉得替你遛狗的那个堂倌可疑了。"

陆小凤笑道:"你的疑心病一向很重。"

柳青青道:"那个挖蚯蚓的人呢?"

陆小凤道:"他就是那个替我遛狗的堂倌。"

柳青青道:"他究竟是谁?"

陆小凤道:"司空摘星!"

当然是司空摘星。

这名满天下的独行侠盗，不但轻功高绝，机智过人，而且他自己也是个易容好手。

柳青青道："难道这里所有的人都已不是原来那个人了？"

陆小凤道："只有两个人还是的。"

柳青青道："哪两个？"

陆小凤道："一个我，一个你。"

柳青青道："那天你们为什么没有对我下手？"

陆小凤道："因为你和老刀把子太接近，我们怕他看出破绽来……"

柳青青咬着牙，忽然一拳往他鼻子上打了过去。

陆小凤没有闪避，她也没有打着。

她的手很快就被人拉住了，可是她的眼睛却还在狠狠地瞪着陆小凤，大声道："我只想要你明白一件事。"

陆小凤道："什么事？"

柳青青道："现在唯一跟我最接近的人就是你！"

陆小凤心里有点酸，也有点疼。

可是一个人若是要做一件对很多人都有好处的事，总不能不牺牲一点的。

他尽量装作没有看见她眼中的泪痕，尽量不去想这件事。

就算要忏悔流泪，也可以等到明天，现在还有很多别的事要做。

有人拨亮了灯光，地室中更明亮。

老刀把子这时反而镇定了下来，又问道："你们既然早已控制了局面，为什么还要按照我的计划去行事？"

陆小凤道："因为我们还不知道老刀把子究竟是谁，所以一定要诱你入瓮。"

这才是他整个计划的关键，直到现在，他还没有看见老刀把子的真面目。

还没有人看见过。

老刀把子冷笑道："现在，你们总算很快就可以知道我是谁了，只可惜铁肩、王十袋他们已经永远无法知道。"

陆小凤忽又笑了笑，道："你真的以为他们已全都死了？你看看这些人是谁？"

地室的入口忽然打开，一行人慢慢地走下来，正是刚才已倒在血泊中的铁肩、王十袋、高行空、水上飞、巴山小顾、鹰眼老七，和武当弟子中的五大高手。

那高大威猛的老人居然也在其中。

石雁走在最后。

他刚走下来，地室的门还开着。

陆小凤正在说："有了王老前辈、司空摘星，和犬郎君这样的易容好手，要假死当然并不是件很困难的事，何况……"

他的话还没有说完，老刀把子突然踔起，箭一般踔了出去。

他掌中已有剑，出了鞘的剑。

他的人与剑似已合为一体，闪电般击向石雁。

石雁也有剑。

剑柄中的秘密被取出，七星剑又重回他手里。

他想拔剑，可是胁下忽然一阵刺痛，新伤和旧疾同时发作。

老刀把子的剑已搁在他咽喉上，人已到了他背后，用一只手拗住他的臂，道："你们谁敢动，我就杀了他！"

没有人敢动。

虽然他已有了绝症，还是没有人能眼看着武当的掌门人，这忠厚正直的长者死在剑下。

所以大家只有眼看着老刀把子往后退。

老刀把子冷笑道:"我的计划虽未成功,你们的计划看来也功亏一篑。"

陆小凤苦笑道:"我们若答应让你走,你能不能让我们看看你的真面目?"

老刀把子道:"不能。"

他大笑,又道:"永远没有人再能看见我的真面目,永远没有……"

笑声突然停顿。

他的人突然向前栽倒,滚下七八级石阶,仆倒在地上,背后鲜血泉水般涌出。

他的竹笠也滚了出去。

一个人慢慢地从石阶上走下来,手里一柄长剑,剑尖还在滴着血。

陆小凤脸色忽然变了。

若不是因为他脸上还有面具,大家一定会大吃一惊的。

因为他脸色实在变得太可怕。

第十七章

功亏一篑

01

最后从石阶上走下来的,并不是西门吹雪,是木道人。他才真正是走在最后面的一个,老刀把子却显然想不到石雁身后还有人在,螳螂捕蝉,黄雀在后,世上岂非本就有很多事都是这样子的?

陆小凤竟似也想不到他会来,吃惊地看着他,再看看倒在血泊中的老刀把子,忽然道:"你为什么杀了他?为什么不留下他的活口?"

木道人道:"他的秘密我们早已知道,就算再问,也问不出什么来,我出手虽重些,却绝了后患。"

木道人笑了笑,道:"人死了之后,还是一样能看得出他本来面目的。"

陆小凤怔了怔,也笑了:"这几天我实在太累,连头都累晕了。"

木道人笑道:"每个人都有晕头的时候,怕只怕没有头可晕。"

——每个人死了之后,都一样能看得出他本来的面目。

——怕只怕他本来根本没有面目。

陆小凤翻过老刀把子的脸,又怔住。

他看见的竟是一张没有脸的脸,黑洞般的眼睛里却带着说不出的讥诮,仿佛还在说:"永远没有人能看见我的真面目,永远没有……"

每个人都怔住,连柳青青都怔住。

石雁却长长吐出口气,道:"他虽然没有脸,我也认得出他。"

木道人黯然道:"你当然认得出,我也认得出。"

他抬起头,看来仿佛更衰老:"这个人就是本门的叛徒石鹤。"

02

"不对。"陆小凤说,"不是石鹤。"

他的口气很坚决,很有自信,对他说的这件事,显得极有把握。

没有把握的话,他绝不会对屋子里这些人说。

这是间高雅安静的书房,在一个绝对安全隐秘的地方。

无论谁要进入这间书房,都必须先通过七道防守严密的门户。

防守在外面的人,几乎每一个都是当今武林中的一流高手,其中包括了武当、少林、雁荡,和巴山门下最优秀的弟子,还有长江水寨和十二连环坞中最精明干练的几位舵主。

没有得到屋子里这些人的允许,绝对没有任何人能闯进来。

他们在这里说的话,也绝对不会有一点风声走漏出去。

他们将这个地方叫作"鹰巢",这次对付"幽灵山庄"的计划,就是他们三个月以前在"鹰巢"中决定的。这是绝对机密的计划。

计划中的第一步,就是先说服西门吹雪参加,造成他和陆小凤之间的冲突仇恨,让江湖中的人,都以为他非杀陆小凤不可。这本不是件容易事,西门吹雪绝不是个容易被打动的人。

谁知这一次西门吹雪居然并没有拒绝,他显然觉得能追杀陆小凤是件很有趣的事,所以他唯一的条件是——"你一定要真的逃,因为我是真的追,你若被我追上,我也许就会真的杀了你。"

所以陆小凤在逃亡的时候，的确随时都在捏着把冷汗。

计划中的第二步，就是安排陆小凤逃亡的路线，一定要让他能在无意间和"幽灵山庄"中的人接触，而不被怀疑。在逃亡的过程中，他还得自己独力去应付一切困难，绝不能和任何人接触。

陆小凤是不是真的能混入幽灵山庄，他们并没有把握。可是他愿意冒这个险。

他们对于"幽灵山庄"这个组织已知道了很久，却一直都抓不到一点线索，只不过从一个垂死的陌生人口中，知道这组织最近就要做一件惊天动地的大事。所以他们也非开始行动不可。

因为他们已查出这个垂死的陌生人，竟是多年前就已应该死在西门吹雪剑下的顾飞云。

他从幽灵山庄中逃出来，被石鹤逼入了万丈深壑，虽然侥幸没有死，两条腿却已断了，只凭着一双手和一股坚强的意志，在绝谷中爬了五天四夜，才遇见一个在深山中采药的道士。

这道士正是武当弟子，他总算能活着说出了幽灵山庄的秘密。

只可惜他知道的也不多，而且只剩下最后一口气。

所以陆小凤一开始就已知道"表哥"并不是顾飞云。

最先开始策划这件事的是武当石雁，他第一个找的人就是陆小凤。

——如果世界上还有一个人能完成这次艰巨的任务，这个人无疑就是陆小凤。

可是陆小凤却知道，单凭自己一个人之力，是绝对无法成功的。

他一定还要找几个好帮手，他认为其中最不能缺少的就是司空摘星。

要说服司空摘星简直比说服西门吹雪还困难，幸好他有弱点。

他好赌，尤其喜欢跟陆小凤赌，而且随便陆小凤赌什么都行。

所以陆小凤就跟他赌："我若不成功，你就得替我挖蚯蚓。"

等到司空摘星发现这是个圈套时，后悔已来不及，为了不想输，他只有全力帮助陆小凤完成这件事。

他一向是个言而有信的人。可是他也坚持要找一个不能缺少的帮手，他要陆小凤替他找花满楼。

花满楼的思虑周密，无人能及，也许就因为他看不见，所以思想的时候比别人多。

最原始的计划，就是他们四个人在"鹰巢"中决定的。

他们四个人的力量当然不够，所以他们又拉入了六个人。

那就是少林铁肩、丐帮王十袋、长江水上飞、雁荡高行空、巴山小顾和十二连环坞的鹰眼老七。

因为这六个人门下都有人在幽灵山庄。他们的势力，也正好分布在幽灵山庄到武当的路上。

最重要的一点是，他们都是绝对守口如瓶的人，绝不会泄露这计划的机密。

从外表看来，这只不过是闹市中一栋很普通的楼房，是用鹰眼老七门下一个分舵舵主的名义买下来的，用楼下的三间门面，分别开了一家药铺、一家酒肆、和一家棺材店。

三家店铺中的伙计，当然都是他们门下最忠诚干练的子弟。

知道这次计划的人，却只有他们十个，其余的人，只不过是奉命行事。

现在他们十个人之中已到了八个。

陆小凤看着他们，将刚才说的话又重新强调了一遍："不是石鹤，绝不是。"

石雁没有来，显然病得很严重，唯一见过石鹤的就是铁肩。

当年武当另立掌门，石鹤自毁面目时，这位少林高僧也在座。

他看见过那张没有脸的脸，无论谁只要看过一眼，都永远不会忘记。

所以他反对："我看过他的脸，他绝对就是石鹤。"

陆小凤道："死在木道人剑下的当然是石鹤，石鹤却不是老刀把子，绝不是。"

司空摘星抢着道："你怎么能确定？"

陆小凤道："因为我知道老刀把子是谁。"

司空摘星道："是谁？"

陆小凤道："是木道人。"

司空摘星吃了一惊，每个人都吃了一惊。

过了很久，铁肩才慢慢地摇了摇头，道："不对，不会是他。"

陆小凤道："为什么？"

铁肩道："多年前他就可以做武当掌门的，但他却将掌门人的位子让给了他师弟梅真人，由此可见，他对名利和权位看得并不重，他怎么会做这种事？"

陆小凤道："本来我也不相信的，本来我还想将他乜拉入鹰巢来。"

铁肩道："难道有人反对？"

陆小凤点点头，道："石雁反对，花满楼也不赞成。"

铁肩道："为什么？"

这次他问的是花满楼。

花满楼迟疑着，缓缓道："当时我并不是怀疑他，只不过觉得他和古松居士太接近，很难对古松保守秘密。"

铁肩道："你认为古松可疑？"

花满楼道:"他的武功极高,可是他的师承和来历却从来没有人知道。"

铁肩道:"他是个隐士,隐士们本来就通常都是这样子的。"

花满楼道:"隐士在归隐之前,也总该有些往事的,可是他没有,就像一生出来就是个隐士似的。"

铁肩沉吟着,又问道:"石雁为什么要反对木道人?"

陆小凤道:"因为他知道木道人并不是真心情愿让位给梅真人的。"

铁肩皱眉道:"难道他也像石鹤一样,是因为做了件有违教规的事,所以才被迫让位?"

陆小凤道:"想必是的。"

铁肩道:"他做了什么事?"

陆小凤道:"石雁不肯说。"

家丑不可外扬,不管怎么样,木道人总是他的师叔,又是武当门下硕果仅存的长老。

陆小凤道:"石雁虽然不肯说,现在我却还是已大致猜出来了。"

巴山小顾也忍不住问道:"木道人当年究竟做了什么违背教规的事?"

陆小凤道:"他不但在外面娶了妻室,而且还生了儿女。"

铁肩沉下脸,道:"人言不可轻信,有关他人名节的话,既不可轻易听信,更不可轻易出口。"

陆小凤道:"是。"

司空摘星又抢着道:"可是他既然已说出口,就一定有把握。"

铁肩道:"不但要有把握,还得要有证据。"

陆小凤没有证据。可是他的分析和判断,就连铁肩大师都不能不承认极有道理。

——沈三娘是叶凌风的妻子,却为老刀把子生了儿女,她对不起的是叶凌风,并不是他,老刀把子为什么反而恨她?而且还杀了叶凌风?

因为老刀把子就是木道人,就是沈三娘的表哥,也就是沈三娘真正的丈夫。

陆小凤道:"木道人当时正在盛年,沈三娘也正是豆蔻年华……"

在铁肩大师面前,他说得很含蓄,但是他的意思却很明显。

"这表兄妹两人,无疑有了私情,怎奈木道人当时已是武当的长门弟子,当然不能光明正大地和她结成夫妻,所以他就想出了个李代桃僵之计,让沈三娘嫁给叶凌风,做他子女的父亲。"

"他为什么要选上叶凌风?"

"因为叶凌风也曾在武当学过剑,而且是他亲自传授的,为了授业的恩师,做弟子的当然不能不牺牲了。"

但是后来木道人老了,又长年云游在外,沈三娘空闺寂寞,竟弄假成真,和叶凌风有了私情。

等到木道人发现他又有了个本不该有的女儿,也就发现了他们的私情,当然对他们恨之入骨。

"但是他更恨武当,因为他的弟子石鹤,也遭受了他同样的命运,被迫让出了掌门之位。"

他本来已将希望寄托在石鹤身上,现在所有的希望都成了泡影,他只有别走蹊径。

"报复"和"权力"这两样事,其中无论哪一样都足以令人不择手段,铤而走险了。

"可是这还不足以证明木道人就是老刀把子。"

"我还可以举出几点事实证明。"

典礼进行时,只有他才能接近石雁,也只有他知道剑柄中的秘密。

"那秘密很可能就是他当年被迫让位的秘密,所以他势在必得。"

对武当内部的情况,只有他最熟悉,所以他才能布置事后安全撤退的路线,而且将群豪留在大殿里,想追都没法子去追。长净和长清都是他门下的直系子弟,只有他才能收买他们。

石鹤一向孤僻骄傲,也只有他才能指挥命令。

这几点虽然也只不过是推测,却已足够接连成一条很完整的线索。

何况陆小凤手里还掌握着最重要的一个环节:"我虽然早就知道表哥不是顾飞云,却一直看不出他的真正来历。"

铁肩忍不住问:"现在你已查出来?"

陆小凤点点头,道:"表哥就是古松。"

这句话说出来,大家又吃了一惊。

陆小凤道:"近年来木道人和古松一向形影不离,经常结伴云游,而且行踪飘忽,只因为他们经常要回幽灵山庄去。"

巴山小顾道:"这次武当盛会,大家都以为古松一定会到的,他却偏偏没有露面。"

陆小凤道:"那只因为他已被我囚禁在叶氏山庄的地窖里。"

铁肩道:"你有证据能证明他就是古松?"

陆小凤道:"我见过他出手,他的剑法极精,而且极渊博,和古松的剑法很接近。他的身材和脸型更像古松,只要加一点胡须,添几根白发,再染黄一点,就完全和古松一模一样了。"

司空摘星道:"难怪我总觉得古松有点阴阳怪气的样子,原来他一直都没有以真面目见人。"

铁肩沉思着,忽然道:"还有一点漏洞。"

陆小凤道:"哪一点?"

铁肩道:"如果木道人真的就是老刀把子,为什么不依约到满翠楼去跟你们会合?"

陆小凤叹了口气,道:"那只因为他已知道事情有了变化,已有人泄露了我们的机密。"

铁肩道:"是谁泄露了机密?"

陆小凤苦笑道:"当然是凭空多出来的那个人。"

多出来的人,当然就是那高大威猛的老人。

陆小凤道:"这件事本来绝不能让第十一个人知道的,你们为什么要多带一个人去?"

巴山小顾反问道:"你知道那个人是谁?"

陆小凤不知道。

巴山小顾道:"你知不知道我有个师叔,是滇边苗人山三十六峒的峒主,也是世袭的土司?"

陆小凤忽然跳了起来,道:"你说的是龙猛龙飞狮?"

巴山小顾微笑道:"他足迹久未到中原,难怪连你都不认得他了。"

陆小凤道:"你们让他也参与了这秘密?"

巴山小顾道:"他世代坐镇天南,贵比王侯,富贵尊荣,江湖中无人能及,你想他怎么会出卖我们?泄露我们的机密?"

陆小凤闭上了嘴。可是他终于想起这个人是谁了,也已想起自己为什么总觉得见过这个人。

他忽然觉得嘴里又酸又苦,就好像刚吃了一大锅臭肉。

铁肩道:"现在我们只有一个法子能证明你的推测是否正确。"

巴山小顾道:"什么法子?"

铁肩道:"要石雁说出剑柄中的秘密。"

每个人都同意:"木道人让位,若真是为了他和沈三娘的私情,也就证明了他是老刀把子。"

铁肩道:"石雁虽然不愿泄露他本门尊长的隐私,可是在这种情况下,他已不能不说。"

陆小凤道:"他已回武当?"

铁肩道:"天还没有亮就已回去。"

陆小凤道:"木道人是不是也在武当?"

铁肩道:"我们也想到很可能会有人对他不利,所以特地要王十袋陪他回去。"

巴山小顾道:"那么我们也应该尽快赶到武当去问个清楚。"

陆小凤叹了口气,喃喃道:"我只希望现在赶去还来得及。"

突听门外有人道:"现在已来不及了。"

王十袋先坐下来,擦干了脸上的汗,喘过一口气,才缓缓道:"武当十三代掌门人石雁,已于四月十四午时前一刻仙逝,享年四十七。"

没有人动,没有人开口。

大家的心都已沉了下去,过了很久,才有人问:"他怎么死的?"

王十袋道:"他有宿疾,而且很严重。"

铁肩道:"是什么病?"

王十袋道:"病在肝膈之间,木道人早已看出他的寿命最多已只剩下百日。"

陆小凤动容道:"木道人替他看过病?"

王十袋道:"木道人的医道颇精,我也懂得一点医术。"

陆小凤道:"你看他真的是因为旧疾发作而死的?"

王十袋道:"绝无疑问。"

陆小凤慢慢地坐了下去,竟仿佛连站都已站不稳了。

铁肩的脸色也很沉重:"他有没有留下遗言,指定继承武当掌门的人?"

王十袋道:"我们本来以为他一定有遗书留下的,却找不着。"

铁肩的脸色沉重。他深知武当的家法门规,掌门人若是因特别事故去世,未及留下遗命,掌门之位,就由门中辈分最尊的人接掌。

武当门下辈分最尊的,就是木道人。

铁肩长长叹息,道:"想不到三十年后,他还是做了武当掌门。"

陆小凤苦笑道:"这只怕早已在他意料之中。"

他们心里都明白,现在若没有确切的证据,更不能动他了。

武当的掌门,是绝不容任何人轻犯的。

现在他们连一点证据都没有,就算木道人真是老刀把子,他们也无能为力。

王十袋黯然道:"石雁自己虽然也知道死期不远,却还是想不到会如此突然。"

陆小凤道:"他临死时难道连一句话都没有说?"

王十袋道:"只说了一句。"

陆小凤道:"他说什么?"

王十袋道:"他要我告诉你,你猜得不错。"

陆小凤霍然站起,又慢慢地坐下,喃喃道:"没有用了,就算我猜得不错,也没有用了。"

他问过石雁,木道人当年是不是因私情而被迫让位的。石雁没有说,等到说的时候已太迟。

剑柄中的秘密,现在无疑已落入木道人手里,他们已拿不出证据。

铁肩道:"你猜得虽不错,却做错了。"

陆小凤道:"错在哪里?"

铁肩道:"你既然知道有人要夺剑,就不该让石雁将那秘密留在剑柄里。"

陆小凤道:"我们这样做,只不过因为要诱他依约到满翠楼去,我们才能当面揭穿他的真面目,剑柄中的秘密若不是原件,他一定看得出,一定会疑心。"他叹息着,又道,"当时我们怎么想到消息会走漏,他竟忽然改变了主意!"

铁肩叹道:"无论他是谁,都实在是个了不起的人,他的计划虽然一败涂地,可是到了最后关头他还是没有败。"

大家默默地坐着,心情都很沮丧。他们的计划虽然周密巧妙,想不到最后还是功亏一篑。

巴山小顾道:"现在我们对他难道真的已完全无能为力?"

陆小凤沉吟着,缓缓道:"也许我还能想出一两个法子来。"

巴山小顾道:"什么法子?"

陆小凤道:"你师叔是不是也在武当?"

巴山小顾道:"他不在。"

陆小凤道:"你知道他在哪里?"

巴山小顾道:"我知道全福楼的主人是他昔年的旧属,特地宰了条肥牛,请他去大快朵颐,这种事他是绝不会错过的。"

陆小凤眼睛里发出了光,道:"他喜欢吃肉?"

巴山小顾道:"简直不可一日无肉。"

陆小凤道:"他吃得多不多?"

巴山小顾道:"多得要命。"

03

四月十四,午后。

全福楼的门上贴着张红纸:"家有贵客,歇业一日。"

虽然歇业,门板并没有上起来,一走进门,就可以看见威武高大,气吞斗牛的龙猛龙飞狮。

三张桌子并起来,摆着一大锅肉。

他吃肉不喜欢精切细脍,花样翻新,要吃肉,就得一大块一大块的吃。

偌大的厅堂里,只有一个堂倌远远地站着侍候,连主人都不在。

他吃肉的时候,不喜欢别人打扰,也不喜欢说话。可是他并没有叫人拦阻陆小凤。

陆小凤就大步走过去,搬了张椅子,在他对面坐下,微笑道:"你好。"

龙猛道:"好。"

陆小凤道:"我认得你。"

龙猛道:"我也认得你,你是陆小凤。"

陆小凤道:"但我却不认得龙猛,我只认得你。"

龙猛大笑:"我难道不是龙猛?"

陆小凤道:"你是飞狮土司,难道就不是吃肉的将军?"

龙猛不笑了,一双环目精光暴射,瞪着陆小凤。

陆小凤道:"将军并没有死,将军还在吃肉。"

龙猛道:"肉好吃。"

陆小凤道:"犬郎君既然能将你扮成将军的样子,当然也能将别人扮成那样子,何况人死了之后,样子本就差不多。"

龙猛道:"将军为什么会死?"

陆小凤道:"因为我去了。"

龙猛道:"你去了将军就要死?"

陆小凤道:"将军的关系重大,除了老刀把子之外,绝不能让任何人看出他的真正面目,早一点死,总比较安全些。"

龙猛道:"不错,死人的确最安全,谁也不会注意死人。"

陆小凤道:"只可惜最近死人常常会复活。"

龙猛舀起了一勺肉,忽然问:"你吃肉?"

陆小凤道:"吃。"

龙猛道:"吃得多?"

陆小凤道:"多。"

龙猛道:"好,你吃。"

他先将一勺肉倒入嘴里,就将木勺递给了陆小凤:"快吃,多吃,肉好吃。"

陆小凤也舀起一勺肉:"肉的确好吃,好吃得要命,只可惜有时竟真会要人的命。"

龙猛道:"将军吃肉,你也吃肉,大家都吃肉,吃肉的未必就是将军。"

陆小凤承认。

龙猛眼睛忽然露出种诡异的笑意,忽然压低声音,道:"所以你永远也没法子证明我就是将军了。"他又大笑,"所以你只有吃肉。"

陆小凤想笑,却也笑不出。

他只有吃肉。肉的确炖得很香,可是他刚吃了一口,脸色就变了。

龙猛笑道："今天你好像吃得不快，也不多。"

陆小凤道："你吃了多少？"

龙猛道："很多，多得要命。"

陆小凤苦笑道："这次只怕真的要命。"

龙猛道："要谁的命？"

陆小凤道："你的。"

他的人在桌上轻轻一按，人已掠过桌面，闪电般去点龙猛心脉附近的穴道。

只可惜他忘了中间还有一锅肉，一锅要命的肉。

将军的动作也极快，突然掀起这锅肉，肉汁飞溅，还是滚烫的。

陆小凤只有闪避，大声道："坐着，不要动！"

龙猛当然不会听他的，身子已掠起，往外面蹿了出去。

他不但动了，而且动得很快、很剧烈。所以久已潜伏在他肠胃里的毒，忽然就攻入了他的心。

他立刻倒了下去。

陆小凤道："肉里有毒，一动就……"他没有说下去，因为他看得出龙猛已听不见他的话了。

这锅肉真的要了他的命。他倒下去时，脸已发黑，脸发黑时，已经变成了个死人。

死人既不是飞狮土司，也不是将军。

死人就是死人。

这锅肉是谁煮的？这里的主人呢？

远远站在一旁侍候的堂倌，早已吓呆了，陆小凤一把揪住他："带我到厨房去。"

煮肉的人当然应该在厨房里。可是厨房里却只有肉，没有人。

炉子上还煮着一大锅肉,好大的锅,竟像是武当山上,香积厨里的煮饭锅,里面满满的一锅肉,还没有完全煮熟。

陆小凤脸色又变了,竟忍不住开始呕吐。

他忽然发现了一样可怕的事——难道肉在锅里,人也在锅里?

04

现在还能够为陆小凤作证的,很可能已只剩下一个人。

不管他是表哥也好,是古松也好,陆小凤只希望他还是个活人。

现在这个人在哪里?幸好只有陆小凤知道。

叶家凌风山庄的地窖,当然绝不是个安全的地方,他早已将这个人送到一个任何人都想不到的秘密所在——棋局已将终了,这已是他最后一着杀手,他当然要为自己留一点秘密。

暮春的下午,阳光还是很灿烂,他慢慢地走在长街上,好像一点目的都没有。

街道两旁有各式各样的店铺,店铺中有各式各样的人,他看得见他们,他们也看得见他,但他却不知道那其中有多少人是在偷偷地监视着他。

长街尽头,忽然有辆马车急驰而来,几乎将他撞倒,仿佛有个人从车里伸出头来看他一眼,仿佛有双很明亮的眼睛。

如果他也能仔细看看,一定会认得这个人的,只可惜他要去看的时候,马车已去远。

可是直到他走出这条长街后,他心里仿佛还在想着那双明亮的眼睛,甚至还因此觉得不安。

一个陌生人的匆匆一瞥,为什么就能让他提心吊胆?难道这个人并不是个陌生人？

他尽量不再去想这件事，走过街角的水果摊时，他买了两个梨，一个抛给摊旁发怔的孩子，一个拿在手里慢慢地啃。现在他一心只想抓住木道人致命的要害，现在木道人是不是也想杀了他？

刚才那锅要命的肉，他虽然只咬了两口就吐出来，此刻胃里还是觉得有点不舒服。

幸好肉里下的毒分量并不重，分量太重，就容易被觉察。

龙猛并不是反应迟钝的人，只不过肉吃得太多了些，多得要命。

如果他刚才也多吃几块肉，木道人就真的完全用不着再担心任何事，他自己也用不着担心任何事了。

——刚才车窗里那个人好像是个女人，拉车的马嘴角有很浓的白沫子，好像赶了很远的路，而且赶得很急。

——她是谁？是从哪里来的？

陆小凤虽然尽量不让自己再去想这件事，却偏偏还是忍不住要去想。

他心里竟似有种很奇怪的预感，觉得这个人对他很重要。

真正对他重要的人当然不是她，是古松。

那天灯灭了的时候，是他亲自出手制住他的，海奇阔和高涛都被囚禁在后面的地窖里。

从幽灵山庄来的人，现在都已被囚禁在那地窖里。下山的那一天，陆小凤就已将这些人的容貌图形交给了那个"遛狗的堂倌"，鹰巢中的人立刻分别开始行动，将他们一网打尽，再由犬郎君、司空摘星和王十袋将自己人改扮成他们的样子。

陆小凤并不十分关心他们的死活，反正他们也绝不会知道"老刀把子"的真实身份，反正他们都是早已该死了的人。

"表哥呢？"

他将表哥送到哪里去了？是用什么法子送走的？他好像根本没有

机会带走那么大的一个活人。

陆小凤忍不住自己对自己笑了，穿过条斜巷，走回客栈——就是四月十一那天，他们刚到这里来的时候，投宿的那家客栈。

他们卸下了行李，安顿了车马后，才去喝酒的，喝酒的时候才遇见他的外甥女，才到了满翠园，车马和行李都还留在客栈里，从路上雇来的车夫，还在等着他开发脚力钱。

他好像已经忘了这件事，好像直到现在才想起。

给了双倍的赏钱，他好像又觉得有点冤枉了，所以又叫车夫套上马："今天的天气不错，我想到四处去逛逛，你再替我赶最后一次车，我请你喝酒。"

天气真不错，赶车的人和拉车的马都已养足了精神，走在路上也特别有劲。

这里不但是到武当去的必经之路，也是距离武当山口最近的一个市镇，走出闹区后，满眼青翠，天下闻名的武当山仿佛就在眼前。

他们在山麓旁的一个树林边停下来，陆小凤才想起忘记带酒。

"我答应过请你喝酒的。"他又给了车夫一锭银子，"你去买，多买一点，剩下来的给你。"

这里离卖酒的地方当然不近，可是看在银子分上，车夫还是兴高采烈地走了。

现在正是黄昏，夕阳满天，晚霞瑰丽，这道教的名山，武林的圣地，在夕阳下看来也就更瑰丽雄奇。

只不过这附近并没有上山的路，距离山上的道观和名胜又很远。

所以无论往哪边去看，都看不见一个人，陆小凤忽然一头钻进了车底。

车底下更没有东西可看了，他钻进去干什么？难道想在下面睡一觉？

可是他并没有闭上眼睛，反而好像在喃喃自语："只不过饿了三天,无论什么人都不会饿死的,何况隐士们通常都吃得不太多的。"

他又好像并不是在喃喃自语,难道车底下还有别的人?

人在哪里?他敲了敲车底的木板,里面竟是空的,车底居然还有夹层。

京官们告老回乡,带的东西总不少,当然要雇辆特别大的车,车底若有夹层,当然也不小,要将一个人藏在里面,并不是件困难的事。

那天在凌风山庄里,柳青青还没有醒,别人正忙着易容改扮时,他已将"表哥"藏到这里面了。

将一个人点住穴道,关在这种地方,虽然是虐待,但是他认为这些人本就应该受点罪的。

"现在你虽然受罪,可是只要你肯帮我一点忙,我保证绝不再为难你的,你还可以去做你的隐士。"

他卸下了夹层的木板,就有一个人从里面掉了下来。

一个活人。你用不着检查他的脉搏呼吸,就可以看得出他是个活人。

因为他掉下来的时候,全身都在动,动作的变化还很多。

这个人一掉下来,里面又有个人掉了下来,接着,又掉下了一个。

陆小凤明明只藏了一个人在里面,怎么会忽然变成了三个?

三个人都是活的,三个人都在动,动作都很快,变化都很多。

车底下的地方不大,能活动的范围更小,陆小凤一个人在下面,已经觉得很局促,何况又多了三个人挤进来。

一下子他就已经连动都不能动了,因为这三个人已像三条八爪鱼,压在他身上,紧紧地缠住了他,五只手同时点在他穴道上。

三个人为什么只有五只手?是不是因为其中一个人只有一只手?

这个一只手的人难道是海奇阔?

陆小凤甚至连他们的脸都没有看见,就已被提了起来,重重地摔在车厢里,就像是一条死鱼被摔入了油锅。

第十八章

油锅

01

健马长嘶,向前急奔。

三个人都已坐下来,冷冷地看着陆小凤,一个是高涛,一个是海奇阔。

第三个人却不是表哥,是杜铁心。

车底的夹层中本来明明只有表哥一个人的,现在反而偏偏少了他一个。他的人到哪里去了?

这三个人是怎么来的?在前面赶车的是谁?是不是那个本来应该在买酒的车夫?

陆小凤忽然笑了笑,想说话,却说不出。

他们点穴的手法很重,他脸上的肌肉都已僵硬麻木,非但说不出话,连笑都笑不出。

他们显然并不想听他说话,也不想看他笑,可是等到他们要他说话的时候,他想不说都不行。

杜铁心的手张开,又握紧,指节发出一连串爆竹般的响声。

高涛看着他的手,忽然问道:"你做刑堂的堂主,一共做了多少年?"

杜铁心道:"十九年。"

高涛道:"在你这双手下面,有没有人敢不说实话的?"

杜铁心道:"没有。"

高涛道:"据说你本来有很多次机会,可以做总瓢把子的,你为什么不干?"

杜铁心道:"因为刑堂有趣。"

高涛道:"因为你喜欢看别人受罪?"

杜铁心道:"不错。"

高涛笑了,海奇阔也笑了,两个人的笑声就像生了锈的铁器在摩擦,令人听得牙龈发软。

海奇阔笑道:"我倒真想看看他当年的手段。"

高涛道:"你马上就会看到的。"

海奇阔道:"刑堂已布置好了?"

高涛点点头。

海奇阔道:"据说昔年三十六寨里的叛徒,宁可下油锅,也不愿进他的刑堂。"

高涛道:"一点也不错。"

海奇阔道:"他是不是有套很特别的法子对付叛徒?"

高涛阴恻恻地笑道:"不但特别,而且有趣。"

陆小凤闭上眼睛,只恨不得将耳朵也塞住,这话听来实在让人很不愉快,却又偏偏不是假话。

高涛忽又像唱歌一样唱着道:"将入刑堂,伤心断肠;入了刑堂,喊爹喊娘。"

海奇阔眨着眼,故意问道:"出了刑堂呢?"

高涛道:"出了刑堂,已见阎王。"

杜铁心冷冷道:"入了刑堂,就已如见阎王了。"

高涛道:"刑堂里也有阎王?"

杜铁心道:"我就是阎王。"

车窗外忽然变得一片漆黑,连星光月色都已看不见,车声隆隆,响得震耳,马车竟似已驶入了一个幽深的山洞,在洞中又走了段路才停下。

高涛长长吐出口气,道:"到了。"

海奇阔道:"这里就是黑心老杜的刑堂?"

高涛吃吃地笑道:"这里也就是阎王老子的森罗殿。"

海奇阔将陆小凤从车厢里拿了出来,就像是拿着口破麻袋一样,既不小心,也不在乎,一下子撞上车门,一下子又撞上山壁,撞得陆小凤脑袋发晕,连骨头都快散了。

高涛故意叹了口气,道:"你手里钩着的是个活人,不是破麻袋,你怎么不小心一点?"

海奇阔道:"我看不见。"

这倒也不是假话,山洞里实在太黑,简直伸手不见五指。

他们又往前走了一段,愈走路愈窄,被撞的机会更多。

现在连陆小凤自己都觉得自己变得像是口破麻袋了。

幸好就在这时,前面山壁上"咯咯"地在响,忽然有了一块石壁翻了起来,露出个洞穴,里面居然有光。

不但有光,还有桌椅。

桌上摆着对死人灵堂里用的白蜡烛,已经被燃掉一大半。

烛火闪烁,风是从洞穴上一条裂隙中吹进来的,就好像特地为这里造出的通风口。

海奇阔随随便便地将陆小凤往桌子前面一摔,叹息着道:"这真是个好地方。"

高涛道："就算有十万个人在附近找上三年六个月，也一定找不到这里面来。"

海奇阔用钩子敲了敲陆小凤的头，道："若是找不到，谁来救他？"

高涛笑道："他就算真的喊爹叫娘，也没有人会救他的。"

海奇阔道："那么他岂非已死定了？"

杜铁心道："他不会死得太快。"

海奇阔道："为什么？"

杜铁心冷冷道："因为我一定会让他慢慢地死，很慢、很慢！"

海奇阔道："他想死快一点都不行？"

杜铁心道："不行。"

海奇阔笑了，发现高涛正低着头，好像正在研究陆小凤身体的构造，就问道："若是由你动手，你准备从哪里开刀？"

高涛拍了拍陆小凤的手，道："当然是从这两根宝贝手指头。"

海奇阔道："若是我，就先拔他的两条眉毛。"

高涛道："哪两条？"

海奇阔道："当然是长在嘴上的那两条。"

两个人愈说愈得意，就像是屠夫在谈论着一条待宰的羔羊。

陆小凤一向是很看得开的人，也很沉得住气，可是现在心里的滋味，却好像整个人都已在油锅里。

看起来他的确已毫无希望，能够快点死，已经是运气。

谁知就在这时候，外面的黑暗中突然响起了一声冷笑。

"是什么人？"

高涛、海奇阔、杜铁心，三个人同时蹿了出去。

三个人都是武林中的一流高手，不但反应快，动作快，而且身经百战，能挡得住他们联手一击的人，并没有几个。

外面来的仿佛只有一个人，这个人简直就像是来送死的。

他们一蹿出去，就采取了包抄之势，无论来的这人是谁，他们都绝不会让他再活着走出去。

海奇阔剽悍凶猛，手上的铁钩更是件极霸道的武器，以五丁开山之力，抢在最先。

杜铁心单掌护胸，右掌开路，紧贴在他身后。

又是一声冷笑，黑暗中突然有剑光一闪，就像是雷霆震怒，闪电生威，却比闪电更快，更可怕。

只听"叮"的一响，一柄铁钩打上石壁，火星四溅，铁钩上还带着一条铁臂。

杜铁心已仰面而倒，一股鲜血，泉水般从咽喉间涌出。

两个人连惨呼声都没有发出，就已气绝。

好快的剑！

剑锋还在黑暗中闪着光，闪动的剑光中，仿佛有条人影。

高涛看见了这个人，一步步向后退。

他的脸已完全扭曲，就好像忽然看见了厉鬼出现，退出几步，一跤跌在地上，鼻涕、口水、大小便一起流了出来，整个人都跌成了一摊泥，竟活活地被吓死。

谁能让他怕得这么厉害？

谁能有这么快的剑？

西门吹雪？

一个人慢慢地从黑暗中走出来，穿着身灰布长袍，戴着顶篓子般的竹笠。

不是西门吹雪，是老刀把子。

陆小凤的人刚从油锅里捞出来，又掉进冰窖里，全身都已冰冷。

他一心想抓住这个人的致命要害,这个人当然也想要他的命。

就算他宁可进油锅,也不愿入杜铁心的刑堂,可是现在他宁可进刑堂,也不愿落入老刀把子的手里。

老刀把子的声音却很温和,居然在问:"他们有没有对你无礼?"

陆小凤苦笑。

刚才被撞了那么多下,他血脉总算被撞得比较畅通了,已经能说得出话。

可是此时此刻,他还有什么好说的?

老刀把子道:"不管怎么样,我都不能让你受到他们的委屈,他们还不配。"

陆小凤忍不住道:"我现在才知道,你早就准备在事成之后杀了他们的。"

老刀把子并不否认,道:"斩尽杀绝,连一个都不留!"

陆小凤道:"也许满翠楼那地窖,本来就是他们的葬身之地。"

老刀把子道:"凌风山庄的地窖也一样。"

——潮湿阴暗的地窖、呼号着想逃命的人、血肉模糊的尸体。

陆小凤忍不住想呕吐,但他忍住了,道:"他们本就是要死的,虽然没有杀死铁肩那些人,你的计划还是没有失败。"

老刀把子笑了笑,道:"我早就说过,我绝不会失败。"

陆小凤也只有承认,现在看起来,最后的胜利的确属于他。

老刀把子道:"这就好像攻城一样,就算你已攻破了九道城,外面虽然已血流成渠,我却还是太太平平地高卧在城里。"

他微笑着道:"因为我的思虑比你更周密,你能攻破九道城,我早已建立了第十道,到了这道城外,你已精疲力竭,倒下去了。"

陆小凤道:"你算准了我已没法子揭穿你的真面目?"

老刀把子道:"现在世上已没有一个人能为你作证,你说的话,还有谁相信？"

陆小凤道："还有一个人。"

老刀把子道："谁？"

陆小凤道："你自己。"

老刀把子大笑。

陆小凤道："只有你自己知道我说得不错，所以你一定要杀我灭口。"

老刀把子道："你呢？你自己是不是完全绝对相信你自己的想法？"

陆小凤道："我……"

老刀把子道："我知道你自己也不能绝对相信的，除非你能够摘下我这顶竹笠来，亲眼看见我的真面目。"

陆小凤无法否认。

老刀把子道："还有件事你也错了。"

陆小凤道："什么事？"

老刀把子道："我并不想杀你。"

陆小凤道："你不想？"

老刀把子又笑了笑，道："我为什么要杀你？你现在跟死人有什么两样？"他微笑着转身，施施然走了出去，"不值得我杀的人，我绝不会动手的。"

陆小凤忍不住大声道："现在你能不能让我看看你究竟是谁？"

老刀把子头也不回，道："不能。"

02

烛光闪动,已将熄灭。

老刀把子已走了,入口处那块巨大的石壁,也已密密阖起。

就算陆小凤能够自由活动,也一定没法子活着从这里走出去。

现在这地方就好像是个密封的罐子,连一只苍蝇都飞不出去。

——我为什么要杀你,现在你跟一个死人又有什么两样?

没有两样,这密封的罐子,就是他的坟墓。

每个人迟早都要进坟墓的,只不过活生生地坐在坟墓里等死,还不如索性早点死了的好。

最悲哀的是,现在他连死都没法子死。

烛泪已将流尽了,他的生命,岂非也正如这根残烛?

直到现在他才发现,原来自己并不是无往不利,无所不能的超人。

他能从以前那些危机中脱身,也许只不过全凭一点运气。

可是遇见老刀把子这种可怕的对手时,运气就没有用了。

——我知道你自己也不能绝对相信的,除非你能亲眼看见我的真面目。

现在他已永远看不到了,他已只有带着这疑问下地狱去。

——为什么要下地狱?

——连自己都不能相信自己的人,不下地狱还能到哪里去?

烛光灭了,他却还活着。

世上唯一比活生生坐在坟墓中等死更糟的事,就是活生生地坐在黑暗里等死。

他想起了很多事，也想起了很多人，甚至还想起了车窗中那双发亮的眼睛。

此时此刻，他为什么还会想到她？

难道这个有一双发亮眼睛的过路女人，和他也有某种奇异而神秘的关系？

密室中忽然变得很闷热。

他已开始流汗，一粒粒汗珠，就像是蚂蚁般在他脸上爬过。

他忽然发现自己的手已经能动了。

——你有只天下无双的手，你这两根手指，就是无价珍宝。

每个人都这么说，可是现在，他这两根手指唯一能做的事，就是用力捏一捏他自己的腿，让他清醒清醒，不要总以为自己了不起。

只不过清醒了反而更痛苦。

"如果能睡着多好。"

一觉醒来，发现自己已经在地狱里，岂非也痛快得很？

他睡不着。

随着黑暗和闷热而来的，是疲倦和饥渴，尤其是渴更难忍受。

这种罪要受到何时为止？

到死为止。

什么时候才能死？

他忽然大声唱起歌来，唱的还是那首儿歌：

> 妹妹背着泥娃娃，
> 要到花园去看花……

黄金般的童年，甜蜜的往事，就连往日的痛苦，现在都已变得很甜蜜。

原来生命竟是如此可爱，人们为什么偏偏总是要等到垂死时才知珍惜？

忽然间，黑暗中发出"咯"的一声响，那块巨大的山壁忽然翻起。

灯光照人，一大群人涌了进来，其中有铁肩、有王十袋、有花满楼，走在最前面的一个白发老道士，赫然竟是木道人。

在垂死时突然获救，本是最值得欢喜的事，陆小凤却忽然觉得一阵怒气上涌，竟气得晕了过去。

03

四月十五，午后。

将近黄昏。

云房中清凉而安静，外面竹声如涛，正是武当掌门接待贵宾的听竹小院。

这次来的贵宾就是陆小凤。

他动也不动地躺在床上，看着屋顶，看来也跟一个死人没什么分别。

"若不是木道人想起后山有那么样一个洞窟，这次你就死定了。"

说话的是铁肩："那本是昔年武当弟子负罪去面壁思过的地方，现在他们的门规已不如昔日的严厉，那地方也已很久没有人去过，这次你实在是运气。"

——运气？见鬼的运气！

"但是你也不能完全感激运气，带我们到那里去找你的，就是木道人。"

这位少林高僧说得很含蓄，意思却很明显。

他显然已不再怀疑木道人就是老刀把子："否则他为什么要带我们去救你？"

别人想法当然也一样，这道理本就和"一加一等于二"同样简单。

所以木道人就变成了木真人。

但是陆小凤心里却很明白这是怎么回事。

木道人若杀了他灭口，大家就算找不出证据，心里也必定难免怀疑。

但是现在他救了陆小凤。

那不但能证明他绝不会是老刀把子，而且还可以获得大家对他的感激和尊敬。

陆小凤只有承认，这的确是他平生所知道的最狡黠缜密的计划，木道人的确是他平生所遇见过最可怕的对手。

这件事无疑也是他平生最大的挫折，现在他已只有认输。

他心里虽然很明白这是怎么回事，却不能说出来，因为他就算说出来，也没有人会相信。

他只问过一句话："你们怎么会知道我已遇险的？"

"在这种情况下，我们知道你绝不会无缘无故失踪的，我们又在武当后山一个险坡下，找到了你那辆马车，车上还留着你一件外衣，衣襟被撕破，上面还有在泥土上挣扎过的痕迹。"

这几点已足够证明他已有了危险，所以他连一句话都没有再说。

暮色渐临，外面忽然响起了清悦的钟声。

"今天是木真人正式即位的大典,无论如何,你都应该去道贺的。"

看着一个本该受到惩罚的人,反而获得了荣耀和权力,这种事当然不会让人觉得很好受的。

但他却还是不能不去。

他不愿逃避。

他要让木道人知道,这次挫败的经验虽惨痛,却并没有将他击倒。

就算他已非认输不可,他也要面对面地站在那里认输。

窗外风吹竹叶,夜色忽然间就已笼罩大地。

大殿里灯火辉煌。

04

戴着紫金冠,佩着七星剑的木真人,在灯光下看来,更显得尊严高贵。

昔日那游戏风尘,落拓不羁的木道人根本已不存在了。

此刻站在这里的,是武当的第十四代掌门教主木真人,是绝不容任何人轻慢的。

陆小凤在心里告诉自己,一定要记住这一点。

然后他就整肃衣冠,大步走上去,长揖到地:"恭喜道长荣登大位,陆小凤特来贺喜。"

木真人微笑,扶住了他的臂,道:"陆大侠千万不可多礼。"

陆小凤也在微笑,道:"道长历尽艰难,终于如愿以偿,陆小凤却还是陆小凤,不是陆大侠。"

他的态度虽恭谨客气，言辞中却带着尖针般的讥诮之意。

尤其是"如愿以偿"四个字。

他忍不住还是要让木真人知道，他虽然败了，却不是呆子。

木真人微笑道："既然陆小凤还是陆小凤，那么老道士也依旧还是老道士，所以我们还是朋友，是不是？"

他虽然在笑，目光中也露出了尖刀般的锋芒。

陆小凤忽然觉得有股不可抗拒的力量，从他手上传了过来。

就在这一瞬间，尊贵荣华的武当掌门也不存在了，又已变成了阴鸷高傲，雄才大略的一代枭雄老刀把子。

他仿佛故意要告诉陆小凤："我就算让你知道我是谁又何妨？你又能拿我怎么样？"

他双手扶在陆小凤肘间，上托之势忽然变成了下压之力。

这一压很可能造成两种结果——双臂的骨头被压断，或者是被压得跪下去。

陆小凤宁可断一百根骨头，也不会在这个人面前下跪的。

幸好他的骨头也没有断，他的两臂上也早已贯注了真力。

以力抗力，力弱者败，这其间已绝无取巧退让的余地。

制敌取胜的武功也有很多种的，有的以"气"胜，有的以"力"胜，有的以"势"胜，有的以"巧"胜，陆小凤的武功机变跳脱，不可捉摸，本来是属于最后一种。

可是现在他的真力已发，就正如箭在弦上，人在虎背，再想撤回，已来不及了。

因为对方的力量实在太强，他的真力一撤，就难免要被压得粉身碎骨。

"噗"的一响，他站着的石板已被压碎，脸上也已沁出豆大的汗珠。

站在他们附近的人，脸色已变，却只有眼睁睁地看着。

两个人的力量已如针锋相对，若是被第三者插入，力量只要有一点偏差，就可能害了他们其中一个人，也可能被他们反激的力量摧毁。

谁也不敢冒这种险。

其实陆小凤也不必冒这种险的，在木真人力量将发未发的那一瞬间，他已感觉到，本来还有机会从容撤退。

可是他已退了一次，他不愿再退。

现在他只觉呼吸渐重，心跳加快，甚至连眼珠都似已渐渐凸出。

唯一让他支持下去的力量是，他看得出木道人也很不好受。

这一战无论是谁胜，都必须付出惨痛的代价，木道人本来也不必这么做的。

也许他想不到陆小凤会有这种宁折不曲的勇气，也许他现在已开始后悔。

就在这时，大殿外忽然有个年轻的道人匆匆奔入，神色显得很焦急，若没有极严重的事发生，他绝不敢这么样闯入大殿。

木真人忽然笑了笑，滑出两步，陆小凤臂上的千斤重担竟似忽然就变得无影无踪，这使得他整个人都像是要飞了起来。

他实在想不到他的对手在这种情况下还能从容撤回真力，看来这一战他又败了。

他还没有完全喘过气来，木真人已能开口说话，正在问那年轻的弟子："什么事？"

"西门吹雪来了！"

"贵客光临，为什么还不请上来？"

"他一定要带剑上山。"年轻道人的手还在发抖。"弟子们无能要他解剑，留守在解剑岩的师兄们，已全都伤在他剑下。"

这的确是件很严重的事，数百年来，从来没有人敢轻犯武当。

"他的人在哪里？"

"还在解剑池畔，八师叔正在想法子稳住他。"

木真人的手已握住剑柄。

他的手瘦削、干燥、稳定，手指长而有力。

——若是握住了一柄合手的剑，这只手是不是比西门吹雪更可怕？

他忽然大步走了出去。

看着他走出去，陆小凤心里忽然有了种说不出的恐惧。

只有他看见过这个人的剑，如果世上还有一个能击败西门吹雪的人，无疑就是这个人。

解剑池中的水，立刻就要被鲜血染红了。是谁的血？

陆小凤没有把握能确定，他绝不能再让西门吹雪死在这个人手里。

他一定要想法子拦阻这一战。

木道人已穿过广阔的院子，走出了道观的大门，陆小凤立刻也赶出去。

道观外佳木葱茏，春草已深，草木丛中，仿佛有双发亮的眼睛。

陆小凤的心一跳，一个穿着白麻孝服的人，忽然从草木丛中蹿出来，手里提着出了鞘的剑，一剑向木真人心口刺了过去。

木真人的手握着剑柄，本来很容易就可以拔剑击败这刺客，很容易就可以要她死在剑下。

但是也不知为什么，他的剑竟没有拔出来。

看见这穿着白麻孝服的女人，他竟似忽然被惊震。

就在这一刹那间，这白衣女子的剑，已毒蛇般刺入他的心。

他还没有倒下，还在吃惊地看着她，好像还不相信这是真的。

他脸上的表情不仅是惊讶，还带着种无法形容的悲哀和痛苦。

"你……你杀了我?"

"你杀了我父亲,我当然要杀你!"

"你父亲?"

"我父亲就是死在你剑下的老刀把子。"

木真人的脸突然扭曲,这句话就像是一根钉,又刺在他心上,甚至比那致命的一剑还锋利。

他脸上忽然露出种无法形容的恐惧。那绝不是死的恐惧。

他恐惧,只因为天地间所有不可思议、不可解释的事,在这一瞬间忽然全都有了答案,所有他本来绝不相信的事,在这一瞬间,都已令他不能不信。

他忽然叹了口气,喃喃道:"很好,很好……"

这就是他最后说出的四个字。

然后他就倒了下去。

陆小凤看着那柄剑刺入他心脏,也看着他倒下去,只觉得全身冰冷,脸上也露出种无法形容的恐惧。

天网恢恢,疏而不漏。

冥冥中竟仿佛真的有种神秘的力量,在主宰着人类的命运,绝没有任何一个应该受惩罚的人,能逃过"它"的制裁。

这种力量虽然是看不见、摸不到的,但是每个人都随时感觉到"它"的存在。

木道人的恐惧,就因为已经感觉到"它"的存在。

现在陆小凤也已感觉到,只觉得满心敬畏,几乎忍不住要跪下去,跪在这黑暗的穹苍下。

别的人也都被惊震,过了很久之后,才有武当子弟冲过去围住那白衣刺客。

她立刻大喝:"你们退下去,我自己做的事,我自己会解决。"

她苍白的脸在夜色中看来显得无比美丽庄严,就像是复仇的女神:"我叫叶雪,我就是老刀把子的女儿,若有人认为我不该替父亲报仇的,尽管过来杀了我!"

她忽然撕开衣襟,露出晶莹洁白的胸膛。

可是没有人过去动手。每个人都似已被她那种神圣庄严的美丽所震慑,尤其是陆小凤。

只有他才知道她真正的父亲是谁,因为——

"木道人才是老刀把子。"

他不能说,不忍说,也不愿说——何况,他说出来也没有人相信。

这结果本是木道人自己造成的,现在他已自食恶果,他的计划虽周密,却想不到还有张更密的天网在等着他。

"我本来已该死在沼泽里,可是我没有死。"

她是个猎豹的女人,她远比任何人都能忍耐痛苦和危难,她早已学会等待,所以才能等到最好的机会出手。

"我没有死,只因为老天要留着我来复仇。"她的声音冷静而镇定,"现在我心愿已了,我不会等你们来动手的,因为……"

直到现在,她才去看陆小凤,眼睛里带着种谁都无法解释的表情,既不是悲伤,也没有痛苦,可是无论谁看见她这种表情,心都会碎的。

陆小凤的心已碎了。

她却昂起头,能再看他一眼,仿佛就已是她最后的心愿。

现在她心愿已了,她绝不会等别人动手。

"因为我这一生中,只有一个男人,除了他之外,谁也不能碰我!"

05

应该流的血都已流尽,解剑岩下的池水依旧清澈,武当山也依旧屹立,依旧是人人仰慕的道教名山,武林圣地。

改变的只有人,由生而死,由新而老,这其间转变的过程,有时竟来得如此突然。

所有的情爱和仇恨,所有的恩怨和秘密,现在都已随着突来的转变而永远埋葬,埋葬在陆小凤心底。

现在他只想找个没有人的地方,静静地过一段日子,让那些已经埋葬了的,埋得更深。

他趁着长夜未尽时下山,却不知山下还有个人在等着他。

一个人独立在解剑岩下,白衣如雪。

陆小凤慢慢地走过去:"现在已到了曲终人散的时候,你为什么还不走?"

西门吹雪道:"人虽已散,曲犹未终。"

陆小凤道:"你还准备吹一曲什么?"

西门吹雪道:"我追踪八千里,只为了杀一个人,现在这个人还没有死,我还准备吹一曲为他送丧的死调,用我的剑吹。"

陆小凤道:"你说的这个人就是我?"

西门吹雪道:"是你!"

陆小凤道:"你难道忘了你并不是真的要杀我?"

西门吹雪冷冷道:"我只知道江湖中人一向不分真假,你若活着,就是我的耻辱。"

陆小凤看着他,忽然笑了:"你是不是想逼我出手,试试我究竟能不能破得了你那天下无双的出手一剑？"

西门吹雪并不否认。

陆小凤笑道："我知道你很想知道这问题的答案，我也知道这是你的好机会，只可惜你还是试不出的。"

西门吹雪忍不住问："为什么？"

陆小凤的笑容疲倦而憔悴，淡淡道："只要你的剑出鞘，你就知道为什么了，现在又何必问？"

难道他已不准备抵抗闪避？难道他真的已将生死荣辱看得比解剑池中的一泓清水还淡？

西门吹雪盯着他看了很久，池畔已有雾升起，他忽然转身，走入雾里。

陆小凤大声道："你为什么不出手？"

西门吹雪头也不回，冷冷道："因为你的心已经死了，你已经是个死人！"

"我的心是不是真的已死？"陆小凤在问自己，"我是不是真的已像死人般毫无作为？"

这问题也只有他自己知道答案。

晨雾凄迷，东方却已有了光明，他忽然挺起胸膛，大步走向光明。

《陆小凤传奇5：幽灵山庄》完

相关情节请看《陆小凤传奇6：凤舞九天》

读客文化将出版以下古龙经典作品

《小李飞刀：多情剑客无情剑》

《小李飞刀2：边城浪子》

《小李飞刀3：九月鹰飞》

《小李飞刀4：天涯·明月·刀》

《陆小凤传奇：金鹏王朝》

《陆小凤传奇2：绣花大盗》

《陆小凤传奇3：决战前后》

《陆小凤传奇4：银钩赌坊》

《陆小凤传奇5：幽灵山庄》

《陆小凤传奇6：凤舞九天》

《陆小凤传奇7：剑神一笑》

《楚留香新传：借尸还魂》

《楚留香新传2：蝙蝠传奇》

《楚留香新传3：桃花传奇》

《楚留香新传4：新月传奇·午夜兰花》

《七种武器：长生剑·孔雀翎》

《七种武器2：碧玉刀·多情环》

《七种武器3：离别钩·霸王枪》

《七种武器4：愤怒的小马·七杀手》

《萧十一郎》

《火并萧十一郎》

《绝代双骄》

《欢乐英雄》

《三少爷的剑》

《流星·蝴蝶·剑》

《武林外史》

《白玉老虎》

《圆月弯刀》

《大人物》

《绝不低头》

《碧血洗银枪》

《彩环曲》

《苍穹神剑》

《大地飞鹰》

《风铃中的刀声》

《护花铃》

《剑毒梅香》

《剑客行》

《猎鹰·赌局》

《名剑风流》

《飘香剑雨》

《七星龙王》

《失魂引》

《血鹦鹉》

《英雄无泪》

《游侠录》

《月异星邪》

激发个人成长

多年以来,千千万万有经验的读者,都会定期查看熊猫君家的最新书目,挑选满足自己成长需求的新书。

读客图书以"激发个人成长"为使命,在以下三个方面为您精选优质图书:

1、精神成长

熊猫君家精彩绝伦的小说文库和人文类图书,帮助你成为永远充满梦想、勇气和爱的人!

2、知识结构成长

熊猫君家的历史类、社科类图书,帮助你了解从宇宙诞生、文明演变直至今日世界之形成的方方面面。

3、工作技能成长

熊猫君家的经管类、家教类图书,指引你更好地工作、更有效率地生活,减少人生中的烦恼。

每一本读客图书都轻松好读,精彩绝伦,充满无穷阅读乐趣!

认准读客熊猫

读客所有图书,在书脊、腰封、封底和前后勒口都有"**读客熊猫**"标志。

两步帮你快速找到读客图书

1、找读客熊猫

2、找黑白格子

马上扫二维码,关注**"熊猫君"**

和千万读者一起成长吧!

图书在版编目（CIP）数据

陆小凤传奇. 5，幽灵山庄 / 古龙著. -- 上海 : 文汇出版社，2018.8
（古龙文集）
ISBN 978-7-5496-2535-2

Ⅰ. ①陆… Ⅱ. ①古… Ⅲ. ①侠义小说－中国－当代 Ⅳ. ①I247.5

中国版本图书馆CIP数据核字（2018）第067465号

著作权合同登记号：09-2017-966

陆小凤传奇5：幽灵山庄

作　　者 / 古　龙

责任编辑 / 徐曙蕾
特邀编辑 / 周奥扬　周量航　王心怡
封面装帧 / 文　薇

出版发行 / 文汇出版社
　　　　　 上海市威海路755号
　　　　　 （邮政编码200041）
经　　销 / 全国新华书店
印刷装订 / 北京中科印刷有限公司
版　　次 / 2018年8月第1版
印　　次 / 2018年8月第1次印刷
开　　本 / 890mm×1270mm　1/32
字　　数 / 264千字
印　　张 / 10.75

ISBN 978-7-5496-2535-2
定　　价 / 66.00元

古龙著作管理发展委员会　侵权必究
装订质量问题，请致电010-87681002（免费更换，邮寄到付）